实战
Applied

现代项目管理

Modern Project Management

樊小雷　◎编著

中国原子能出版社
China Atomic Energy Press

图书在版编目（CIP）数据

实战现代项目管理 / 樊小雷编著 . — 北京 : 中国
原子能出版社 , 2020.11
　　ISBN 978-7-5221-0996-1

　　Ⅰ . ①实… Ⅱ . ①樊… Ⅲ . ①项目管理 Ⅳ . ① F27

中国版本图书馆 CIP 数据核字 (2020) 第 195433 号

实战现代项目管理

出版发行	中国原子能出版社（北京市海淀区阜成路43号　100048）	
责任编辑	左浚茹　邮箱：117045245@qq.com	
印　　刷	河北盛世彩捷印刷有限公司	
经　　销	全国新华书店	
开　　本	710mm × 1000mm　1/16	
印　　张	16.5	
字　　数	255千字	
版　　次	2020 年 11 月第 1 版　2020 年 11 月第 1 次印刷	
书　　号	ISBN 978-7-5221-0996-1	
定　　价	58.00 元	

网址：http://www.aep.com.cn　　　　　　　E-mail：atomep123@126.com
发行电话：010-68452845

序　言

　　当准备将此书交付出版时，我仍然有些忐忑不安。尽管已经记不清推倒重来修改过多少版，但仍担心书中还有错误的语句、错误的数据或错误的信息；担心书中的内容表述、结构编排、案例评析等是否布局合理并考虑周全；担心读者购买并阅读此书后能否从中获得与书价等值或者超值的收益。从大学毕业入行时充满憧憬和骄傲的无知愤青，到现在集成熟与责任于一身的中年男人。十几年的职业生涯，或飞机、或火车、或巴士、或出租车、或自驾、或徒步，我的足迹几乎遍布了祖国和其他一些国家及地区的土地，也有幸游历了国内外各种美丽山河风景，然而最有幸的是见识了各领域的企业与经济发展，并接触了不同领域的行业领袖、企业大佬、技术大拿、高级顾问等各级从业人员和管理人员，他们经历丰富，性格迥异，绝大部分都具有敏锐的目光、卓越的智慧、独到的见解、精湛的技能、朴素的作风，以及热情与奉献、建设与创造的精神，这些无不感动与激励着我，使我获益终生，同时也始终鞭策着我坚持将此书编写完成，以示记载。

　　2004 年刚进入 IT 行业时，国内现代信息技术还处在初步发展阶段，很多新的知识和内容都来自国外，整体信息技术接受度和应用状况也比较薄弱。这种双重缺乏的状态不仅对信息技术使用者，就是对从业者来说也比较困难，即要想掌握并熟练应用一门信息技术也困难重重，既需要有人传道授业，也需要不断阅读大量外文技术文档和电子材料。那时候我就一直在想，等我掌握了这门技术，我就写成一本书，这样就可以方便大家学习相关知识，很多人就不用这么痛苦了。2008 年，在天津实施项目时，一位项目同事一直谋划着要写一本技术宝典类书，看着他的热情和执着，那时我才真正下定决心也要写一本书，尽管没有想好要写什么书。2010 年，在上海实施项目时，项目上的一位同事与他的前同事共同翻译了自己公司的一本书，在毫无保留地分享他们编书经历的同时，还赠给了我一本，看完之后更进一步促使我明确了写书的方向。2011 年，当在美国波士顿实施项目时，一位美国项目组的同事写了一本关于 SAP 高级仓库管理的书，书中内容比较丰富，我买了一本，并请他签名了。那段时间我也经常与他交流写书的心得、美国和中国本土出书的异同以及国际上出书的要求，此时我的书仍处在搭建基本框架和收集材料的阶段中。2017 年，在广州项目上遇见了一位行业专家，拜读了他的书，也时常与他交流关于出书的经验，他也分享了编书的曲折过程和不易。从想法闪现到着手搭建框架并成书，从经验回顾到收集材料并整理成体系思路，从持续编写到不断自我否定并每次都推倒重来；从旁观者式体会到亲身经历并产生共鸣；写书确实是一个需要持之以恒的艰辛过程。庆幸的是此书已经编写完成，真诚地期望它能以最好的品质和最有价值的内容出版，以飨读者。

信息技术发展日新月异，新概念、新技术和新理念层出不穷，如今全球几乎每个角落的每个人都能从信息技术中受益，其发展之快、影响之广前所未有，项目管理的发展亦是如此。因此，在我们匆忙地奔走前进的过程中，仍需要有人去为这样的历史时刻做些记录，以便将这样的一个伟大历史发展过程中不论成功或者失败的经历进行总结与传播，使后继者能够从中感同身受，并汲取经验与教训，少走弯路。我也始终坚持着这样一个原始愿望在编写此书，并希望能够结合我多年在一线项目中的实施与管理经验，从亲历、见闻、分析、感想、总结与展望等多个视角来进行客观阐述，以资借鉴。

本书撰写过程中查阅和参考了大量国内外著作、文献、电子资料、报告等文献，在此感谢每一位作者，感谢你们的心血和成果成就了此书。本书的写成和顺利出版也需要感谢所有密切关心、理解和支持我的家人与亲友，使我能够有信心并坚持完成此书。还要感谢一路以来陪伴我度过每个项目的客户、领导、同事们，不论快乐与痛苦，加班加点都有你们在。仅以此书献给你们，以表感激！

作者：樊小雷

2020 年 8 月 2 日

编书说明

一、本书选题说明

本书的选题选材主要从两个方面考虑：一方面以实际项目中的实践经验为源头，通过筛选与总结为本书提供实践素材；另一方面以美国PMI的PMP项目管理理论知识体系为参考，通过对比与归纳为本书提供理论依据。这样将实践与理论结合起来，通过以点带面的方式与读者进行分享，起到以小见大和举一反三的作用。同时也引导读者在阅读与反思的过程中，结合自身的实践经验和所掌握的理论知识来进一步完善自身的知识体系，沉淀下来以更好地应用到实践中，并传承下去。

早期的信息技术应用和信息化建设都是为了解决某一点或某一个单元的信息需求，因此相对单一且独立，很多时候一个信息化项目几个人甚至一个人就可以快速完成。而随着信息技术应用的普及和逐渐成熟，信息化建设变得越来越复杂，涉及面也越来越广，演变到如今，信息化建设已不再聚焦于某一系统或者某一块功能的应用，而是向多元化、复杂化和集成化方向发展。这也导致信息建设的项目管理已由面向技术的管理转向于面向业务的管理。也使得项目管理在如今的信息化建设中就显得更加重要。如今的项目管理也不再只是和运营平行的一环，而是成了解决问题、完成工作的重要方式，用于最终实现财务价值和社会价值。因此项目管理的目标也不再是在规定的时间内交付一项产品或服务，而是转向为价值交付，交付的方式包括预测、迭代、增量、敏捷、混合法以及其他任何驱动工作方式变革的方法。

从信息化建设项目管理现状来看，总会出现一些项目最终完成得不太满意，有的甚至烂尾或被迫中止。就这些项目而言，尽管事实上都能列举出很多主观和客观的原因，但项目管理者始终是关键影响因素，因为优秀的项目管理者能大幅提高项目成功的概率并节约成本。美国PMI 2018 年的《职业脉搏调查》报告数据显示，只有58%的组织完全理解项目管理的价值。那些低估了将项目管理价值作为驱动变革战略能力的组织中，项目失败率平均达50%或更高。因此，未来项目的管理将会更加重要，并且项目管理所带来的价值将会超过项目中产品或技术应用所带来的价值，我们走进了项目经济世界。

项目管理者中还有一个特别重要的角色，那就是项目经理。项目经理是整个项目管理中非常关键的岗位。在每个项目管理的核心团队中，项目经理是灵魂人物，起到承上启下的作用。项目经理可能决定不了项目的成立与否，也不一定能决定项目的整体方向，但是优秀的管理能力可以带领团队取得超预期的成功。这种能力表现在：对管理团队，项目经理要充分发挥管理的职能，不仅能够准确理解管理层的战略思路，还要执行到位；对项目组，项目经理需要将项目整体目标传达到位，建立项目文化，确保项目有效落地。在实际项目管理中，很多项目经理并没有发挥其角色的作用，致使项目最终不能在预期内完成。一是重视度不够，二是缺乏人才，三是行业经验不足，这几方面在实际项目中都有体现，其付出的代价一般都比较大。

基于以上，本书通过对一些从实际项目中提炼的事件和案例进行分析与总结，并结合理论知识为项目管理者们提供有价值的参考信息，即取之于实际，也反哺实际。

二、本书篇章结构

本书的正文内容由9章，配合14个案例编排而成，可分为三个部分。第一部分由第一章和第二章构成，分别将信息技术和项目管理的发展史进行整理与编写，以帮助读者系统性地回顾和了解国内外信息技术和现代项目管理的发展历史、关键转折点和一些关键技术的产生过程。第二部分由第三章至第六章，共4章构成，分别从8个关键知识领域以实践与理论相结合的方式对项目管理相关内容进行整理与编写。每一章由两个相近或关联较紧密的知识领域结合编写而成，以形成对比，使读者从对比中有效了解和掌握项目管理中的实际情况和关键内容，同时也在每章结尾附上两个案例并进行评析，以进一步丰满本章的内容。第三部分由第七章至第九章，共3章组成，分别从项目集群管理、实际案例集锦和未来展望三个方面来进一步拓展项目管理的范围，以夯实实践、开拓视野和展望未来。

三、本书内容、案例、价值和阅读对象说明

本书内容。在查询与梳理过去很多项目管理相关的书籍时，笔者发现两大类书籍比较多，一类是大而全的项目管理理论教学类书籍，例如《项目管理理论与实务》《项目管理导论》《项目管理方法论》等，这类书籍占大部分；另一类是侧重阐述项目管理某一知识领域工具或方法类书籍，如《敏捷项目管理》《项目干系人管理》《管理案例精选》等，这类书籍相对较少。为填补理论与实践衔接的空档，本书侧重于分析、归纳与总结项目管理实践经验，通过结合PMP项目管理理论知识进行编写，目的是将理论与实践有效结合起来，以使读者能够通过阅读本书获得更多实用性的经验与知识，少走弯路，也能快速地找到方法将项目管理的关键理论应用到管理实践中，反过来又通过实践进行理论知识丰富与积累，从而起到循序渐进地提升自我项目管理能力的作用。另外，本书中描写到的关键内容、企业、人物、场景、案件、时间和参数等关键信息，均经过了一定的修饰与改编，甚至有些为虚构内容，其目的是更明确地阐明某一个知识、或解释某一管理现象、或说明某一问题，因此读者朋友们需要灵活理解和变通应用，不能生搬硬套地照搬书中某些应用场景或者案例。

本书价值。项目管理工作是一项涉及面广、行业区别度明显、专业知识要求高，且极具挑战性的工作。作为项目管理者，在执行与推进每一个项目时总是会遇到各种各样的问题或困难。十几年企业信息化的工作经验，让笔者有幸见证了信息科技的伟大发展，也十分荣幸能伴随着中国企业信息化一起成长，在实践中亲历了很多不同特质的项目，体会了很多、很深刻的东西，也时常存在困惑，甚至有一些困惑直到现在都还没有找到更好的答案。从作学员时对项目管理的不理解、不认同、甚至是对抗，到自己开始承担一些独立工作时的盲目与自我，到管理一个项目并在带团队时的茫然、紧张与困惑，再到现在的归纳与部分释怀，整个过程走过很多弯路，遇到过很多困难，也做过很多尝试与实践，同时获得过很多人的理解、支持与帮助，收获了很多成功与喜悦。在此，笔者希望把这些烙在心底的经验、经历、收获与教训，总结归纳，分享出来，或抛砖引玉，或现身说法地为需要的读者提供参考与借鉴，希望能够帮助到即将或者正在项目管理这条路上行走的读者朋友们，多一些平顺、少一些磕碰。

阅读对象。这是一本实践经验与理论知识相结合的总结性书本，是来自于对实践经验归纳、分析与总结，并结合项目管理理论知识编写而成的书籍。本书适合初学者、实践者、管理者和在项目管理中遇到相似困难或具有相似

困惑的读者作为参考借鉴使用，也可作为其他行业中有经验者、感兴趣者或研究者的参考素材。

本书案例。本书有大量的案例和项目场景描述，这些内容一部分来自笔者的亲身经历，一部分来自同行的分享和网络信息的整理和归纳。应用这些案例的目的不是去深挖和评价案例本身对错，而是希望通过借用这些大众化的案例来针对性地说明项目管理的本质。尽管有一些案例发生在过去的某一特殊历史阶段，但现在仍然有参考和借鉴的价值。

由于笔者本身存在经验和知识面的局限性，书中的内容难免会存在局限性、片面性和认证不足，还请广大读者积极指出与指正。

作者：樊小雷

2020 年 6 月 6 日

目 录

CONTENTS

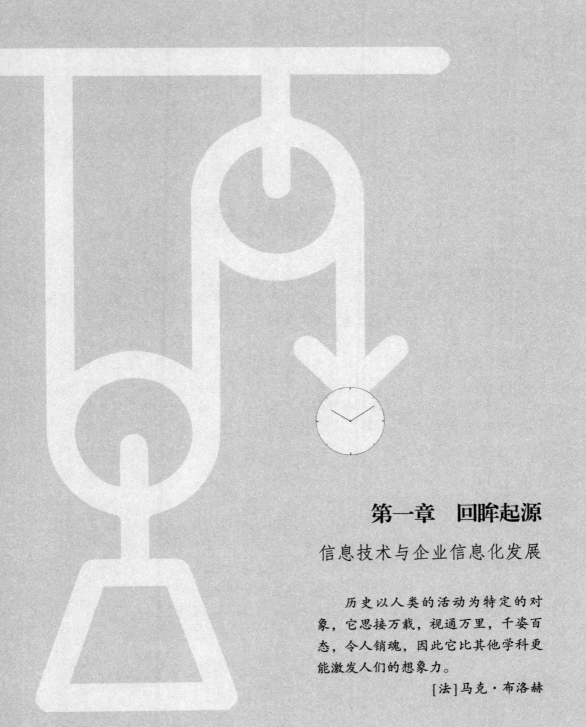

第一章　回眸起源

信息技术与企业信息化发展

历史以人类的活动为特定的对象，它思接万载，视通万里，千姿百态，令人销魂，因此它比其他学科更能激发人们的想象力。

[法]马克·布洛赫

"烽火连三月,家书抵万金。"在战火连绵不断的年代,消息隔绝,音信久盼不至,亲人消息胜过"万金"。这值"万金"的消息,现在可能通过一条手机信息就能送达对方。早在三千多年前的商代,信息传递就已经见诸记载,后面不同的时期出现了不同的信息传递方式,从古代的烽火、狼烟、飞鸽、书信、驿传、旗语、灯光,到近现代的电报、电话、邮件、短信、即时通信等信息传递变得越来越便利,越来越快捷,我们每个人都从中体会到了前所未有的便利。信息奠基人克劳德·香农(Claude Elwood Shannon)首次对信息进行了定义,即信息是用来消除随机不确定性的东西。信息化是充分利用信息技术,开发利用信息资源,促进信息或数据的广泛流动、分享和使用,从而推动社会经济发展与转型的过程。信息化的发展必然是信息技术(Information Technology,IT)的发展。

计算机发展伟大历史

如今，现代通信技术已得到广泛的应用，计算机快速发展，使得现在的计算机几乎家喻户晓，而且计算机市场丰富多彩，计算机应用也成了办公人员的基本技能。从计算机发展史来看，随着 1946 年 2 月 14 日的第一台电子计算机在美国宾夕法尼亚大学诞生，第一代计算机也就产生了，自此也拉开了计算机发展的伟大历史大幕。从电子管计算机到晶体管电子计算机、到集成电路计算机、再到现在的智能化计算机（图 1-1），计算机与现代通信技术的发展与普及对人类社会产生了深远的影响，并使得信息技术产业成为当今热门产业。

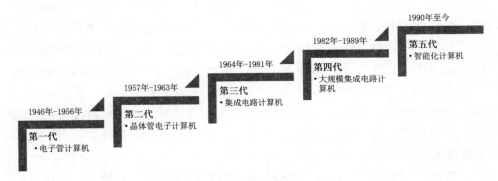

图 1-1　计算机的发展历程（美国）

从以上美国计算机发展的历史来看，每一代计算机都会发生重大的变化，每次变化都使得计算机向更小型和更智能化的方向发展。第一代电子管计算机持续了 10 年；在这 10 年中主要的生产厂家是 IBM，而且提供的机器是大型机，机器的使用对象为军事和国家级企业。第二代，晶体管电子计算机仅持续了 6 年，是五代里面持续最短的一代，很快就被杰克·基尔比（Jack Kilby）发明的第三代——集成电路计算机所取代。集成电路计算机持续了将近 17 年，而且由于集成电路的出现，使得个人计算机诞生，计算机真正走入了个人时代。第一台集成电路个人计算机是 1971 年的 Kenbak-1 和 Datapoint 2200，经过 6 年的缓慢发展，1977 年个人计算机开始成为主流，后面随着 IBM 和苹果相继进入个人计算机市场，我们真正进入了个人计算机普及时代。第四代，大规模集成电路计算机持续了 7 年，随后就进入了智能化计算机时代，此时真正进入了互联网时代。20 世纪 90 年代以后，互联网技术从实验室走向大规模商用化，导致计算机技术和通信技术迅速融合以及信息化向网络化阶段的转型。这一转型不仅带动了信息技术创新活动加快发展，使得信息技术产业发展得更快，同时网络技术也得到大规模发展和广泛应用，从而迎来了第五代——智能化计算机时代，而且也直接或间接地引发了电信体制由垄断向竞争的转型。据预测，未来将进入生物计算机时代；也有预测称，未来计算机将逐渐被淘汰，取代它的是另外一种带摄像头的手机。但不管哪一种，下一个时代的到来都非常值得期待。

硅谷，美国科技产业的发祥地

美国硅谷原本一直是美国海军的一个工作地址，并且美国的海军飞行研究基地也设置在硅谷，那个时候在硅谷并没有民用高科技公司。后来，斯坦福大学一位才华横溢的教授弗雷德·特曼（Frederick Emmons Terman）发现了这一点，于是他在斯坦福学校里选择了一块很大的空地用于不动产的发展，并设立了一些方案来鼓励学生们在当地发展他们的"创业投资 (Venture Capital)"事业。在特曼的指导下，他的两个学生比尔·休利特 (Bill Hewlett) 和戴维·帕卡德 (Dave Packard) 在一间车库里凭着 538 美元建立了惠普公司 (Hewlett-Packard，HP)——一个跟美国海军没有任何关系的高科技公司。如今，这间车库已成为硅谷发展的一个见证，被加利福尼亚州政府公布为硅谷发祥地而成为重要的景点。

现在我们所认识的硅谷，已经是美国高科技产业云集的地方。因这里是最早研究、设计和生产以硅为基础的半导体芯片的地方，所以被称为"硅谷 (Silicon Valley)"。如今的硅谷，既是一个名企辈出的地方，也是一个人才辈出的地方。它一直扮演着全球信息中心角色，它的一举一动都会带动全球信息技术的发展和变化，因此要研究和分析信息技术发展的历史，就绕不开对硅谷的了解与分析。美国硅谷的发展历程见表 1-1。

表 1-1　美国硅谷的发展历程

年份	代表事件
1885 年	1885 年，阿马萨·利兰·斯坦福（Amasa Leland Stanford）和简·伊丽莎白·斯坦福（Jane Elizabeth Stanford）夫妇在美国加利福尼亚州旧金山湾区南部帕罗奥多市境内创办了小利兰·斯坦福大学（Leland Stanford Junior University），简称斯坦福（Stanford），占地面积约 33 平方公里。
1891 年	1891 年，斯坦福大学正式开始招生，第一届男女学生共 559 人，其中三分之二来自加利福尼亚州以外。
1906 年	1906 年，李·德·弗雷斯特(Lee de Forest)发明了电子三极管（真空三极管），他工作的联邦电报公司就在加利福尼亚州的帕洛阿托（Palo Alto）市。
1912 年	1912 年，弗雷斯特在斯坦福大学的帮助下又研制成功电子放大器，揭开了现代电子技术的序幕。
1920 年	1920 年，才华横溢的弗雷德·特曼在斯坦福大学毕业，并先后在麻省理工、哈佛、斯坦福担任教授，他在硅谷的发展过程中扮演了极重要的角色。
1939 年	1939 年，在弗雷德·特曼的指导和支持下，他的两个学生，比尔·休利特和戴维·帕卡德，在一间汽车房里以 538 美元作资本建立了公司，开始生产电子仪器，这就是著名的惠普公司的来历。
1951 年	1951 年，弗雷德·特曼提出创建斯坦福工业园(Stanford Industrial Park)的构想。这就是全球最早的位于大学附近的高科技工业园区，建成后到 1955 年就有 7 家公司迁入园内，1966 年增至 32 家，1985 年扩大到 90 多家。
1955 年	1955 年，威廉·肖克利(William Shockley)返回帕拉托建立自己的半导体实验室。在此之前，尚未成熟的半导体工业一直集中在美国东部的波士顿和纽约长岛等地，肖克利的公司是硅谷第一家真正的半导体公司。他从东部召来了 8 位优秀青年，人称"肖克利八杰"，其中包括罗伯特·诺伊斯（Robert Noyce）、戈登·摩尔（Gordon Moore）、谢尔顿·罗伯茨（Sheldon Roberts）、朱利亚斯·布兰克(Julius Blank)、尤金·克莱纳（Eugene Kleiner）、金·赫尔尼(Jean Hoerni)、杰·拉斯特(Jay Last)和维克多·格里尼克(Victor Grinich)。
1957 年	1957 年，肖克利决定停止对硅晶体管的研究。当时公司的八位工程师出走成立了仙童半导体公司(Fairchild Semiconductor Corp)，称为"八叛逆"。

年份	代表事件
1965 年	1965 年，戈登·摩尔总结了集成电路上晶体管数每 18 个月翻一番的规律，人称摩尔定律。虽然它是根据 1959~1965 年的数据归纳的，但至今仍然有效。
1967 年	1967 年初，查尔斯·斯波克（Charles Sporck）与他的同事离开仙童半导体公司，另创国民半导体公司（National Semiconductor），位于加利福尼亚州圣塔克拉拉（Santa Clara）市。
1968 年	1968 年，罗伯特·诺伊斯 (Robert Noyce)、戈登·摩尔 (Gordon Moore) 和安迪·葛洛夫（Andy Grove）在美国加利福尼亚州圣克拉拉创办了英特尔（Intel）公司，制造存储器芯片。同年，仙童公司的杰里·桑德斯 (Jerry Sanders) 离开仙童后自创超微科技（Advanced Micro Device，AMD）公司。
1971 年	1971 年，《微电子新闻》(Electronicsnews) 周刊的记者唐·霍弗勒 (Don Hoefler) 首称此地为"硅谷（Silicon Valley）"，此后此名字传遍全球，并沿用至今。
1972 年	1972 年，第一家风险资本在紧挨斯坦福的风沙路（Sand Hill）落户，风险资本极大促进了硅谷的成长，从此风沙路在硅谷成为风险资本的代名词。
1976 年	1976 年 4 月，史蒂夫·乔布斯(Steve Jobs)、斯蒂夫·沃兹尼亚克(Stephen Wozniak) 和罗·韦恩 (Ron Wayne) 等人共同创立了美国苹果电脑公司（Apple Computer, Inc.）。
1977 年	1977 年 4 月，苹果公司在首届西岸电脑展览会（West Coast Computer Fair）上推出 Apple II。同年 6 月，苹果公司推出的 Apple II 电脑正式上市，彻底改变了人类的历史和生活，拉开了 PC 发展的传奇序幕，Apple II 也成为人类历史上第一台个人电脑。
1980 年	1980 年 12 月 12 日，苹果公司的股票在美国纳斯达克市场上市，在上市不到 1 小时的时间内，460 万股全被抢购一空，当日以每股 29 美元收市。
1984 年	1984 年 12 月，思科系统公司（Cisco Systems, Inc.）由斯坦福大学的一对教师夫妇莱昂纳德·波萨克（Leonard Bosack）和桑蒂·勒纳（Sandy Lerner）在美国加利福尼亚州创立。
1986 年	1986 年，思科系统公司的第一台多协议路由器面市，它可以让不同类型的网络互相连接，并掀起了一场通信革命。这个联网设备被认为是联网时代真正到来的标志。

年份	代表事件
1989 年	1989 年，蒂姆·伯纳斯·李 (Tim Berners Lee) 成功开发出世界上第一台网络服务器和第一台客户机，用户可以通过超文本传输协议从一台网络服务器转到另一台网络服务器上检索信息。
1991 年	1991 年，第一个互联网搜索引擎 Archie（阿尔奇）在加拿大的蒙特利尔开发成功，同年万维网（WWW）在互联网上首次出现。
1995 年	1995 年 3 月，杨致远和大卫·费罗于美国加利福尼亚州创立了雅虎（Yahoo!）公司。
1996 年	1996 年 4 月 12 日，雅虎正式在美国华尔街上市，发行价是 1.3 美元，随后在 4 年之内，雅虎股票翻了 100 倍左右。同年 5 月 23 日，Sun 公司在 Sun world 会议上正式发布 Java 和 HotJava 浏览器，Sun 公司发布了 Java 的第一个开发工具包（JDK 1.0），这是 Java 发展历程中的重要里程碑，标志着 Java 成为一种独立的开发工具，也是同年，微软推出 IE 浏览器，并引发浏览器大战。
1998 年	1998 年 9 月 4 日，两名斯坦福大学的学生拉里·佩奇（Larry Page）和谢尔盖·布林（Sergey Brin）在美国加利福尼亚州山景城共同创办了搜索引擎谷歌（Google）公司。
1999 年	1999 年，微软首次成为市值第一上市公司，其市值于 1999 年 12 月达到最高点，约 6130 亿美元。
2000 年	2000 年 3 月 10 日，纳斯达克指数到达 5048.62 点的最高顶峰。此后互联网泡沫破裂，纳斯达克指数从最高点一路回调到 2002 年 10 月 9 日的 1114.11 点，下跌幅度达到 77.93%，数万亿美元的财富付诸东流。
2004 年	2004 年 2 月 4 日，马克·扎克伯格 (Mark Zuckerberg) 创立了脸谱（Facebook）公司，总部位于美国加利福尼亚州门洛帕克。
2006 年	2006 年硅谷总共有 225,300 个高技术职位。以高技术从业人员的密度而论，硅谷居美国之首，每 1000 个在私营企业工作的人里有 285.9 人从事高科技业。高技术职位的平均年薪亦居美国之首，达到 144,800 美元。2008 年硅谷人均 GDP 达到 83,000 美元，居全美第一。硅谷的 GDP 占美国总 GDP 的 5%，而人口不到全国的 1%。
2010 年	2010 年，苹果公司市值在美国仅次于埃克森美孚和微软，名列第三位。同年 5 月 26 日，在与比尔·盖茨 (Bill Gates) 竞跑了 30 多年之后，史蒂夫·乔布斯 (Steve Jobs) 这位苹果公司创始人终于将他的公司送上了纳斯达克的顶峰位置。苹果公司的市值在当日纽约股市收市时达到 2221 亿美元，仅次于埃克森美孚 (ExxonMobil)，成为美国第二大上市公司，微软当日市值为 2191.8 亿美元。

续表

年份	代表事件
2011 年	2011 年 8 月，苹果公司一度超越埃克森美孚，成为全球市值最高的企业，乔布斯也因此被一些人认为是过去 10 年中最耀眼的商业领袖之一，当时苹果的市值约为 3371 亿美元。
2012 年	2012 年，由斯坦福大学的企业家成立的企业每年创造的收入达 2.7 万亿美元，而且自 20 世纪 30 年代以来已经创造了 540 万个工作岗位。这个数字包括那些主要业务不是科技的公司：如 Nike（耐克）、GAP（盖璞）和 Trader Joe ' s(乔氏超市)。但即使你只看硅谷中来自斯坦福大学的企业，这个列表依然令人印象深刻，包括惠普（HP）、思科（Cisco）、谷歌 (Google)，网景（Netscape），英伟达，硅谷制图，Snapchat，太阳（Sun），雅虎（Yahoo!）。同年 5 月 18 日，脸谱（Facebook）在纳斯达克上市，开盘价 42.05 美元，成为历史上规模最大一宗科技公司 IPO。
2014 年	2014 年，阿伦·拉奥 (Arun Rao) 和皮埃罗·斯加鲁菲 (Piero Scarruffi) 著作的《硅谷百年史—伟大的科技创新与创业历程 (1900–2013)》正式出版。它以编年体的顺序，从无线电技术、晶体管、集成电路，到人类基因组、互联网和云计算，详尽地记述了硅谷在 100 多年中所发生的重大科技事件。
2016 年	2016 年，安森美（ON Semiconductor）半导体以 24 亿美金完成了对仙童的收购。到此，曾经叱咤硅谷的仙童半导体就这样了却了它的一生，从此世界上再无仙童半导体。
2020 年	2020 年，新型冠状病毒席卷全球，许多世界巨头公司业务受到影响，众多知名的科技企业发出"在家办公、取消出差"的通知。硅谷很多科技公司被迫关门，会议活动也不得不取消。此次疫情对硅谷的影响到底如何，让我们拭目以待。

硅谷，见证了高科技的产业发展史，它始终如一颗璀璨的明珠照耀着全世界高科技的发展。硅谷也是科技、文化与金钱集中地，九个十年过去了，从 20 世纪 40 年代研发仪器、50 年代发展国防和军事技术产业、60 年代发展半导体产业、70 年代发展 PC 及局域网路产业、80 年代开发软件和网络、90 年代开发万维网和搜索，到如今主要发展移动通信、生物科技与纳米科技、清洁技术、云技术和人工智能等，硅谷不停地自我改造和突变，总能走在科技前沿，引领科技发展。

中国计算机发展历程

新中国成立后，中国电子工业发展的历程很大程度上是高潮来临之前的一个长长的序曲。这一时期，中国的电子工业基本上是在一种完全与国际社会隔绝和封闭的环境中发展的，且主要为以国防和军事应用为导向的产业部门，发展缓慢，这同以冷战为基调的国际环境和中央集权的计划经济体制高度吻合。1956 年，周恩来总理亲自主持制定了《1956 — 1967 年科学技术发展远景规划》中，把计算机列为发展科学技术的重点之一，并在 1956 年筹建了中国第一个计算技术研究所——中国科学院计算技术研究所（以下简称计算所），中国的计算机这才开始起步并得到逐步发展。1958 年我国第一台电子计算机诞生，这时中国计算机事业的起步比美国晚了 12 年，1977 年中国第一台微型计算机的诞生，标志着中国计算机信息技术的发展高峰来临。随着 1978 年改革开放进程的全面开始，国家经济发展模式也开始走向了一个快速的转型过程。在这一阶段，电子工业与其他工业部门的改革一样，基本目标是通过一系列改革措施，建立市场导向的竞争模式，并通过竞争促进电子工业的快速发展。现在来看，改革是极其成功的，电子工业也确实像许多其他产业部门一样进入了发展的快车道，为信息技术在中国的大规模发展奠定了基础。在计算机技术发展的历程中，中国的发展也如同世界计算机技术发展历程一样，分阶段逐步发展，见图 1-2。

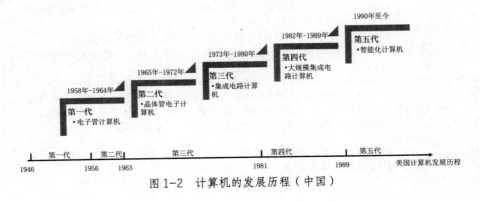

图 1-2　计算机的发展历程（中国）

从计算机事业在中国开始萌芽，到改革开放后的四十多年，在信息技术的发展上，中国不仅超过了自己，还赶上了国际水平，甚至在某些领域还处于国际领先水平，从而引起国际上的重点关注。中国近代信息技术发展的一些关键事件梳理见表1-2。

表1-2　中国近代信息技术发展关键事件表

年份	关键事件
1946 年	1946 年，华罗庚应普林斯顿高等研究院（Institute for Advanced Study, IAS）邀请，到美国讲学和研究。并在这里认识了计算机科学家冯·诺依曼（Von Neumann）。
1950 年	1950 年，华罗庚从美国旧金山经香港回到北京，回到了清华大学任教，担任清华大学数学系主任，同年冬华罗庚开始参加中国科学院数学研究所筹备工作。
1952 年	1952 年，在全国大学院系调整时，华罗庚从清华大学电机工程系物色了闵乃大、夏培肃和王传英三位科研人员在他任所长的中国科学院数学所内建立了中国第一个电子计算机科研小组。
1956 年	1956 年，周恩来总理亲自主持制定了《1956 — 1967 年科学技术发展远景规划》，使中国的科学技术开始走上了国家统一领导的远景规划和近期计划相结合的发展道路，这也标志着中国真正开启了信息技术时代的大门。 1956 年 6 月，中国科学院开始计算所的筹备工作。6 月 19 日，华罗庚主持召开了第一次筹备委员会会议。8 月 25 日国务院正式批准成立中国科学院计算技术研究所筹备委员会。
1957 年	1957 年开始，北京、上海、江苏、四川、武汉等地的部队和高校纷纷着手筹建计算技术研究，此年，仙童半导体公司也在美国加利福尼亚州被创立。
1958 年 -1964 年	1958 年，计算所成功研制中国第一台小型电子管通用计算机 103 机（八一型），它标志着中国第一台电子计算机的诞生。 1960 年，成功研制出一台小型通用电子数字计算机 107 机。 1964 年，成功研制中国第一台自行设计的大型通用数字电子管计算机 119 机。
1965 年	1965 年，中国成功研制国内第一块集成电路，即 DTL 型数字逻辑集成电路。同年，计算所成功研制了中国第一台大型晶体管计算机 109 乙，之后推出 109 丙机，该机在两弹试验中发挥了重要作用。
1970 年	1970 年，中国国内集成电路的年产量已经超过 400 万块，产业门类是 TTL 系列小规模电路。

年份	关键事件
1974年-1977年	1974年，清华大学等单位联合设计、研制成功采用集成电路的DJS-130小型计算机，运算速度达每秒100万次。 1977年4月23日，中国第一台微型计算机DJS-050诞生。
1979年	1979年，北京大学王选造出中国第一台汉字激光照排机，并用此机排出了样书。
1983年	1983年6月24日，第四机械工业部第六研究所的严援朝正式动手写CCDOS（Chinese Characters Disk Operation System，汉字磁盘操作系统），6月30日写完，一共写了1万多行代码。同年8月8日，河南省南阳地区科委的王永民发明五笔字型，后称王码五笔，实现了汉字输入技术的关键突破，同年，中国第一台中文化、工业化、规模化生产的微型计算机长城0520A诞生。
1984年	1984年，中国科学院计算技术研究所投资20万元人民币，由11名科技人员创办联想集团的前身——中国科学院计算技术研究所新技术发展公司，并于1991年4月更名为北京联想计算器新技术发展公司，1998年8月，经中国科学院高技术促进与企业局和中国科学院计算技术研究所批准，北京联想计算器新技术发展公司更名为联想集团控股公司。
1985年	1985年3月13日，《中共中央关于科学技术体制改革的决定》公布，将计算机列入应用科学，计算所被推入"大海"。同年，中国科学院倪光南的"联想式汉字系统"完成测试，中兴通讯的前身——深圳市中兴半导体有限公司成立。
1986年	1986年11月18日，《国家高技术研究发展计划纲要》（863计划）正式颁布。同年，北京大学投资创办方正集团前身——北京大学理科新技术公司，中国第一家商业微机公司长城公司前身——中国计算机发展公司在北京成立。
1987年	1987年9月15日，任正非与五位合伙人共同出资2万元在广东省深圳市成立了深圳市华为技术有限公司，主要代理交换机。
1988年	1988年，王文京离开财政部创办了用友软件，2001年5月18日用友软件在上海证券交易所正式挂牌上市，发行价格36.68元。
1990年	1990年，许瑞洪开发出"华科"牌程控交换机，中国自主"开发"（实际上是进口零部件国内组装）的首台国产电话交换机。
1991年	1991年6月，首届全国Windows研讨会在福州召开，新浪网创始人王志东发布Windows汉化外挂平台BD-Win，标志着中关村第二代创业者登场。
1992年	1992年春，邓小平去到南方视察，中国市场化改革重启。

年份	关键事件
1993 年	1993 年 1 月，中国政府开始大刀阔斧地拆除计算机行业的贸易壁垒，计算机行业进入国内厂商与国际厂商群雄争霸阶段。同年 12 月，为适应全球建设信息高速公路的潮流，中国正式启动了国民经济信息化的起步工程——"三金工程"，即金桥工程、金关工程和金卡工程，后续国家陆续启动其他信息化的"金字工程"，包括金智工程、金企工程、金税工程、金通工程、金农工程、金图工程和金卫工程等。
1994 年	1994 年 4 月 20 日，在国务院的明确支持下，经过科研工作者的艰辛努力，连接着数百台主机的中关村地区教育与科研计算机示范网络（NCFC）工程，通过一条 64K 的国际专线成功实现了与国际互联网的全功能链接，中国互联网诞生。同年 2 月 14 日，联想在香港证券交易所主板上市，发行价 1.33 港元 / 股，实际发行总股数为 16875 万股。同年，王江民开发出杀毒软件 KV100，杀毒软件开始代替防病毒卡。
1995 年	1995 年 5 月，张树新在中关村创办中国互联网商业领域的第一家公司——北京瀛海威科技有限责任公司，也是邮电系统之外最大的一家服务商，提供 ISP（Internet 接入）服务。
1997 年	1997 年 5 月，丁磊在广东省广州市创办了网易，在广东开通了中国大陆第一个全中文界面免费网站，此时雅虎已经成立 2 年且已经上市并具有一定影响力。2000 年 6 月 30 日，网易在美国纳斯达克市场挂牌上市，发行价为 15.5 美元 / 股。
1998 年	1998 年 2 月，张朝阳在北京创建搜狐网，2000 年 7 月 12 日在美国纳斯达克市场挂牌上市，发行价为 16 美元 / 股。1998 年 12 月，王志东在北京创立了新浪网，2000 年 4 月 13 日新浪在美国纳斯达克市场挂牌上市，发行价 17 美元 / 股。至此互联网三国时代到来。
1999 年	1999 年，以马云为首的 18 人在浙江省杭州市创立阿里巴巴网络技术有限公司，并从数家投资机构融资 500 万美元。同年底，李彦宏从美国携梦想回国创业。
2000 年	2000 年，曙光公司推出每秒 3000 亿次浮点运算的曙光 3000 超级服务器。2000 年 6 月 8 日，浪潮信息在深圳证券交易所主板上市，发行价 7.71 元 / 股，发行总市值 5.01 亿元。此年，中国三大门户网站在美国上市，李彦宏在北京中关村创立了百度，微软发布 Windows 2000，全世界爆发了计算机"千年虫"事件。
2001 年	2001 年，计算所自主研制成功中国第一款通用 CPU，"龙芯"芯片，并于 2002 年开始使用。
2002 年	2002 年，曙光公司推出完全自主知识产权的"龙腾"服务器，龙腾服务器采用了龙芯 1 号 CPU，该服务器是中国国内第一台完全实现自有产权的产品，在国防、安全等部门发挥了重大作用。

年份	关键事件
2003 年	2003 年，百万亿次数据处理超级服务器曙光 4000L 通过国家验收，再一次刷新国产超级服务器的历史纪录，使得中国国产高性能产业再上新台阶。 2003 年 1 月 25 日，蠕虫王攻击全球互联网，病毒利用 Microsoft SQL Server 的漏洞进行传播，攻击后网络带宽被大量占用，导致全球范围内的互联网瘫痪，在中国很多企业的服务器被此病毒感染导致网络瘫痪，有约 80% 以上网民受此次全球性病毒袭击影响而不能上网。
2005 年	2005 年 5 月 1 日，联想正式宣布完成对 IBM 全球 PC 业务的收购，合并后年收入约 130 亿美元、个人计算机年销售量约 1400 万台，联想一跃成为全球第三大 PC 制造商。同年 8 月 5 日，百度公司在美国纳斯达克市场挂牌上市，发行价 27 美元 / 股，一日之内股价上涨 354%，刷新美国股市 5 年来新上市公司首日涨幅的记录。同年 8 月 11 日，阿里巴巴收购雅虎中国，这也是中国互联网史上第一起最大的并购案。
2006 年	2006 年 3 月 19 日，中共中央正式发布《2006—2020 年国家信息化发展战略》，它是中国信息化发展史上第一次制定的中长期战略性发展规划，也是规划未来十五年信息化建设趋势和走向的一个纲领性文件。该战略共六大部分，在分析全球信息化发展趋势和中国信息化发展形势的前提下，重点阐述了未来中国信息化发展的指导思想、战略目标、战略重点、战略行动、保障措施等内容。
2007 年	2007 年 1 月 7 日，国家计算机病毒应急处理中心发出"熊猫烧香"的紧急预警，同年 2 月，病毒发布者落网，这是中国警方破获的首例计算机病毒大案。
2008 年	2008 年 6 月 29 日，中华人民共和国工业和信息化部（简称工信部）正式挂牌成立，工信部包括定机构、定编制、定职能在内的"三定"方案已经获批，司局级数量设置为 24 个。
2009 年	2009 年 1 月 7 日，中国第三代移动通信（3G）牌照正式发放，中国电信获得 CDMA2000 牌照，中国移动获得 TD-SCD-MA 牌照，中国联通获得 WCDMA 牌照。
2013 年	2013 年 12 月 4 日，中国工业和信息化部正式发放了第四代移动通信（4G）牌照，中国电信、中国移动、中国联通三家均获得 TD-LTE 牌照，中国电信产业正式进入了 4G 时代。

续表

年份	关键事件
2014 年	2014 年 11 月 19 日至 21 日，首届世界互联网大会在中国浙江乌镇举办，近 100 个国家和地区的 1000 多名网络精英齐聚乌镇。这是中国举办的规模最大、层次最高的互联网大会，也是世界互联网领域的高峰会议。
2015 年	2015 年 12 月 16 日，第二届世界互联网大会在浙江省乌镇开幕。国家主席习近平出席开幕式并发表主旨演讲，与会者中有 8 位外国领导人、20 个国际组织代表、50 位外国部长级官员和来自 120 个国家的代表共包括 2000 多人，其中有 1000 名嘉宾来自国外，中国互联网领域的发展，正在受到全世界瞩目。同年 5 月 19 日，国务院正式印发了《中国制造 2025》，全面推进实施制造强国的战略文件，也是中国实施制造强国战略第一个十年的行动纲领。
2016 年	2016 年 5 月，中国国家发改委、科技部、工业和信息化部和中央网信办四部门联合印发《"互联网 +"人工智能三年行动实施方案》，明确了未来 3 年智能产业的发展重点与具体扶持项目，进一步体现出人工智能已被提升至国家战略高度。
2017 年	2017 年 11 月 23 日，中国工业和信息化部发布关于第五代移动通信（5G）系统使用 3300 — 3600MHz 和 4800 — 5000MHz 频段相关事宜的通知。同年 11 月 23 日，中国工业和信息化部发布通知，正式启动第五代移动通信（5G）技术研发试验第三阶段工作，力争于 2018 年底前实现第三阶段试验基本目标，支撑中国 5G 规模试验全面展开。
2018 年	2018 年 2 月 27 日，华为在世界移动通信大会（Mobile World Congress，MWC）大展上发布了首款 3GPP 标准 5G 商用芯片巴龙 5G01 和 5G 商用终端，支持全球主流 5G 频段，包括 Sub6GHz(低频)、mmWave(高频)，理论上可实现最高 2.3Gbps 的数据下载速率。
2019 年	2019 年 10 月 31 日，中国三大电信运营商公布 5G 商用套餐，并于 11 月 1 日正式上线 5G 商用套餐。

从第一台电子计算机诞生，信息技术在中国得到迅速发展，如今信息产业已成为中国的支柱产业，中国的信息产业在世界具有较高的影响力。

中关村，中国科技产业的发祥地

在梳理和回顾全球计算机和现代信息科技的发展过程时我们一定要讲到硅谷。同样地，要深入了解中国计算机和现代信息技术的发展，我们也不得不提中关村。中关村在中国的信息技术发展进程中起着关键作用。

1984 年，中关村电子市场的建立，标志着中国正式开启了信息科技时代。

从中关村电子一条街到国家级高新技术产业开发试验区，潮起潮落，花开花谢，四代创业人，在这里经历着丰富多彩的创业和探索的故事。中关村培育孵化出来的信息技术公司几乎引领了整个中国近代信息网络业的发展，它也成了中国信息产业的发祥地。中关村对中国信息技术发展的影响不亚于硅谷对美国信息技术发展的影响。通过梳理整个中关村发展的历史，我们可以从侧面了解到中国整个现代信息技术发展的基本脉络（见表1-3）。

表1-3 中关村的发展史

年份	代表事件
1980 年	1980 年 10 月 23 日，陈春先在北京等离子学会常务理事会上，针对美国科技转化为产品的状况，作了题为《技术扩散与新兴产业》的发言，介绍了美国 128 号公路和硅谷科技产业化先进经验。 12 月 23 日，陈春先与其他 14 名中科院科技人员在中关村创办了中关村第一个民营科技实体"先进技术发展服务部"，开展有经济活动的科技推广、咨询和新产品发展工作，率先在中关村进行新技术和科研成果转化为直接生产力的"扩散"实验。作为中关村的第一人，他顶住各种非议和压力，走出中科院的高墙，建立了中国第一个民办科技机构。
1983 年	1983 年 5 月 4 日，陈庆振走出中国科学院物理研究所的实验室，受命创办中国科学院首家新技术开发公司——科海新技术联合开发中心，主要业务是将中科院已有的技术转让给生产企业。 8 月，计算所的王洪德离开了他工作 27 年的中国科学院，带领着 8 名工程师创办了中国第一家计算机机房技术产业公司——京海公司，主要业务为计算机机房建设。
1984 年	1984 年 5 月，原中国科学院计算中心的软件工程师万润南和几位科技人员创办了北京市四通新兴产业开发公司，主要业务为微型计算机经销。同年 7 月，由中国科学院计算技术研究所、中国科学院科学仪器厂、海淀区农工商总公司各出资 100 万元，共同投资建立北京信通电脑技术公司，金燕静出任总裁，主要业务为微型计算机经销。 至此中关村旗帜性的四大企业"两通两海"已成立，它们成立与发展标志着后来享誉中外的"中关村电子一条街"的兴起，至 1985 中关村电子一条街初具雏形。
1988 年	1988 年 3 月 12 日，人民日报一版刊发《"中关村电子一条街"调查报告》，肯定了中关村的做法。 同年 5 月，国务院批准在中关村电子一条街的基础上建立了北京市高新技术产业开发试验区，它就是中关村科技园区的前身，很多人的命运也在这一年发生了转变。 此时在中关村创立的公司除了两通两海外，还有联想、方正、时代、紫光、长城、金山、用友等。
1998 年	1998 年 6 月 18 日，刘强东在北京市中关村创立京东公司，2014 年 5 月 22 日，京东在美国纳斯达克证券交易所挂牌上市，上市价 19 美元/股。

续表

年份	代表事件
1999 年	1999 年 6 月，国务院批复要求加快建设中关村科技园区，这是中国政府实施科教兴国战略、增强中国创新能力和综合国力的一项重大战略决策。同年 8 月更名为中关村科技园区，中关村科技园区管理委员会作为北京市政府派出机构对园区实行统一领导和管理。
2000 年	2000 年 1 月 1 日，李彦宏在中关村成立了百度公司。
2005 年	2005 年 8 月，国务院做出了关于支持做强中关村科技园区的 8 条决定。
2007 年	2007 年 4 月 10 日，美团创立于北京市海淀区，2010 年 3 月 4 日美团团购网站成立。2018 年 9 月 20 日，美团点评在香港证券交易所上市，发行价为 69 港元 / 股。
2009 年	2009 年 3 月，国务院批复同意建设中关村国家自主创新示范区，要求把中关村建设成为具有全球影响力的科技创新中心，成为创新型国家建设的重要载体，掀开了中关村发展新的篇章。
2010 年	2010 年 4 月，雷军在北京市海淀区创立小米公司，专注于智能手机、互联网电视以及智能家居生态链建设的创新型科技企业。2018 年 7 月 9 日，小米集团在香港上市，发行价为 17 港元 / 股。
2011 年	2011 年 1 月 26 日，国务院又批复同意了《中关村国家自主创新示范区发展规划纲要（2011—2020 年）》，进一步明确了中关村示范区今后十年的战略定位和发展思路。
2012 年	2012 年中关村示范区实现总收入 2.5 万亿元，同比增长 25% 以上；高新技术企业增加值超过 3600 亿元，占北京市 GDP 比重达到 20%，比上年提高了一个百分点；企业实缴税费达到 1500 亿元，同比增长超过 60%；企业从业人员达到 156 万人，比上年增加 18 万人；企业利润总额 1730 亿元，同比增长 13%；实现出口 230 亿美元，约占全市出口总额近四成；企业科技活动经费支出超过 900 亿元，同比增长 25%。
2015 年	2015 年春节后，中关村 e 世界将以整体或整层的方式出租，统一经营，并不再从事电子卖场的业务了，至此中关村电子卖场业务进入中国信息技术发展历史。
2018 年	由中共北京市委宣传部、中央广播电视总台央视科教频道、北京市广播电视局、中关村科技园区管理委员会、中共北京市区委、海淀区人民政府与北京三多堂传媒股份有限公司联合制作的六集电视纪录片《中关村》，于 2018 年 12 月 21 日起每晚 19：30 在央视科教频道播出。该片于 2019 年入选庆祝新中国成立 70 周年推荐展播纪录片、动画片目录。

在这短短的 40 年间，中关村孕育出来四代企业人，他们总是突破现状，走在前列。他们始终在编写着一幕幕精彩的中国信息技术发展史，并推动着中国信息向前发展。就如美国硅谷不可复制一样，中关村也不可复制，但是中关村的精神可以复制。它那种创业创新、海纳百川和坚强不息的精神可以延续，中关村是北京的脊梁，也是中国人民的脊梁。

企业信息化发展梳理

人类生活总会不断向前发展，从石器时代、到工业时代再到信息时代，人类已经走过几千年。在这生生不息的发展过程中，人类总是不断地改善着自己的生活。尤其是在近代，在工业上经历过多次革命，每一次革命都会拉近人类彼此间的距离，使社会形态、人类生活方式和生活质量发生翻天覆地的变化。截至现在，近代人类的发展经历了四次工业革命（见图1-3）。

第一次工业革命 18世纪60年代 - 19世纪40年代	第二次工业革命 19世纪60年代 - 20世纪初	第三次工业革命 20世纪四五十年代	第四次工业革命 21世纪初开始 - 至今
蒸汽机时代 人类进入了以机器代替手工劳动的时代，工厂的出现成为工业化生产的最主要组织形式，且发挥着日益重要的作用。	**电气时代** 人类由蒸汽时代进入电气时代，电力驱动机器逐步取代蒸汽动力，零部件生产与产品装配实现分工，工业进入大规模生产时代。	**信息时代** 人类进入了信息时代，高科技产品和技术得到了日益精进的发展，互联网几乎把全球每个人都联系起来了。	**智能时代** 人类开始进入智能时代，系统生物科学与技术体系兴起并开始形成，物理、信息技术和生物科技的融合将改变我们以往所认知的世界。
标志 哈格里夫斯发明了"珍妮纺织机"；瓦特发明了"蒸汽机"，并作为动力机被广泛使用等。	**标志** 电力发明并得到了广泛的应用。西门子制成了发电机；传送带方式开始在辛辛那提屠宰场使用等。	**标志** 原子能、电子计算机、空间技术和生物工程的发明和应用；第一台电子管计算机研制成功；苏联发射了世界上第一颗人造卫星等。	**标志** 从系统科学的兴起到系统生物科学的形成；物联网、云计算、互联网技术进入全新时代；德国提出"工业4.0"，中国提出"中国制造2025"等。

图1-3　工业革命发展阶段

18世纪中期开始的蒸汽机时代，源自蒸汽机的发明，它不仅是一个技术发明的时代，更是开创了机器代替手工工具的时代，从而驱动了第一次工业革命，使得人类进入了蒸汽机时代。持续了近一个世纪的蒸汽机时代，随着电的发明和应用而进入了第二次工业革命，人类从此进入了电气时代。各种电气设备不断被发明和应用，电气工业迅速发展起来，电力在生产和生活中得到广泛的应用。直到现在，我们的生产生活也离不开电。电子和信息技术的逐步成熟，使得生产制造不断实现自动化，科学技术的发展将我们带入了第三次工业革命。在这个阶段，原子能、半导体、电子计算机、微电子技术、航天技术、分子生物学和遗传工程等领域取得重大突破。系统科学、计算机科学、纳米科学与生命科学的理论与技术整合，形成系统生物科学与技术体系，这种借助技术使产业发生变革的变化，形成第四次工业革命——智能化工业时代。

工业革命不仅会带来生产力、城市结构、社会关系和生产组织形式的变化，也会对世界格局、经济结构和人们的思想产生影响。从产业角度看，不同工业时代的重点产业也不同（见图1-4）。

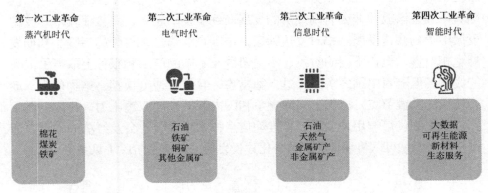

图1-4　不同工业时代的重点产业

前两次工业革命时期，几乎没有涉及信息技术的发展和应用，直到第三次工业革命，信息技术才走上工业革命的舞台。从第一台电子计算机被研制成功以来，企业的发展与信息技术就有着千丝万缕的联系。随着信息技术的不断提高，企业也开始重视信息技术的应用，并开始进行信息化建设的相关工作，这些工作我们就称之于企业信息化。企业信息化(Enterprises Informatization)是将企业的研发、生产经营过程、内部管控、资金流转和对外交互等企业活动过程数字化，通过计算机、网络和移动应用设备等各种信息手段加工生成新的信息资源，以提供给企业各层次人员洞悉和观察各类动态业务中的有效信息，并做出有利于生产经营活动要素组合优化的决策，使企业资源合理配置，从而使企业能适应瞬息万变的市场经济竞争环境、求得最大的经济与社会效益。

20世纪70年代，美国和日本等国家就已经开始有计划地推进企业信息化。这个时期美国已经着手加快信息基础设施的建立，同期美国硅谷及其他地区也已经诞生了一批高科技企业，信息产业在美国经济中的比重不断上升，20世纪70年代初期，信息产业就已经成为美国第一支柱产业。这个时期的企业信息化建设也初步开展，且主要侧重于单体计算机的应用和解决企业内部生产经营活动需求，包括减轻一线工作人员的工作强度、加强信息处理效率、减少库存积压和优化物料需求，至后来逐步发展到加强企业内部协调、提高企业资金效率、解决跨企业协同和建立基于互联网企业级应用等。从全球来看，当前全球信息化已经进入全面渗透、跨界融合、加速创新、引领发展的发展阶段，其中物联网、大数据、区块链、云计算、人工智能、机器深度学习和生物基因工程等高新技术驱动网络空间从人人互联向万物互联演进，网络化、数字化、智能化服务已无处不在。中国企业信息化于20世纪80年代随着中国逐渐放开非公有制经济的发展而逐步发展起来，并且在改革开放的发展中得到快速发展。相对发达国家，中国企业信息化尽管起步晚、初期发展也相对慢，但在不同的阶段、不同领域及不同的产品和服务上取得了很大的成就。但随着中国经济发展进入新常态，且处于速度换挡、结构优化、动力转换的关键节点，再加上国际竞争和国内深入发展双重压力，我们仍需发挥信息化的优势作用，以进一步推动信息技术与中国社会及经济的融合。通过整理与归纳可以将现代中国信息化建设发展分为三个阶段（见图1-5）。

第一阶段：20世纪70-90年代	第二阶段：20世纪90年代中后期	第三阶段：21世纪初
• 电脑逐步普及，企业引进电脑，以提升办公处理效率； • 企业信息化以实现财务电算化和档案数字化为目标。	• 从单一的电算化建设过渡到企业信息化综合应用； • 部分大型企业或合资企业开始引入CAD、MIS、ERP、CRM、PDM等国外成熟软件。	• 此阶段信息技术发展突飞猛进，互联网的发展也更加成熟，整个信息技术已然向网络化、数字化和智能化方向发展，企业信息化进入深化应用阶段。
特点 • 以打字打印、财务部门电算化建设和自建机房为主。	**特点** • 内部资源的整合应用得到重视。	**特点** • 从内部资源整合扩展到外部资源整合，互联网产品逐渐在企业被应用。

图1-5　现代中国企业信息化建设发展阶段

从图1-5可以看到，现代中国企业信息化建设的不同阶段的特点分别是：

第一阶段，即20世纪70年代到90年代，此阶段国家主导信息化建设的开展，属于单项应用阶段。各企业信息建设主要专注于计算机使用、财务电算化和档案数字化领域，信息技术仅在单个部门得到应用与发展，硬件主要以单体机器和自建服务器机房为主，网络为局域网。

第二阶段，即20世纪90年代中后期，在此阶段，一方面，硬件得到了较快速发展与推广；另一方面，软件和信息技术得到一定发展；再加上中国正式接入了互联网。经过上一阶段的铺垫，以及外资企业思想的引入，一部分企业开始意识到企业信息化的重要性，企业的信息化建设开始从单一建设过渡到集成系统的建设，企业信息化进入综合应用阶段，部分大型企业或合资企业开始引入CAD（计算机辅助设计）、MIS（管理信息系统）、MRP（物料需求计划）、ERP（企业资源计划）、CRM（客户关系管理）、PDM（产品数据管理）等国外成熟软件。这个阶段仍以局域网为主，机房也是以自建机房和少部分托管服务为主，互联网仅限于科教、基础的应用、简单信息查询与交流。此时，美国、日本、英国等国家已经为民众提供在线服务，并且搜索引擎和电子商务也得到了一定程度的发展。

第三阶段，即进入21世纪后。此阶段信息技术发展突飞猛进，互联网发展得更加成熟，整个信息技术已然向网络化、数字化和智能化方向发展，企业信息化进入深化应用阶段。信息技术广泛渗透到生产生活的各个领域，再加上2020年的全球新型冠状病毒疫情的影响，信息技术将进一步影响和改变着全球的经济结构和人们生产生活的方式。21世纪是一个信息化时代，云计算、数字化、区块链和人工智能等新兴技术将进一步加快传统信息技术的变革，企业信息化建设也从IT阶段向DT（data technology，数据处理技术）阶段进一步发展。

企业信息化建设的目标和意义

从整个计算机及信息技术的发展历程可以看到，信息技术不仅对国家的发展具有重要的战略意义，对企业来说也非常重要。信息技术已成为当今企业发展的重要生产要素，是促进企业生产经营方式发生转变的重要手段。尽管如此，企业在信息化建设过程中仍然需要有合理的评估和适时的准备，并明确了解企业信息化建设的目标在于推动创新和变革，其对内应利于降低运营成本、提高企业运营和决策效率，对外应利于降低交易成本、赢得商机和拓展市场，并进一步提升企业在市场的核心竞争力。对于企业来说，当代企业的信息化建设不仅是设备升级、信息技术变革和人才队伍建设，更重要的是管理手段、管理习惯以及创新思想的变革。

信息技术的发展丰富了信息传播的渠道。提升了信息传播的效率，也就降低了知识和技术传播的成本，从而加快了科学技术在生产经营实践中的应用。结合市场驱动作用，再加上数字化智能政府的逐步完善，将更加促进企业信息化建设的发展，使得企业的发展进一步地从粗放型向集约型转变，同时，在提高企业经济运行效率、推动技术改造升级、加快技术创新和整合上下游资源上获得进一步发展，并且通过借助现代化的信息技术帮助企业在努力保持自身发展的同时也能与提高整体经济效率的目标相一致，让信息化成为企业的自愿选择和强烈追求。

企业信息化原则

中国《"十三五"国家信息化规划》要求信息化建设坚持以惠民为宗旨、全面深化改革、服务国家战略、全球视野发展、安全与发展并重等主要原则。对企业来说，信息化建设在适用大环境发展和符合政府指导方针时，也需要结合企业所处行业、企业自身发展特性和当前信息发展所处的阶段遵循一定的原则。

目标一致原则

企业信息化建设的目标需要与企业的发展战略目标一致，不要仅从信息设备升级、旧系统更新换代、新系统简单引进和解决基本业务操作需求出发，还需考虑符合企业现状和未来发展的需求，避免信息建设的目标完全脱离企业发展目标，致使企业信息化建设陷入困境。同时也需要保障企业信息建设的总体目标与分解后的各子目标一致。

科学决策原则

企业在进行信息化建设认证和立项过程中，务必尊重信息技术和企业发展的客观规律，参照科学的决策程序进行评估与决策，摆脱先入为主地从一开始就将信息化划归到简单的信息硬件或软件应用，既不要为争取时间盲目采取边投资边论证的做法，也不要图省事地采取先决策，后论证的违背信息化发展客观规律的做法。对成熟经验进行考察交流、关键信息技术的认证和先试点后推广的做法都有利于科学推进企业的信息化建设。尤其是大型的信息化建设，在认证与决策过程中可集思广益，包括依靠群众的智慧，听取经济、技术、行业、管理等各方面专家的意见，实现科学的决策。

系统规划原则

企业在进行信息化建设规划的过程中要站在系统性规划的角度考虑，即将企业的信息建设看作一个整体的系统，对上考虑战略的落地，对下考虑可执行性和实际价值的体现。切勿采取头痛医头、脚痛医脚的短视做法，也不要墨守外来的和尚好念经的甩手掌柜做法，需要从充分认识企业客观现状和未来的角度出发，采取整体规划、全局考虑和分步落地、循序渐进的方式进行。此过程需要认真分析企业战略规划和外在环境中信息技术发展所处阶段，考察相关先进信息技术或信息系统的优劣，客观认识到企业信息的现状和存在的差异，详细评估信息建设与企业内部各要素之间的相互关系以寻求其总体效益的最优化，并分三至五个层级由远至近地规划信息化落地的指导原则、实施细则、关键里程碑和风险管控措施。

时间价值原则

企业在准备开展大规模的信息化建设前，需要充分考虑时间价值和机会成本。既不要为求快而疾走快上，也不要太过于保守而错失良机，在分析和评价信息化项目的投资时，既要考虑资金的利用率和投资回收期的长短，也要动态分析资金在利率变动情况下的总体收益，以确保项目在经济上的可行性。对于准备中和在建的信息化项目，还需要考虑维护、返工和推倒重来的资金投入和时间成本。

责权相称原则

在推动企业的信息化建设中，需要确保责权相称，即主管领导和关键人员的责任、权利和收益相对称。明确谁投资谁受益、谁受益谁决策、谁决策谁负责、谁负责谁跟进的原则，甚至将信息化建设纳入企业领导和关键人员的绩效考核体系中，以强化主管领导的责任和关注点、提升信息化建设推进效率，减少观念上和行为上双重的短视行为。

ERP 发展史

ERP（Enterprise Resourcing Planning），即企业资源计划。其概念最早由美国著名管理咨询公司 Gartner Group Inc. 在 1990 年提出。ERP 是指建立在信息技术基础上，以系统化的管理思想，为企业决策层及员工提供决策手段的信息管理平台。在全球经济不断发展的历史背景下，ERP 也伴随着信息产业发展而逐渐发展并形成一整套成熟的理念，且在企业信息化的过程中起到主要作用。企业信息化落地，会涉及硬件、软件和网络等各方面技术与应用，硬件包括电脑、服务器、网络设施设备；软件包括操作系统、信息管理系统和办公自动化软件等。其中 ERP 软件发展具有一定代表性，下面我们分别从 ERP 演进历程、ERP 产品发展、中国 ERP 发展史三方面来了解 ERP 的发展历史。

ERP 演进历程

冯·诺伊曼发明计算机后，计算机最早应用在航天与科技研发领域，后来才被应用到商业领域，借助它来提高手工计算效率。计算机在商业领域的广泛应用，也促使计算机研制得到快速发展，并逐渐演变出电子计算机、大型计算机、商业计算机，再到如今的个人计算机。ERP 的萌芽期可以追溯到 20 世纪初。1929 年，美国第二次经济危机的爆发，供需平衡被再一次打破，供大于求的现象明显，促使企业需要相对准确地预估市场需求，减少产品的过剩。大型企业由于产品复杂、工序复杂，单靠人工计算已经无法满足企业快速计算的要求，因此就需要考虑借助计算机来实现物料需求的计算。这样，很多企业就开始应用一些叫作 MIS（Management Information System，管理信息系统）的软件来完成此类工作。此时，MIS 系统就基本能利用计算机硬件、软件和网络等通信设备进行信息的采集、加工、储存、传输和决策支持。此类系统中有一种叫 MRP（Material Requirement Planning，物料需求计划）的系统表现突出，它不仅能出色地完成上述 MIS 系统的基本计算任务，还能帮助企业有效地安排生产。随着 MRP 进一步应用，很多企业发现，单单只是考虑投入产出和生产效率已经不能从根本上解决问题，企业仍然存在无法掌握市场的情况。因此后来就有人提出进一步的概念，即MRP Ⅱ，以解决投入产出和整体产销协同的问题，随着MRP Ⅱ的进一步发展，就演变成了今天ERP的雏形。ERP的诞生不仅能满足企业产销协同的需求，还能满足企业的财务管理，甚至是人力资源的管理需求，并能提升企业产供销协同和人财物一体化的管理水平。

到21世纪，随着信息科技的进一步发展和国际化进程的进一步完善，再加上互联网、云技术、大数据和人工智能的进一步发展，传统的ERP不论从技术架构还是业务适应性方面，都已显现出不能很好地满足现有市场和企业需求的问题。因此市场上就开始出现基于互联网技术和云平台开发的ERP产品，以进一步满足企业信息化建设需要。综合上述ERP发展看，整个ERP的演变历程归纳见图1-6。

	MIS	MRP	MRP Ⅱ	ERP	云ERP
解决诉求	主要用于记录、计算和查询，以减轻手工计算量，通过系统对库存补充周期内的需求量进行预测，并保留一定的安全库存储备来确定订货点。	通过系统对产品构成进行管理，并根据产品需求进行材料需求计算，确保在规定的时间、地点，按照规定的数量得到真正的物料需求量。	以生产计划为主线，对企业生产排程、产能和工时等各种资源进行统一的计划与控制，使企业的物流、信息流、资金流能进行动态反馈。	以组织、计划、管理整个企业范围内的资源来满足客户订单需要，增加了财务能力和协同能力的管理，实现业务财务一体化。	部署云端的系统，以解决系统基础设施投入过大和企业日益复杂的业务需求，加强与互联网的融合。
当时局限	没有按照各种物料真正需要的时间来确定订货日期，因此往往会造成较多的库存积压。	不能解决企业是否有足够的能力在物料需求的时间内生产或者采购到所需要的物料。	不能解决多集团、多工厂协同作战和统一部署的问题；不能解决企业与分销网点之间的集成。	系统集成度高，一次性购买成本高，且维护成本高；不能很好满足互联网和移动应用需求。	数据安全的顾虑较大，产品和技术还需要进一步的完善。
	20世纪40年代	20世纪60年代	20世纪70年代	20世纪90年代	21世纪初

图1-6　ERP的演变历程

ERP发展历史并不长，但从整个ERP的演变历程来看，ERP总是与业务需求的发展相辅相成，即业务的需求会对信息系统提出更高的要求，从而驱动系统进行升级与更新换代，反过来系统的升级又会倒逼业务的变革与发展。

ERP产品发展

随着ERP的不断演进，ERP几乎渗透到各行各业，因此也催生了许多ERP研发企业及不同类型的产品解决方案。当前具有代表性的ERP产品研发国际企业有SAP（思爱普）、Oracle（甲骨文）、Microsoft（微软）等企业，国内有用友、金蝶等企业，并且这些企业的产品仍一直在研发升级。全球部分具有代表性的ERP研发企业及发展历史梳理见表1-4。

表 1-4　部分 ERP 企业简介列表（按公司成立的时间顺序）

企业简称	企业简介	成立年份
SAP 思爱普	SAP（思爱普）由五位前 IBM 工程师于 1972 创立于德国，是全球企业管理软件与解决方案的主要供应商。SAP 的早期产品是 R/1（Realtime），后来推出的 R/2 被认为是真正意义上的 ERP，并发展到 R/3 以及 S/4。1995 年进入中国并在北京正式成立 SAP 中国公司。主要产品有 SAP ERP、CRM、PLM、PI、Ariba、PLM、Hana、BW、BO、Portal、Business One 等。	1972 年
Microsoft 微软	Microsoft（微软）由比尔·盖茨和保罗·艾伦创立于 1975 年，是一家美国科技公司，也是世界个人计算机软件开发的先导。Microsoft 首款 ERP 产品是 Microsoft Dynamics ERP，其包括 Mirosoft Dynamics Ax（Axapta）和 Microsoft Dynamics Nav（Navision）两部分。2016 年 7 月，微软发布了云 ERP 和云 CRM 的结合体 Microsoft Dynamics 365。	1975 年
Oracle 甲骨文	Oracle（甲骨文）于 1977 年成立于美国加州，创立初期主要开发关系型数据库，20 世纪后期开始 ERP 相关产品开发和应用，并成为全球 ERP 巨头之一。主要产品有数据库、ERP、SCM、HCM、Sieble、ESB、NetSuite 等。	1977 年
JDE	J.D.Edwards（后面简称 JDE）公司 1977 年在美国科罗拉多州丹福市创立，到 1995 年为止已在世界各地拥有 43 个办事处及超过 100 个商业伙伴公司的跨国公司。最早 JDE 系统适用于制造业的 MRPII 系统，后来发展成为适用于制造业、金融、分销、建筑、能源、化工、房地产及公用事业方面的商务软件。1995 年 12 月 JDE 在上海成立了公司，2003 年 JDE 年被 PeopleSoft 并购，并于 2004 年随同 Peoplesoft 一同被 Oracle 收购。	1977 年
BaaN 博安	BaaN（博安）公司由 Jan Baan 和 Paul Baan 两兄弟创立于荷兰。BaaN 主要开发适合于制造行业的软件，并在这一领域里积累了丰富的经验，它也有包括 ERP、CRM 和 SRM 等不同系列产品。2003 年 BaaN 被美国 SSA 收购，infor 收购 SSA 后，BaaN 现称为 Infor LN。	1978 年
SSA	SSA 成立于 1981 年，总部设立在美国芝加哥，其提供的 BPCS 套件包括财务、分销和制造三部分。2006 年 SSA 被 infor 收购。	1981 年
Sage 赛捷	Sage（赛捷）成立于 1981 年，面向中小型企业提供软件解决方案的供应商，也是综合会计、薪资和支付系统的市场领导者。Sage 的主要产品有 Sage X3，300cloud，CRM，Intelligence 等。	1981 年

企业简称	企业简介	成立年份
Epicor 恩柏科	Epicor（恩柏科）成立于 1984 年，是一家商业软件解决方案提供商，面向制造、分销、零售和服务等多个行业，主要服务于中端市场和全球 1000 强企业旗下的业务部门，提供的主要解决方案 ERP、CRM、SCM 等。2014 年 Epicor 被安佰深（ApaxPartners）收购，2016 年 PE 巨头 KKR 从安佰深手中买走 Epicor。	1984 年
Yonyou 用友	用友（Yonyou），1988 年成立于北京中关村，中国领先的企业商用软件提供商，主要代表产品有 NC、U8、U9、MERP、T3、T6 系列等产品。	1988 年
Kingdee 金蝶	金蝶（Kingdee），1993 年创立于中国深圳。成立之初，金蝶主要致力研发解决财务管理需求软件，主要代表产品有 K3、KIS、EAS、金蝶云、金蝶发票云等。	1993 年
Infor 恩富	Infor（恩富），成立于 2002 年，总部位于美国纽约，定位行业应用软件服务商。从 2002 成立之初，Infor 就一直不断地在收购一些公司，曾经的 Lawson Software（罗盛软件）、SSA（系统软件联合）、MAPICS（制造业生产信息控制系统）、BaaN（博安）、Fourth Shift（四班）等管理软件领域大名鼎鼎的厂商，已经全部归到 Infor 旗下。2020 年 4 月，美国科氏工业集团（Koch Industries）完成对 Infor 的收购。	2002 年

　　以上仅列出部分在过去某一个阶段或发展至今对 ERP 市场做出过较大贡献的企业。实际上，ERP 发展至今，有很多的产品和企业已经从市场上消失或者即将消失，但它们也在特定时期、特定区域、特定行业为特定企业的发展作出了特殊的贡献。一款 ERP 产品的兴衰，往往也折射着一个行业或者一类企业的兴衰。有的因为各种原因被永久刻印在了 ERP 发展历史的年轮上，有的在不断突破和创新升级中变得更加优秀。下面将摘选部分当前市场主流公司及其核心 ERP 产品发展信息进行说明。

SAP 思爱普

　　SAP（System Applications and Products），既是一个公司的名称，也是公司产品的统称，总部位于德国沃尔多夫市。SAP 公司从 1972 年成立至今已有 40 多年的发展历史，从早期以提供 MRP 产品为开始，到后来发展到可提供 ERP（R/2、R/3、S/4、Cloud）、CRM、SRM、SCM、EWM、BW、BO、Portal、PI、Hana、Ariba、SF 等多方面覆盖全球企业管理软件和解决方案的主要提供商。SAP 于 1995 年走进中国，在北京成立 SAP 中国公司总部，并先后在中国成立研究院及分公司。作为ERP的龙头企业，SAP ERP产品经历了4代变革，如今发展到了第四代ERP。SAP ERP发展路线图梳理见图1-7。

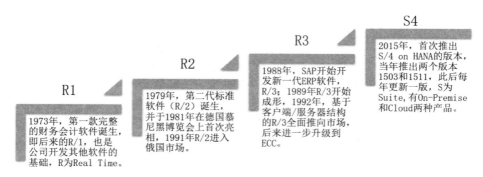

R1
1973年，第一款完整的财务会计软件诞生，即后来的R/1，也是公司开发其他软件的基础，R为Real Time。

R2
1979年，第二代标准软件（R/2）诞生，并于1981年在德国慕尼黑博览会上首次亮相，1991年R/2进入俄国市场。

R3
1988年，SAP开始开发新一代ERP软件，R/3；1989年R/3开始成形，1992年，基于客户端/服务器结构的R/3全面推向市场，后来进一步升级到ECC。

S4
2015年，首次推出S/4 on HANA的版本，当年推出两个版本1503和1511，此后每年更新一版，S为Suite，有On-Premise和Cloud两种产品。

图 1-7　SAP ERP 发展路线图

Oracle 甲骨文

Oracle由拉里·埃里森（Larry Ellison）和他的同事创立于美国硅谷，成立初期主要研究与开发关系型数据库，后来逐步拓展到除数据库以外应用软件的研发与企业管理解决方案的提供，并致力于ERP产品的研发与发展，21世纪初与SAP一起成为全球市场上ERP产品及解决方案主要提供商。Oracle于1989年正式进入中国市场，也是第一家进入中国的世界软件巨头。2016年Oracle收购NetSuite以进一步增强它在云ERP市场的领先地位。Oracle ERP发展路线图梳理见图1-8。

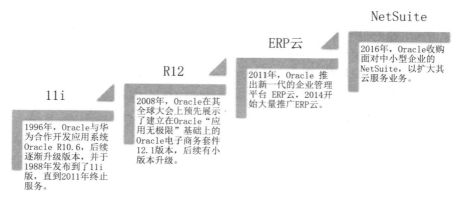

11i
1996年，Oracle与华为合作开发应用系统Oracle R10.6，后续逐渐升级版本，并于1988年发布到了11i版，直到2011年终止服务。

R12
2008年，Oracle在其全球大会上预先展示了建立在Oracle "应用无极限" 基础上的Oracle电子商务套件12.1版本，后续有小版本升级。

ERP云
2011年，Oracle推出新一代的企业管理平台 ERP云，2014开始大量推广ERP云。

NetSuite
2016年，Oracle收购面对中小型企业的NetSuite，以扩大其云服务业务。

图 1-8　Oracle ERP 发展路线图

用友 Yonyou

用友（Yonyou）由王文京和他的同事创立于北京中关村。用友初期主要是研发财务应用软件，1998年开始进入企业管理软件与服务领域，目前发展为全球领先的企业与公共组织软件、云服务、金融服务提供商。用友主要代表产品有面向大型企业的NC6、U9、HCM等，面向中型企业的U8、PLM、CRM等，面向小企业额T1、T3、T6等，以及相关云产品和服务。用友ERP发展路线图梳理见图1-9。

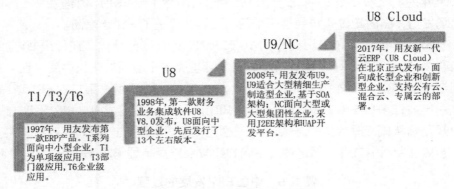

图1-9 用友ERP发展路线图

金蝶 Kingdee

金蝶（Kingdee）由徐少春创立于深圳。金蝶初期主要是开发DOS版本的财务应用软件，1996年成功发布中国首个基于Windows平台的财务软件，1998年开始进入企业管理软件与服务领域，目前发展为全球云服务知名品牌，为企业提供财务云、供应链云、制造云等产品和解决方案，打造全新财务管理模式。金蝶主要代表产品有KAS、KIS和企业级SaaS系列产品等。金蝶ERP发展路线图梳理见图1-10。

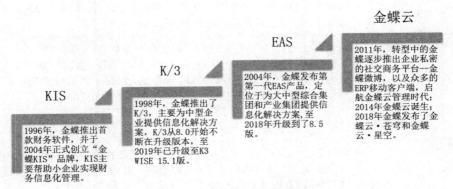

图1-10 金蝶ERP发展路线图

中国ERP发展史

当计算机和信息技术在以美日为代表的其他国家如火如荼地发展时，我们国家还处在信息技术较封闭的时期，当时企业信息化主要是计算机、网络硬件的购入和局部软件的应用，建设的重点偏向于单项开发与应用，且以财务的信息化为主。ERP概念是在20世纪80年代后期才被引入中国，并且在2000年左右沉寂了好长一段时间，后来随着国际主流ERP厂商进入并在国内市场发力，国内ERP也得到了一个新的发展，迈上了一个大台阶。

2003年被许多ERP厂商称为中国ERP发展的黄金时代。在经历20世纪末和21世纪初各ERP厂商、市场、竞争环境等多个层面的变化之后，许多在初期经历ERP应用阵痛和失败的企业，也在这一年开始了第二次ERP革命。这一年被许多ERP专家认为中国企业ERP的环境已趋于成熟，ERP厂商与企业都开始从概念时代走向务实时代。这也使得中国国产的ERP产品能够在全球的信息发展中具有一席之地。中国ERP发展路径梳理见表1-5。

表1-5　中国ERP发展的过程

年份	关键事件
1976年	1976年，中国电子计算机辅助企业管理联合设计组购买了IBM的MRPⅡ软件COPICS，并获得了8本说明书，它们后来被称作"黑八本"，这也是国内MRPⅡ最早的启蒙书籍。
1981年	1981年，沈阳第一机床厂从德国工程师协会引进了中国第一套企业应用的MRPⅡ软件，在此之前MRP及MRPⅡ在西方发达工业国家和中国港澳地区已广泛应用多年。
1988年	1988年，用友公司在北京成立。同年上海启明软件在上海成立。
1989年	1989年，Oracle进入中国，并在中国成立分公司。同年，SSA正式登陆中国大陆，并在北京设立办事处。
1990年	1990年10月，陈佳在北京中关村创立开思软件公司，开始开发基于AS/400平台的MRPⅡ系统。1994年，陈佳正式将MRPⅡ升级为ERP，宣布开思要专做ERP，开思是大陆最早涉足ERP的企业。同年，FOURTH SHIFT（四班）在天津设立亚太分部。
1993年	1993年，金蝶在深圳成立。
1994年	1994年，北京机械工业自动化研究所与美国控制数据（中国）公司合资成立了北京利玛信息技术有限公司，开始研发MRPII，后来发展为利玛ERP。同年，SAP公司在北京正式设立代表处。

续表

年份	关键事件
1995 年	1995 年 SAP 正式在北京成立 SAP 中国公司。
1998 年	1998 年 7 月，联想与瑞士 Intentia（英泰峡）公司正式签约，代理其主流 ERP 产品 MOVEX，标志联想进军 ERP，后来这部分业务分拆到了神州数码。同年，用友正式发布 U8，金蝶推出 K/3。
2001 年	2001 年金蝶在香港创业板上市。同年用友在上海证券交易所上市，12 月神州数码与鼎新电脑合资成立了"神州数码管理系统有限公司"。
2006 年	2006 年，神州数码 ERP 发布高端产品"易拓"，该产品成为中国市场上唯一可以与国外高端 ERP 产品相抗衡的国产 ERP 软件。
2019 年	2019 年，用友在中国企业级应用软件市场占有率第一，中国企业云服务市场占有率第一，金蝶云全面替代传统 ERP 为企业提供云服务。

中国 ERP 起步晚，并且发展过程一直受到外国产品的挤压，因此中国的 ERP 市场竞争力仍落后于国际化 ERP 产品。

【案例与评析】

案例一：中国 ERP 第一案

北京市三露厂在 1998 年 3 月 20 日与联想集成(后来划归到神州数码)签订了 ERP 实施合同。合同中联想集成承诺 6 个月内完成实施，如不能按规定时间交工，违约金按千分之五来赔偿，此次实施的 ERP 软件是联想独家代理的瑞典 Intentia 公司的 MOVEX 产品。

本次实施的合作双方分别是化妆品行业的著名企业三露厂（甲方）和国内 IT 业领头羊联想直属子公司（乙方）。这场本应美满的"婚姻"，因为 Intentia 软件产品汉化不彻底，造成了一些表单无法正确生成等问题而出现了"婚变"。后虽经再次的实施、修改和汉化，包括软件产品提供商 Intentia 公司也派人来三露厂解决技术问题。但是，由于汉化、报表生成等关键问题仍旧无法彻底解决，最终导致项目失败。

合作的结果是不欢而散，双方只得诉诸法律。在经历了 15 个月的 ERP 官司之后，经过庭内调解，最终以三露厂退还实施的计算机管理信息系统软硬件并获得 200 万元的赔偿结案。

这个案件后来也被称作中国 ERP 第一案。

案例二：海尔生于忧患

1998 年，信息化远非今日这样受人追捧，但这一年，海尔开始实施以市场链为纽带的业务流程再造，以及以订单信息流为中心带动物流、资金流的运动，以加快与用户零距离、产品零库存和零营运成本的"三个零"目标的实现，这表明，海尔是自发走上信息化道路的。1999 年和 2001 年，海尔分别在青岛高科技工业园和青岛经济技术开发区建立了亚洲最大规模的两家现代化物流中心，把仓库变成流动的配送中心，以过站式物流大大提高对用户个性化需求的响应速度，以增强企业的市场竞争力。

直到今天，海尔的许多人仍不认为当时的所作所为是信息化，他们更愿意说，和从前某些阶段所经历的一样，那是一场改革，只不过采用了新式武器。生于忧患，死于安乐。如果你想等待无序竞争的消亡，其结果只能是你与无序竞争一起消亡。

作为国家重点推广的全国企业信息化典型，海尔信息化的地位举足轻重。在青岛政府和海尔自身看来，信息化是海尔最重要、最成功的经验之一，是信息化帮助了海尔在行业竞争日趋激烈的时候赢得机会、赢得发展，并成功实现了从传统企业向现代企业的转变，造就了今日庞大的海尔帝国。

评析

在回顾中国整个信息技术发展的历史时，我们可以看到有两个特征：一是信息技术的发展起源于国外，尤其是美国，信息技术在中国属于"舶来品"；二是信息技术的发展都有一定的规律并且还会伴随一些试错的过程，而这个过程是一个绕不过的坎。

1998 年，SAP 公司已经成立 26 年，SAP 的 ERP 核心代表产品 R/3 也推出了多年。记得笔者在 2002 年左右读大学时，所接触的相关知识都来自国外，所使用的计算机设备很落后。当时想去了解什么是 ERP 时，能找到的比较新的材料大部分是介绍计算机技术和一些介绍基础程序开发工具的书籍。那时仅能找到少部分关于 MRP 及 MRP II 的介绍资料，足见当时学校资源的缺乏，参加工作后，见到的一些大型甚至是合资企业信息化程度也很低，企业员工对计算机掌握程度高一些的员工基本都在财务部门，其他部门就几乎与信息化绝缘。后来进入到国际化外资企业，就发现它们的信息化程度明显高于国内企业。对比从前，尽管当前计算机、软件和网络等信息技术得到了极大发展，企业信息化建设成功概率也得到了较大提升，但仍存在部分企业的信息化建设失败的现象，并且导致失败的原因也都有相似性，例如，内部认知的不足、执行力缺乏、技术的缺乏、人才的缺乏和外部的能力不足等原因，还有就是企业自身对信息项目的认知度和决心。而认知度又主要表现在企业是否知道自身想要什么、什么时间要、要到什么程度和谁来负责牵头等。

结合案例与现状可以发现，企业信息化建设的失败不仅会发生在信息技术落后的从前，现在也同样存在，因此企业在进行信息化建设的过程中需要参考实践经验与教训，明确当前建设的目标，认识信息化发展的特点和规律，循序渐进地推进企业信息化的建设。

第二章　善事利器

项目管理与项目经理

管理者，就必须卓有成效。
[美]彼得·德鲁克

"项目管理将站在 21 世纪管理舞台的中央。"经济全球化深入发展、国际竞争日趋激烈、新技术层出不穷，在此大变革的时代，每个国家都需要努力提升本国的综合实力，以求在全球化的激烈竞争中获胜。这样势必需要建立更加智能的社会和更加现代化的企业。因此，无论企业、政府还是非营利组织，领导者都已认识到成功取决于宏大的愿景、大胆的构想和持续的创新，也清楚在当今激烈竞争且动荡不安的商业环境下，可以通过项目来实现这样的愿景和构想，并将项目作为组织创造价值和效益的主要方式。

　　进入 21 世纪，项目已经成为社会生产生活的基本构成单元，项目推进的成败能决定一个企业、一个区域或者一个国家的发展速度及综合实力。项目将进一步向大规模、高复杂和精细化管理的方向发展，项目管理正成为智能化社会管理和现代化企业管理的重要手段，项目管理职业也将成为很多人的首先职业。

项目管理发展梳理

对绝大部分人来说，项目已不再陌生，只是不同的人对项目的理解和定义不同。广义的项目指各类项目或工程，涉及面广，各行各业都有对应的项目，并且在实际执行中也不一样。以项目形式执行的工作有建筑工程、水利、航天、基建、房产开发、设计、产品研发、培训咨询、软件开发、系统实施、活动促销、企业内部变革、流程再造、管理咨询等。美国项目管理协会（Project Management Institute，PMI）组织编写的《项目管理知识体系（PMBOK 指南）第六版》对项目的定义为：项目是为创造独特的产品、服务或成果而进行的临时性工作。界定有如下几个条件：

（1）独特的产品、服务或成果，即开展项目是为了通过可交付成果达成目标，可交付成果可能是有形的，也可能是无形的。

（2）临时性工作，这里的临时性是指有明确的起点和终点，但并不一定意味着持续的时间短。

（3）项目驱动变更，项目旨在推动组织从一个状态转到另一个状态，从而达成特定的目标。

（4）项目创造商业价值：这里的商业价值指从商业运作中获得的可量化净效益，但这种净效益可以是有形的、无形的或两者兼而有之。

（5）项目启动背景，指组织者启动项目是为了应对影响该组织的因素，这些因素会影响组织的持续运营和业务战略。

尽管项目古已有之，但项目管理真正作为一门学科进行研究是从近代才开始的，并陆续有相关的机构和研究人员参与到其中。项目管理就是将知识、技能、工具与技术应用于项目活动，以满足项目的要求。项目管理通过合理运用与整合特定项目所需的项目管理过程得以实现。项目管理是管理学的一门分支，项目管理理论来自项目的工作实践。

全球项目管理发展回顾

项目管理历史悠久，其在古代就有项目管理的模式存在，只是在定义、模式和专业程度方面没有现在这样成熟。现在所认为的现代项目管理最早起源于美国，是1939年至1945年第二次世界大战的产物。美国二战期间研制原子弹的曼哈顿计划和20世纪60年代的阿波罗登月计划最早采用了项目管理方法，从此项目管理得到了广泛的应用。

全球现代项目管理的发展可分如下几个阶段。

第一个阶段：20世纪之前

20世纪之前并没有真正意义上的项目，属于项目萌芽和发展的阶段。这个时期的项目都是以满足社会、军事或某特定需要的工事工程。例如，古埃及修筑的金字塔、中国秦朝修筑的万里长城、中国隋朝修建大运河等，这些都是当朝帝王要求主管官员作为政治任务来完成的项目。这些工程都属于民生或国防类工程，涉及面广，且耗费的人力和物力也较大。此阶段的大型工程呈现如下几个特点：

（1）生产工具比较落后。

（2）工期比较长。

（3）参与人员比较多。

（4）管理手段比较传统。

第二个阶段：20世纪初期至20世纪80年代

此阶段属于现代项目管理的形成阶段。20世纪初还处在传统项目管理阶段，管理工具还比较落后。1917年，亨利·劳伦斯·甘特（Henry Laurence Gantt）发明了甘特图。甘特图最初主要用于美国大型基建项目，比如1931年开始兴建的胡佛水坝(Hoover Dam)，以及1956年开始修筑的艾森豪威尔全国州际及国防公路系统。从40年代中期到60年代，项目管理主要体现在发达国家的国防工程建设、工业或部分民用工程建设。此时的项目管理主要是致力于项目的规划和预算，属于相对较小的范围内开展的一种管理活动。

从60年代起，国际上许多人对项目管理产生了浓厚的兴趣，开始形成有组织的管理协会，并逐渐形成了两大国际性项目管理协会，即以欧洲国家为主的国际项目管理协会（International Project Management Association，IPMA）和以美洲国家为主的美国项目管理协会（Project Management Institute，PMI）。这两个协会为推动全球项目管理做出了卓越的贡献。

这个阶段的项目管理经验的积累以发达国家的国防部门研究为主导地位，它们创造的许多项目管理方法和工具并一直沿用至今。例如，由美国空军最早开发的项目计划评审技术——PERT（Program Evaluation and Review Technique）、由美国国防部提出并推广的项目工期与造价管理规范（Cost or Schedule Control Systems Criteria，C/SCSC）等，此阶段的项目管理特点是：

（1）项目范围定义较窄。

（2）项目管理主要关注项目成本、工期和质量。

（3）项目管理的概念基本形成，这一阶段还诞生了一批后来在国际知名的项目管理协会。

（4）项目管理已经可以借助管理工具和方法论进行。

（5）对项目本身的价值和经济效益重视不够。

第三个阶段：20 世纪 80 年代中后期

20 世纪 80 年代之后项目管理才真正进入现代项目管理阶段，项目管理也从国防、航天等特定领域逐步渗透到各行各业，项目管理的模式也得到广泛的应用。此阶段，项目管理也进入自身知识体系形成阶段。特别是进入 90 年代以后，随着信息系统工程、网络工程、软件工程及高科技的不断发展，促使项目管理在理论和方法论等方面得到进一步发展。项目管理也在此时进一步扩展到了更多行业，并且也出现了一部分企业将项目应用到战略发展层面。例如，欧洲的 ABB 公司作为一个处于领先地位的全球性工程公司，其绝大部分工作都要求开展项目管理；IBM 公司是世界上最大的计算机制造商之一，它公开承认项目管理是对其未来发展起关键作用的因素；摩托罗拉公司是世界上最成功的通信设备和服务供应商之一，它在 20 世纪 90 年代中期启动了一个旨在改善其项目管理能力的计划，这一计划使公司获得了很大的发展；联想、德勤会计师事务所与 SAP 共同实施联想 ERP 项目；华为与 IBM 合作建立不同的项目以推动公司的变革与发展等。此阶段项目管理的特点有如下几个方面：

（1）项目管理的价值得到了普遍的认可。

（2）项目管理理论、理念、方法与手段更加科学化。

（3）项目管理开始向标准化和专业化方向发展。

（4）项目管理开始向职业化方向发展。

（5）项目管理在学术和理论方面也得到了发展，全球许多大学相继建立项目管理专业，许多项目的研究与培训机构也相继出现。

（6）项目管理协会也有了进一步的发展，国际标准化组织还以 PMI 的项目管理知识体系指南 (Guide to Project Management Body of Knowledge) 等文件为框架，制订了项目管理质量指南（ISO10006）。

在分析项目管理的发展过程中可以看出全球现代项目管理的发展基本可以划分为两个阶段，即20世纪80年代之前的传统项目发展阶段和20世纪80年代之后的现代项目发展阶段。这两个阶段的项目管理对比见表2-1。

表2-1 传统和现代项目管理对比

传统项目管理	现代项目管理
1. 项目范围的定义太窄； 2. 过分注重方法和工具的应用； 3. 忽视了项目相关方的重要性； 4. 缺乏成熟的管理方法论指导； 5. 缺乏项目管理意识和人才。	1. 以顾客中心，关注项目的经济价值； 2. 重视项目相关方的需求管理； 3. 重新定义项目经理的作用； 4. 重视项目管理综合能力的培养； 5. 重视科学的项目管理理论和方法。

全球现代项目管理发展的关键事件列表

在现代项目管理发展的几十年中，项目管理从政府走向了民间，从大型国防企业的专属走向各行各业的企业，从工具的应用走向了价值创造。全球现代项目管理发展的关键事件梳理见表2-2。

表2-2 全球项目管理发展的关键事件列表

年代	关键事件
1917年	亨利·劳伦斯·甘特（Henry Laurence Gantt）发明了甘特图。
1931年	卡洛尔·阿丹密基 (Karol Adamieeki) 研制出了协调图。同年开始兴建的美国胡佛水坝 (Hoover Dam) 应用了甘特图。
1939年	美国曼哈顿工程属于第一个全面应用项目管理理念和技术的大型项目。
1950年	出现了"项目经理"一词。
1957年	美国杜邦公司和雷明顿－兰德公司在建造化工厂时开发了 CPM（关键路径法）。
1958年	北极星导弹的发射计划中，美国海军武器局特别规划室和洛可希德航空公司首次提出并应用了计划评审技术（PERT），使得工程比原定时间提前两年完成。耗资数百亿美元，涉及2万多企业，40万人参与的阿波罗登月计划，也采用 PERT 进行管理。此后法国、意大利、日本、英国、德国和加拿大等国家相继将 PERT 技术应用于建筑或采矿业。
1959年	保罗·加迪斯（Paul Gaddis）在《哈佛商业评论》发表了题为"项目经理"的文章，探讨了高新技术行业项目经理的作用。

续表

年代	关键事件
1965 年	国际项目管理协会（International Project Management Association，IPMA）在瑞士洛桑成立。
1969 年	项目管理协会（Project Management Institute，PMI）在美国费城成立。
1984 年	PMI 推出严格的、以考试为依据的专家资质认证制度 PMP。同年第一个版本的 Microsoft Project 被开发出来。
1996 年	PMI 发布《项目管理知识体系指南（PMBOK 指南）（第 1 版）》，此后每隔 4～5 年更新一版，这标志着项目管理从此具备了成熟的知识体系。
1997 年	ISO 以 PMBOK 指南为框架颁布项目管理质量指南 ISO10006。
1998 年	IPMA 推出国际项目管理专业资质标准（IMPA Competence Baseline，ICB）。
1999 年	PMP 成为全球第一个获得 ISO 9001 认证的认证考试。
2010 年	第一届 PMI（中国）项目管理大会取得了圆满成功，此后每年举行。
2018 年	3 月，PMBOK 指南第 6 版正式启用。
2020 年	截至 2020 年 1 月，全球 PMP 认证人士 1037480 人。

中国项目管理发展历史

中国作为世界文明古国之一，历史上有许多举世瞩目的工程项目，如战国时期李冰父子设计修建的都江堰水利工程、秦国秦始皇统一六国后修筑的万里长城和秦始皇陵、隋朝隋炀帝修造的大运河、北宋皇城修复的丁渭工程、明朝皇帝修建的北京故宫等都是中国历史上的宏伟工程，这些不论从规模、人力物力投入和周期来看都是很了不起的工程，站在今天的角度来看都堪称是极其复杂的大型项目，且这些项目都在没有现代化设备的条件下完成。但遗憾的是，这些项目经验并没有像国外那样被积累并形成体系，因此也没有形成可供后来者借鉴的项目管理体系。

直到 20 世纪 60 年代初，在国家倡导下，著名数学家华罗庚教授将国外的项目管理理念引入到中国，并且逐渐在国民经济的各个部门试点应用，当时将这种方法命名为"统筹法"。20 世纪 70 年代，通过 13 套大化肥装置的引进，我们对西方企业的项目管理，特别是管理模式有了初步的认识。20 世纪 80 年代通过世界银行贷款项目，如 1984 年的鲁布革水电站项目，中国开始实行项目管理，到 20 世纪 90 年代初，开始倡导创建国际型工程公司，后来又推行项目法人责任制、建设监理制和招标制等项目管理，且在西北工业大学等单位的倡导下成立了中国第一个跨学科的项目管理专业学术组织，即中国优选法统筹法与经济数学研究会项目管理研究委员会（Project Management Research Committee China，PMRC），这标志着中国项目管理学科体系开始走向成熟。到 2001 年，在组织成立 10 周年之际也正式推出了《中国项目管理知识体系》。

随着中国在 20 世纪加入全球化经济体系，项目管理也进一步得到重视。从 2005 年起，各大专业院校相继开设相关课程，并且各类项目管理相关专著层出不穷。项目的管理理念也开始从最早期的政府部门建筑工程和国防工程项目管理领域走出，渗透到了其他各行各业，尤其在软件开发、信息技术产品研发、企业产品研发和现代服务等领域得到了广泛的应用。人们对项目也有了全新的认识，项目制也逐步成了企业新的战略推动和变革手段。尽管如此，相比国际的项目管理的发展，不论在理论的发展、实践的积累还是人才培养方面，中国的项目管理发展还是显得比较慢。归纳有如下几个方面：

（1）项目管理规范和体制不够完善

尽管中国项目管理的历史悠久，但在现代项目管理的发展中，我们主要还是学习与参考国际现代项目管理理论体系和方法论，例如 PMI 和 IPMA 的相关内容，但是照搬它们的内容不一定适用我们国家的国情，因此在理论和方法论上是有待进一步完善的。随着中国的项目管理的应用环境越来越成熟，尽管国家也出台了一系列项目管理类规范，如建设部颁布的关于项目经理资质的要求及关于建筑工程项目管理规范等，但在行业应用方面还不够完善。

（2）项目评价体系有待进一步完善

虽然项目制的管理价值得到了普遍的认可，并在各行各业得到了广泛的应用，但是评价体系还不够完善，包括项目评价的中介机构也不成熟，这样也就导致当前有很多项目根本没有评价，或者仅仅依据自身管理需求进行自我评价的情况。这样也就存在着王婆卖瓜的现象，甚至出现监守自盗的情况，使得项目质量一直上不去。

（3）项目人才培养体系有待进一步完善

一个优秀的项目管理者通常能使整个项目成功完成，反之会导致项目失败或损失惨重。而在项目管理者中，又以项目经理最为重要。一位优秀项目经理的成长通常需要花 5 ~ 10 年，甚至更长的时间。在这漫长的成长过程中，项目经理需要在时间、金钱等方面投入很多成本。尽管目前有很多大学都开设了项目管理专业或者在相关专业加入了项目管理课程，并且也有很多非学历教育也在开展此类教育，但短期内仍然解决不了人才短缺的现象。

中国现代项目管理发展的关键事件列表

在全球现代项目管理发展的几十年中，尽管中国加入较晚，但在改革开放的大潮下也取得了长足的发展与进步。中国现代项目管理发展的关键事件梳理见表2-3。

表 2-3　中国现代项目管理发展的关键事件列表

年代	关键事件
1960 年	在数学家华罗庚的倡导下，中国引进了项目管理技术中的计划评审技术（PERT），这种方法后来也被叫作"统筹法"。
1982 年	中国利用世界银行贷款建设的鲁布革水电站为中国第一个运用现代项目管理方法的大型项目。
1987 年	国家计划委员会、国家建设部等有关部门联合发出通知，即在一批试点企业和建设单位要求采用项目管理施工法，并开始建立中国的项目经理认证制度。
1991 年	国家建设部进一步提出把试点工作转变为全行业推进的综合改革，全面推广项目管理和项目经理责任制。这一时期的二滩水电站、三峡工程都是采用现代的项目管理方法。同年6月中国项目管理研究委员会（PMRC）成立，是中国唯一跨行业的、非营利性的全国性项目管理专业学术组织。
1999 年	中国国际人才交流基金会（原国家外国专家局培训中心）与项目管理协会（PMI）开展合作，将起源于美国的项目管理协会的《项目管理知识体系指南》及PMP认证引入中国。
2000 年	PMP认证在中国大陆地区首次开始考试，当年报考人数仅有316人次。
2001 年	PMRC正式推出了《中国项目管理知识体系》。
2002 年	中国国家劳动保障部正式推出了"中国项目管理师（CPMP）"资格认证，标志中国政府对项目管理重要性的认同，项目管理开始向职业化方向发展。
2003 年	清华大学和北京航空航天大学牵头设立项目管理工程硕士学位，后续其他院校也相应设立此学位。
2010 年	第一届PMI（中国）项目管理大会取得了圆满成功，此后每年举行一届。
2019 年	截至2019年9月，中国全国累计项目管理专业人士（PMP）报考人数近60万，通过PMP认证人数约42万，有效持证人数约30万，占全球PMP持证总量的1/3。

项目管理成熟度模型

PM3（Project Management Maturity Model，项目管理成熟度模型），表达的是一个组织具有的按照预定目标和条件成功地、可靠地实施项目的能力。作为一种新的项目管理理念，PM3为组织的项目管理水平提高提供了一个评估与改进的框架。PM3在项目管理过程的基础上把组织项目管理水平从混乱到规范再到优化分成有序的多个等级，形成一个逐步升级的平台。其中每个等级的项目管理水平将作为达到下一更高等级的基础，组织项目管理成熟度不断升级的过程也就是其项目管理水平逐步积累的过程。借助PM3，组织可找出其项目管理中存在的缺陷并识别出项目管理的薄弱环节，同时通过解决对项目管理水平改进至关重要的几个问题，来形成对项目管理的改进策略，从而稳步改善组织的项目管理水平，使组织的项目管理能力持续提高。1998年，PMI启动了OPM3（Organizational Project Management Maturity Model，组织项目管理成熟度模型）计划，并在全球招募了来自35个不同国家及地区、不同行业的800余位专业人员参与。2003年12月，成功推出OPM3，OPM3被PMI定义为评估组织通过管理单个项目和项目组合来实施自身战略目标的能力的方法，还是帮助组织提高市场竞争力的方法。OPM3的模型结构见图2-1。

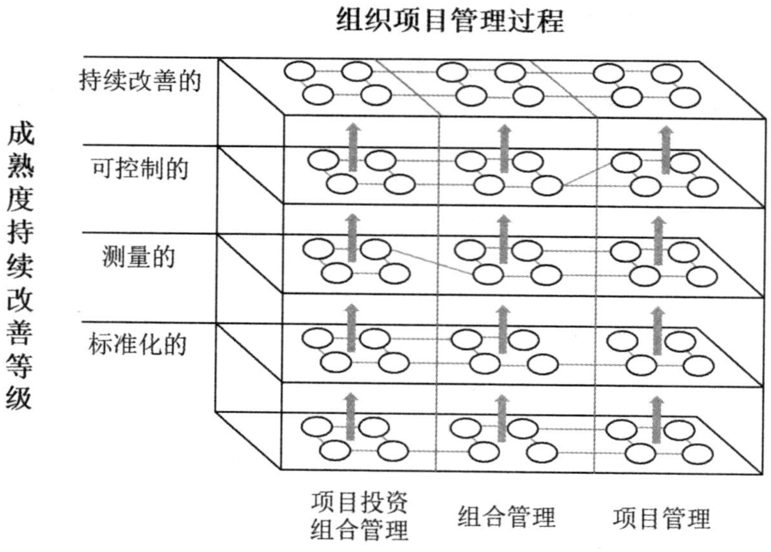

图 2-1　PMI 的 OPM3 成熟度模型结构

项目管理和运营管理

在实际项目中，项目组成的方式很多，有的由甲乙方双方派人组成，有的由企业内部发起，有的委托第三方完成。企业参与到项目中的人员包括一线业务人员、核心业务人员、技术人员、业务主管、项目组长、项目经理、项目总监、业务主管领导和高层管理人员等，这些人员基本都来自企业各业务部门，且具有丰富的业务经验和企业内部运营的管理经验，但基本都缺乏项目管理经验。他们丰富的业务经验和企业内部管理经验对项目来说是一把双刃剑，一面有利于项目对业务的掌握和落地，另一面又会与项目在管理上产生冲突，给项目带来一定的挑战。为此，笔者特意在此将项目管理和运营管理的异同做了一个对比，这样有利于读者在实际项目管理中作一个参考，以减少实际项目进行中的很多解释环节，缩短项目成员磨合的时间。

项目管理前面已经介绍过，这里就不再赘述。运营管理是指企业运营的日常工作管理，其具有稳定性、重复性和长久性。相比项目管理，运营管理的发展历史更久远，而且也更成熟。运营管理通常以部门为单位，专注于企业内部管理，是一个持续稳定的管理过程，所以项目管理与运营管理在管理范围和方式上就有很大差异，这种差异也导致项目管理会比想象中的难度更大。很多项目之所以不太成功，其中管理者的管理思路的影响占主要责任。比较典型的就是有些业主方企业为了尽快推行项目，或提供方服务企业为快速满足客户要求，都习惯于火速提拔项目经理，先安排一个人过了再说，而不去评价这个项目经理是否称职。实际上，这就已经注定了项目必然走向不成功。很多初任项目经理或者项目管理者都是从运营部门调任过来的，尽管他们有着较丰富的部门管理经验和基础管理经验，但往往缺少项目管理经验和与企业中高层沟通与交流的经验，所以想短期内就转变过来一般不太现实，而且在企业资历越深的人越难改变。为了更好地加强项目的磨合，使得项目管理者和运营管理者能更多地相互认识，以下列举了两者的一些差异：

（1）两者的管理目标不一样。项目管理的工作是以完成本期的项目目标为导向，顺利完成了任务就告一段落，后续还是会回归到正常状态。而运营管理是要每天确保按部就班地完成本部门的工作，确保工作质量和效率符合企业的要求，相同岗位的事情几乎每天、每月都差不多，甚至每年都差不多。

（2）两者的时间要求不一样。项目管理有严格的范围和工期要求，作为项目管理者需要确保在既定时间内，利用有限的资源完成既定的任务。而运营管理有相对固定的工作范围，无严格工期要求，属于长期持续并重复的工作。

（3）两者的计划目标与颗粒度不一样。项目管理有严格的总体计划和阶段计划要求，而且计划会细化到天，有的任务甚至需要计划到具体时间。例如，标准的ERP项目通常都会分为项目启动、蓝图设计、系统实现、系统切换和上线运维支持五个阶段，每个阶段的任务都不一样，但又紧密关联。而运营管理没有明确的时间计划要求，总体工作安排以企业的发展为依据，每个职位的事情有一部分也没有严格的时间计划要求，一年到头周而复始地做着差不多的事情。

（4）两者团队组成不一样。项目中的团队为临时搭建而成，而且相关成员都来自不同部门和不同企业，尤其是ERP项目，不论是管理者、内外部顾问、IT人员、技术人员，还是关键用户，都是专家和骨干。大家都有着不同背景、不同学历、不同专业技能，有的甚至已经小有成就，而且他们大部分具备独立性和自觉性，也有鲜明的个性特征，这样一群人很难用某一个既定的制度来管理。而运营管理中，通常同一个部门的人基本背景相同、学历相仿，具有相同的专业技能，而且大家有比较确定的分工和梯队，经常在一起也比较熟悉，很容易打成一片。

（5）两者工作节奏不一样。项目管理基本以任务为导向，其任务时间通常都比较紧张，成员都需要有快速完成任务的能力与习惯。运营管理基本以日常工作为主，每天的工作基本稳定，各项工作按部就班完成即可。

（6）两者考核指标不一样。项目管理的考核指标以项目的成本收益、达成情况和用户满意度为指标。运营管理主要看某一个期间或全年的部门业绩或者行政管理要求。

因此，作为项目管理者，清楚了解项目管理与运营管理的差异，将有利于在项目管理中进行有针对性的调整与把握，同样作为加入项目的业务人员，也需要了解项目的特性，并积极调整自身的习惯与状态。

ERP项目管理

ERP项目管理可以说是项目管理的一个分支，因此，上文对项目的定义同样适用于ERP项目的管理。随着国际对互联网和工业制造转型升级的重视与推进，信息技术得到前所未有的重视，企业信息化建设也成了每个企业必须要做的事情。ERP作为企业信息化建设的一个重要组成部分，绝大部分企业都很重视，目前基本是各企业必需的信息化基础建设项目，用以进行企业内外部资源的整合和自身基本能力的提升。基于此背景，当前的ERP项目也就变得责任重大且要求高，并在建设中具有如下特性：

首先，从资源配置看。由于ERP项目涉及面广，再加上ERP项目往往周期很紧张，所以项目首要的问题就集中在资源配置上。一方面，业主企业内部资源配置不到位。在企业内部，ERP项目通常都是一个全新的项目，企业内部不会有储备的资源等待，很多时候需要临时配置，所以很难在较短的时间内找到合适的资源。另一方面，外部服务供应商也出于成本的管控要求，一般也不会有现成的资源等待，因此也需要临时配置，但实际中，也很难在短期内找到合适的资源。仓促的资源配置会给项目后期带来很多隐患，这些隐患中的任何一个或者几个都会导致项目出现很多不确定性，从而会出现各种各样的问题，这也就是现在很多人觉得现ERP项目比以前难做很多的主要原因。

其次，从双方合作方式看。ERP项目是一种需要高学历、具有高技术含量，又需要较多人参与的项目，而且关键技术也基本掌握在服务提供商方，所以属于供应商主导型项目，业主方往往仅具备参与的能力，有的企业甚至连参与的能力都没有。这种情况导致项目的沟通难度很高，很多时候，几方的沟通甚至都不在一个频道上，很容易出现误解的情况。所以，很多业主方总觉得项目实施方不专业，很多东西没有按标准来，质量不过关、技术不过关、顾问水平也不过关。业务方老板也很苦恼，立项的时候个个都说得天花乱坠，这个也好、那个也好，这个保证、那个也保证，可一旦项目启动，就全是问题，这儿有问题、那儿也有问题，有的项目甚至最终不得不宣布失败，或还得花更多的代价去弥补，骑虎难下。总之，老板最后成了最大的冤大头。实施方说业主方要求高、需求老变、不懂装懂；业主说系统不好用、外部不专业、内部不听话。大家都觉得现在ERP项目越来越难做了。

再次，从进度管理来看。从前面对ERP的发展分析就可以看出，当前ERP已经趋于成熟和稳定，而且ERP的建设已经成了企业必需的基本内容，交付和应用场景也更丰富了，所以实施起来难度比以前更高了。在这样的情况下，ERP项目对进度的管理要求就越来越高了。

最后，从大环境来看。普遍性的ERP建设期已经过去，新技术和企业的快速发展使得传统的ERP已不能很好适用企业的需求。基于新技术研发的ERP，在建设落地过程中将需要更快速的反应、更多元化的知识和更专业的技术。

ERP项目管理方法论
ERP项目从开始提出到现在经历了数十年的发展，一些产品供应商也都有在不断积累与总结经验，并逐渐形成了自身独有的实施方法论，以明确在每一个项目过程中，各项目成员及相关方能够做什么、怎么做、何时做以及谁来做达成共识并努力完成。而且成熟的方法论还会包含应用工具、指南和培训，在套装类ERP产品领域尤其如此，包括SAP、Oracle、用友、金蝶等公司都有其实施方法论，不同的产品厂商的施方法论各有不同。下面以三个主要的产品厂商为例，进行介绍。

SAP产品的实施方法论

SAP提供了名为ASAP（Accelerated SAP）的快速实施方法论，主要内容包括实施路线图、工具包、技术支持服务、培训和参考模型。其总体推进的最佳实施方法论通常将项目分成五个阶段，分别是项目准备、业务蓝图、实现、最终的准备和上线及技术支持，如图2-2。

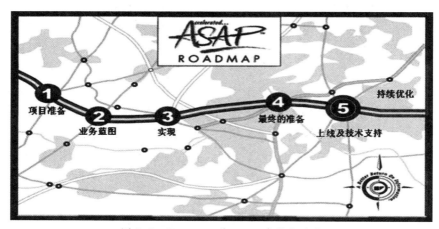

图2-2　SAP ERP的ASAP实施方法论

ASAP的每一个阶段的工作内容如下：

第一阶段，项目准备。完成前期项目合同、交接、项目主计划、办公环境准备、团队组建和启动会。

第二阶段，业务蓝图。完成现状业务调研、流程梳理、业务蓝图设计、蓝图汇报与签署。

第三阶段，实现。完成系统配置、二次功能开发、系统集成开发、单元测试、数据收集与校验、集成测试、性能测试和用户接受测试。

第四阶段，最终的准备。完成系统切换、操作手册编写、期初数据收集、终端用户培训和期初数据导入。

第五阶段，上线及技术支持。完成上线后相关工作支持、包括现场操作指导、财务月结的支持。

　　除了有完整的方法论，SAP ERP在实施过程中也会有相应的成果交付物，如图 2-3。

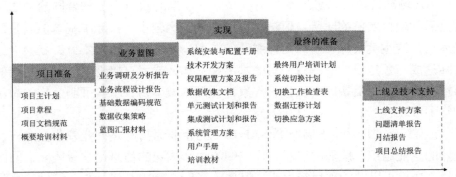

图 2-3　SAP项目实施阶段及交付物

　　早期实施SAP ERP项目时，基本都严格参照SAP的ASAP方法论进行，但随着市场的成熟和不同行业的需求，SAP的方法论也开始显现出一定的不足，包括对前期销售的了解与对接、项目进行中与外围集成、所处项目群的项目管理以及后续的持续运维工作等，这些开始变得越来越重要。因此有的项目会在SAP的ASAP方法论基础上做进一步的优化，并将此方法论延伸到了七个阶段（图 2-4），即分别往前、后各延伸了一个阶段。之所以增加到七个阶段，是因为当前的ERP系统和实施服务理念都发生了重大转变。项目的结束不能单纯定义为结束，还需要有更多的后续服务。

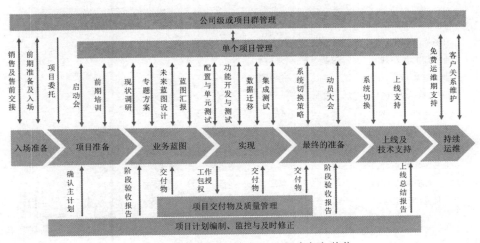

图 2-4　增强版项目阶段、里程碑和交付物

之所以在原来的方法论基础上增加一头一尾两项，主要是因为在项目实践中，经常出现前后断裂的情况，而这前后断裂的情况往往带来严重的影响，新增两个阶段的主要内容说明：

·入场准备阶段。最理想的情况是立项前期的双方交流和合同洽谈团队就是后续项目实施的团队。但这种可能性通常比较小，实际中基本前后是两套人马，这也就会存在前后衔接脱节的情况。如果前后衔接不好，就会导致实际达成与预定目标不一致，有的甚至相背离，或者直接把前后项目衔接的事情做成了一个交钥匙的工作。大家都凭经验做事情，事实证明这样的做法非常不可取。

·持续运维阶段。早期实施SAP ERP的企业通常都是行业领头企业，有成熟的企业组织、成熟的产品、成熟的流程和成熟的信息化建设团队，因此项目上线就可以认为项目结束了。但是随着SAP ERP系统被更广泛地应用到各个细分行业，以及中小型企业，由于这些行业或企业信息化很弱，所以上了系统也很难做甩手掌柜，而是需要考虑一定的运维支持期，否则项目很难顺利落地到一个企业之中。

Oracle产品的实施方法论

Oracle ERP实施方法论由AIM（应用系统实施方法论）和PJM（项目管理方法论）组成。

AIM分为六个阶段，即建立实施策略、业务分析、方案设计、系统建立、系统切换和正式运行，这六个阶段又由11个活动连接起来，如图2-5。

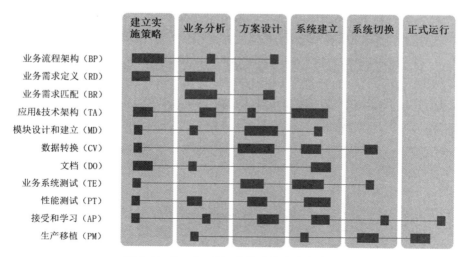

图2-5 Oracle AIM应用系统实施方法论

PJM分为五个阶段，分别是项目计划、计划、控制、完成和项目完成阶段，此五个阶段又分别由5个活动连接起来，如图2-6。

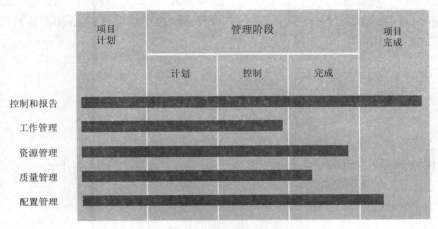

图 2-6　Oracle PJM项目管理方法论

用友产品的实施方法论

用友在其ERP实施过程中，通常将整个产品实施与交付过程分为六个阶段来进行，即项目定义、流程梳理、流程优化、系统建设、系统切换和持续支持，如图2-7。

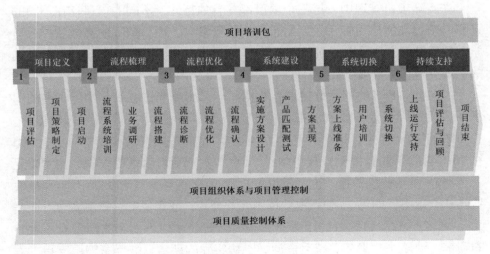

图 2-7　用友的实施方法论（8.0）

PMI的项目过程管理

美国PMI将项目管理过程分为五大过程，分别是启动过程、规划过程、执行过程、监控各过程和收尾过程（图2-8），结合上面的各产品的方法论，基本也符合这五大过程，只不过不同的产品结合了自身的产品和市场特性做了部分调整和细化。

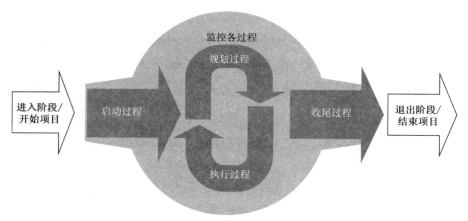

图 2-8　PMI 的项目管理五大过程

项目管理失败因素

在实际项目管理中，每一个项目都具有独特性，不同的项目存在不同的差异。项目与战略目标一致、发起人的积极参与、项目范围的有效管控、科学的项目管理方法可以使项目更容易成功；不切实际的期望、低参与度和差劲的管理更容易导致项目失败。

2019 年，PMI 的职业脉搏调查数据显示，2019 年过去一年中近 12% 的组织项目投资因绩效不佳被浪费，并且这个数字在过去的 5 年几乎没有变化。在 2020 年的调查中，这个数字是 11.4%。项目的失败导致投资的损失，PMI 在 2018 年的职业脉搏调查报告中总结到："由于项目管理的欠缺，每 1 美元就有 9.9% 美元被浪费掉，也就是说每投资 10 亿美元，就有 9900 万美元被浪费。从全球看，即每 20 秒就浪费掉 100 万美元，或者说每一年浪费 2 万亿美元"。那么导致项目失败的因素有哪些呢？曾经被列为前十的因素有不完整的需求、缺乏用户参与、缺乏资源、不切实际的期望、缺乏管理层支持、需求变更频繁、缺乏有效的计划、不再需要了、缺乏 IT 管理、技术障碍。The Standish Group 的 CHAOS 报告显示从 1994 年到 2012 年影响项目成功的前

5—10 个因素分布情况如图 2-9 所示。

1994年	1999年	2001年	2004年	2012年	2019年
1.用户参与度	1.用户参与度	1.管理层的支持	1.用户参与度	1.管理层的支持	1.切实的项目计划
2.管理层的支持	2.管理层的支持	2.用户参与度	2.管理层的支持	2.用户参与度	2.可控的项目范围
3.清晰的需求	3.细化的里程碑	3.称职的执行人员	3.细化的里程碑	3.清晰的业务目标	3.管理者的领导力
4.合理的计划	4.称职的执行人员	4.细化的项目里程碑	4.努力专注的团队	4.情感成熟度	4.用户参与度
5.切合实际的期望	5.负责的授权人	5.清晰的愿景和目标	5.清晰的愿景和目标	5.可优化的范围	5.沟通效率
6.细化的里程碑				6.敏捷管理过程	6.文化匹配度
7.称职的执行人				7.项目管理者经验	7.资源不足
8.负责的授权人				8.富有经验的团队	8.切合实际的期望
9.清晰的愿景和目标				9.执行力	9.风险管理
10.努力专注的团队				10.工具和基础设施	

图 2-9 影响项目成功的前 5—10 个因素分布情况

项目经理

项目经理在领导项目团队达成项目目标方面发挥着至关重要的作用。项目经理是执行组织委派，领导团队实现项目目标的个人。因此，项目经理是为项目的成功而进行策划和执行的总负责人，是项目实行质量、安全、进度、成本管理的责任保证体系和全面提高项目管理水平设立的重要管理岗位，也是项目团队的领导者。

保罗·盖帝（Paul Getty）在他的《我如何成为世界首富》的一书中说到，"一个主管，不管他拥有多少知识，如果不能带动人完成使命，是毫无价值的。"项目经理就应该是这样的一个主管。在一个项目中，虽然有管理层人员和普通员工，各个层级人员都发挥着不同的价值，但是其中最核心的人员就是项目经理。所以项目中的项目经理就犹如战争中的指挥官，是团队的灵魂人物。研究表明，成功的项目经理可以持续和有效地使用某些基本技能，优秀的项目经理还具有超凡的人际关系、沟通技能和积极的态度。

中国古代没有项目经理这一职位，负责大型项目建造的一般都是朝廷命官，小型工程项目一般是由工匠或者有资历的人来负责整个项目的规划与执行。直到20世纪60年代，都还没有明确的"项目经理"这个叫法。在建筑行业，中国国家规定只有建造师才能担任项目经理。直到60年代后期，随着项目逐渐发展，才有了项目经理这个职位，相比其他职业，项目经理这个职业产生的时间还比较短。随着项目管理理念和项目管理方法论被引入中国，项目管理得到了重视，担任项目经理的人数也在不断增加。从2000年引进PMI的PMP认证至2017年，中国已有近百万人接受了基于PMBOK指南的培训，有超过18万人持有PMP证书，而此时全球约有5000万人从事项目管理工作。全球PMP的证书持有人士每年都在上升。

如图2-10，截至2020年1月，全球PMP证书持有人士约103万，但相比全球几十亿的劳动力和几千万的企业管理者数量，103万这个数量的持PMP证书的项目管理者仍然显得非常少。

PMI认证名称	全球有效认证人数
PMP（项目管理专业人士）	1,037,480
CAPM（助理项目管理专业人士）	41,744
PgMP（项目集管理专业人士）	2,905
PMI-RMP（PMI风险管理专业人士）	5,655
PMI-SP(PMI进度管理专业人士)	2,096
PMI-ACP(PMI敏捷管理专业人士)	34,276
PfMP(项目组合管理专业人士)	828
PMI-PBA(PMI商业分析专业人士)	4,159

图 2-10　截至 2020 年 1 月 **PMI** 全球认证人士统计情况

项目经理的成长需要一定的过程，在整个过程中需要理论知识和实践知识的双重积累，但不论是理论还是实践都需要时间。就像培养一个出色的指挥官，需要有无数的实战经验才能锻炼出优秀的项目经理。在实际项目管理中，由于项目经理的缺乏，很多时候就会出现赶鸭子上架的情况，尤其是在业主方企业，这种现象非常普遍。一方面，他们缺乏对项目管理的基本认知，有的甚至连基本常识都没有，所以就只能用企业运营管理的思路来进行项目的管理，自以为是地认为项目也不过是企业管理很小的一个部分，管理者顶多就是一个部门主管的岗位而已，不算是什么关键职位；另一方面，尽管企业能认识到项目的重要性，但由于缺乏合适人才——是确确实实缺人，因此也只能矮子里面拔将军。但实际上，这些人并不具备基本的项目管理的能力。

那么应该怎样成为一位优秀的项目经理呢？ PMI对项目经理的能力给出一个人才三角的定义，即技术项目管理、领导力、战略和商务管理三项能力。一位优秀的项目经理不仅要具备管理项目所需的基本知识和技能，还需要具有良好的领导力、执行力、人际交往能力、沟通能力，同时还需要具备战略性的管理技能与商业智慧技能。在软性方面，还需要在职业修养、见识和个人修为上不断提升自身的综合素质，保持积极正面的处事态度和谦虚严谨的做事风格。

项目经理应具备的基本能力

项目经理首先需要掌握一些项目管理的基本能力，这些基本能力就是指项目管理的基本知识和基本常识，包括一些基本的项目管理理论知识、基本技能、对项目成功要素的把控、项目目标达成、进度管理、问题管理、财务管理、基本的人际交往和一些常规的项目实施方法论等。基本技能也包括对基本项目管理工具的掌握与使用。作为项目管理者需要掌握的一些基本的管理工具，包括办公软件、项目管理系统及其他项目管理中会用到的一些工具，包括 MS Project（微软项目管理）、一些专业的 PMS（项目管理系统）等，这有利于项目管理工作的开展。这些都是项目经理应该具备的基本能力。这些知识和技能乍一看似乎并不难，但需要熟练掌握和应用起来却需要大量实践和积累，切忌自以为是和等着随机应变。毛主席写到过，"世界上最可笑的是那些'知识里手'，有了道听途说的一知半解，便自封为'天下第一'，适足见其不自量而已。"我们切记做这种"知识里手"，而是需要实实在在地掌握一些项目管理的能力，这些能力除了上面说的基本能力外，还包括其他方面的能力。

专业技术能力

每一种类型的项目都有其特定的专业背景和适应范围，因此不同的项目管理者需要具备相应的专业技术能力，信息化建设类项目也不例外。以 ERP 项目为例，我们在进行 SAP ERP 项目实施时，通常会将项目的关键工作分为业务调研及需求分析、流程梳理及蓝图设计、系统落地实施方案设计、功能设计与程序开发、功能性验证与业务集成测试等。对项目成员来说，每一个阶段都会有不同的技能要求，因此对于此类项目管理者来说，通常会要求具有两方面的专业能力：一是对业务特性的认知，包括对所属行业的产品特性、市场分布、竞争关系、专业技能以及信息化建设的痛点的认知和对信息化建设的关键诉求的认知；二是对与信息化建设项目相关技术的掌握与应用，包括对所应用技术的理解、对软件的功能掌握、一些关键技术的了解。作为项目经理如果具备以上两项专业能力，方能有效地管理好项目。

人际交往能力

项目经理作为项目执行的最高管理者，其具体工作内容不同于一般独立性较强的工作，而是需要接触各种各样的人，因此需要具备基本的人际交往能力。作为项目经理，应研究人的行为和动机，应尽力成为一个好的领导。领导力对组织项目是否成功至关重要。

领导力技能

领导力包括指导、激励和带领团队的能力。项目经理是一个项目的最高领导者，是一位名副其实的领导。优秀的项目经理通常都具有较好的领导能力，能带领一个综合型的团队往前冲，并取得优秀的成绩。一位具有领导力的项目经理往往比一位缺乏领导力的项目经理更能够把项目完成好。领导力通常包括培训能力、沟通能力、人际交往能力、处理压力能力、解决问题能力、批判性思考能力、处理冲突能力、风险识别与管控能力、团队组织能力等。这些能力几乎在每一个项目中都能用上，并且不同的领导力在项目不同的阶段发挥的作用也不一样。

个人魅力

基本能力、专业能力、人际交往能力和领导能力是优秀的项目经理必备的硬能力，但仅仅靠硬能力管理项目会显得太过于生硬，尤其是在中国这样一个注重人情世故的环境，故项目经理还需要具备一定的软能力，一些能够从项目经理身上折射出且有利于项目成功交付的软能力。通常包括职业修养，见识与见解，责任感，荣誉感和使命感，感恩的心。

职业修养。项目经理都应该是已经具备了一定社会阅历的职业人员，在其身上也应当已经具备了一定的社会属性，这些社会属性就会反映在其日常的工作中，包括举止言谈、待人接物的态度、在企业忠诚度、职业操守、人际交往中的诚信度、处理突发事件的方式方法等，这些可以统称为职业修养。前面提到的硬能力可以通过后天的学习和训练进行掌握与提高，而个人的职业修养往往融合了个人的生活背景与成长路线，每一个人都不会一样，而这种不一样在两两相碰时，可能是融合剂，也可能是导火索。很多时候，职业修养正是人际交往中比较关注的东西，尤其是对于项目这样一个充满个性且成员个个都身怀绝技的团队。软能力的影响比硬能力的管理显得更加重要。如果在软能力方面做得比较好，则无论你在项目管理中推行任何制度和方法，都比较容易获得他人的认可和支持，反之，即使再好的制度和方案在推行过程中也会遇到很多阻碍，甚至会碰到有针对你个人的一些阻力。一个具有优秀职业修养的人，其散发出来的职业气场往往比华丽的外表和高声叫喊更强大，并且在面对大是大非的问题时，能够从容应对，举重若轻，充满正能量，其由内而外发出的磁场能够逐渐影响到周边人员向好、向上发展。

见识与见解。见识指对客观事物的认识，见解指一个人对某一事物的看法。每个人在发表自己对某一现象的见解时，通常会折射出他的经验、阅历、眼界和心胸。项目经理作为组织的核心人员，其见识也非常重要，并且会潜移默化地影响项目的整体发展。也正是因为项目经理是一个项目的关键核心人员，其见识既可能是可以燎原的星星之火，也可能是整个项目的瓶颈。

责任感。小到对待家庭、企业、团队及朋友的责任态度，大到对社会、国家和世界的责任感。责任感也体现了一个人是否有担当，如能不能去承担一些责任、有没有无私奉献的精神、会不会计较太多等。人们会通过这些来判断你是否靠得住，是否能够把一个项目和一个团队托付给你。对团队成员来说，会以此判断要不要选择相信你，并与你同舟共济、共同奋斗。

荣誉感和使命感。作为项目经理，不论是甲方、乙方还是丙方的项目经理，在一个项目中不仅仅代表自己，还是代表着自己的企业。很多时候，项目经理是企业管理的唯一输出窗口，也是传递企业文化的关键窗口。因此，项目经理对自己企业的态度也承载着企业的形象和文化。如果你满身江湖气，人家就会认为你们整个企业也这样；如果你总是抱怨企业，那么人家也就会认为你们企业真的有问题。反过来，如果你总是以企业为荣，并且不断传递企业的积极信息，那么就会让别人认可你们的企业，从而认可你，当大家发现你不是一个人在奋斗时，那么你所能获得的支持也就更多。因此项目经理个人的荣誉感和使命感将不仅影响到团队成员，也会影响你所带领项目的成败。

感恩的心。朗达·拜恩（Rhonda Byrne）在《力量》的一书中写到，"如果不知感恩，你能行使的力量非常有限，因为让你与力量联结的，正是感恩。"因此，作为管理者，切莫急功近利和好高骛远，应该总是怀着一颗感恩的心去做事，要感谢你的家人、感谢你的客户、感谢你的团队、感谢你的企业，要有大局观。常怀感恩之心工作的人会在无形中得到很多的支援，面对困难时也会获得很多宽容与谅解，这些都会给你的工作甚至是人生带来益处。

综上可以看出，项目经理是一个具有综合属性的人，其所需要的能力不是单一的，而是需要通过不断的学习和积累来获得提升。当项目经理在领导一个项目时，对上需要具备综合的管理与沟通能力，对下需要有一定的业务和技术的基础能力，同时还需要处理很多非管理和技术类的事情，包括解决项目成员衣食住行的问题，也需要了解成员的情绪和专业发挥情况。实际上，一个真正的项目经理也应该更专注于项目的管理与相应能力提升，减少非管理甚至是杂务的处理对个人能力的消耗。

> **小贴士：**
>
> 优秀项目经理的新六大标准——脸皮厚，扛得住客户揍，单身，能干，能加班，还不嫌工资低。

项目经理与产品经理的区别

前面已经详细阐述与分析了项目经理的基本定义与能力要求。在实际中，人们也很容易把产品经理和项目经理相提并论，尤其是在信息技术类项目中，其中既包含咨询实施又包含产品研发类项目，很多人更是没法区别的。在此，笔者想也做一个对比与分析，以便大家更加容易区分两者的异同。

产品经理是企业中专门负责产品管理的人员，负责市场调查并根据用户的需求确定开发何种产品、选择何种业务模式和商业模式等，并推动相应产品的开发组织，还要根据产品的生命周期，协调研发、营销、运营等，确定和组织实施相应的产品策略，以及其他一系列相关的产品管理活动。如果说项目经理是靠执行力把事情做正确，那么产品经理则是靠创造力做正确的事情，确保在既定的要求下完成目标，密切关注其所负责的产品是否符合市场的需求、是否能给企业带来利润。

项目经理与产品经理在实际工作中有以下几点不同：

（1）管理目标不同。项目经理的管理目标是确保项目能够按既定的目标顺利完成，其关注的是项目在项目生命周期中完成所有相关工作，关注范围、进度、成本和质量。产品经理管理的目标是确保产品能够满足市场的需求，并能够为企业创造效益，其关注市场的需求、产品的特性、资源的整合以及投产的效益和商业计划等。

（2）授权范围不同。项目经理与产品经理另一个主要区别是被授权的范围不同。项目经理是被授权的合同履约的负责人。因为项目合同是规定承、发包双方责任、权力、利益具有法律约束力的契约文件，是处理双方关系的主要依据，也是市场经济条件下规范双方行为的准则。所以项目经理是企业在合同项目上的全权委托代理人，代表企业处理并执行合同中约定的一切重大事宜，包括合同的实施、变更调整、违约处罚等，对执行合同负主要责任。产品经理的授权是保证产品研发过程中各流通链的畅通。产品经理要保证其所负责的产品，从上游创意、研发开始，至采购、生产，再到下游渠道、市场，最终直至终端用户售后的整个流通链的畅通，产品经理不仅要有产品知识和市场意识，还要具备协调能力，例如，了解财务、售后、物流。

（3）团队组成不一样。项目经理所带领的团队都由来自不同组织的临时性成员组成，而且大家分工不一样，每个成员的工作目标也不尽相同；产品经理所带领的团队通常为产品企业自主按要求招生的团队，团队成员拥有共同的职业背景和相似的工作经历，而且团队也以梯队组成。

由以上三点不同可知，在信息化项目的管理中，如果其中又包含产品研发项目的话，那么项目经理和产品经理就容易产生分歧与冲突。因为不论从目标、权责范围和团队工作性质看都不一样。

项目经理的选拔

项目经理是一个项目团队的主要领导，需要带领团队完成整个项目，起着承上启下的作用。因此，项目经理的选拔对一个项目的成败起着关键作用。以企业信息化项目为例，在实际项目中，由于项目经理的任用不当导致项目失败的案例并不少见。又由于当代企业信息化建设发展快，人才积累时间短，所以实际中也比较难在合适的时间找到合适的项目经理。之所以项目经理比较难找到，主要存在如下几方面的原因：一是由于现代项目管理发展晚，到目前为止也还不是一门成熟的专业学科，学校鲜有专门的项目经理课程；二是目前有很多的信息化建设类项目经理多是从实践中摸爬滚打中成长起来的，没有经过系统与专业的训练，也没有系统的知识积累，所以综合能力还不够；三是一些企业用人的误区和实践中恶性循环的结果导致很多人对项目经理的工作岗位望而生畏，很多信息化类项目经理几乎需要承揽项目中所有的脏活累活，导致很多潜在的优秀项目经理还没来得及成长就倒在了半路，有的人看着项目经理如此辛苦，甚至不敢开始，望而生畏。从目前情况看，这样的状态预计还需要持续很长一段时间，因此导致目前选拔和培养好的项目经理比较难。

从项目经理的选拔情况看，很多企业在进行项目经理招聘和委任时，通常有两种途径：自己培养和社招。这两种方式各有优缺点。

企业自己培养。从适应性和稳定性来看，企业内部培养起来的项目经理稳定性会比较好，但也存在两方面需要考虑的情况：一方面，企业内部可培养的人决定了培养出来的项目经理的数量和质量；另一方面，企业内部培养的周期长，需要一定的时间才能锻炼出合适的项目经理。

社会招聘。通过社招过来的项目管理相对经验丰富，可选的余地也比较多，但是稳定性和对企业的了解却不够，需要一些时间以帮助其了解企业。

由于项目经理成长时间慢，需要一个过程，故短期内还是比较难解决选拔项目经理的问题。但不论怎样，仍然需要尽力去选拔出合适的项目经理，以ERP项目为例，在选拔项目经理的过程中可以考虑如下几个因素：

（1）要有较好的技术基础。前面也介绍过项目经理所应该具备的基本能力，项目经理如果没有积累一定的基本能力，那么就很难在项目中把握风险，更没有办法就一些关键的技术问题做出正确的决策。

（2）要熟悉业务。优秀的项目经理需要有良好的业务基础和扎根行业的决心。通过实际的项目对比发现，对行业了解深的人所管理的项目成功率和质量一般都高于只具有单纯的管理能力和技术能力的人员。

（3）要有良好的自我管理能力。一个有良好自我管理能力的人更容易成为优秀的项目经理。项目经理是重要的管理岗位，他们所面对的管理对象、管理环境和需要应对的管理事项往往比一般的管理人员所要面对的复杂得多。因此，作为项目经理，首先需要能够进行良好得自我管理，尤其是在面对挑战和错综复杂的环境时，往往需要有自我调节的能力。另外，具有良好自我管理能力的人，通常在责任心、忠诚度和稳定性方面都做得比较好。

不论是咨询企业还是企业内部，项目经理的培养非常重要。培养出一个优秀的项目经理，所带来的效益会很高。目前，项目经理的普遍成长路径都是从基层一步一步做上来，这样有优点，也有不足。

项目经理自我修炼

中国古代工程根据工程的规模不同，负责的人也不同。民间的工程负责人通常是工匠或者有资历的人。政府主导的通常由朝廷命官负责，所要负责的内容类似于现在项目经理所负责的内容。《西游记》里面的唐僧就是一个优秀的项目经理，他的目标就是师徒四人受唐王委派到西天取回真经。尽管路途坎坷、历尽艰辛，但他们最终还是取回了真经，修成正果。项目管理被美国《时代》杂志誉为21世纪最具前景的黄金职业。那么要想成为一名合格的项目经理，我们需要不断进行自我修炼。笔者结合过往的经验，给出以下几个建议。

做规划

曾经有一位企业老板问我"为什么现在的很多项目经理都是财务顾问出身？"回答这个问题，就要从信息化发展的过程来理解。

早期，中国企业在做信息化建设的时候是为了响应国家的号召，做财务电算化。因此，当时参与信息化建设的人员大部分是财务相关人员。这也是早期大部分从业人员对信息化建设的理解，直到现在还有一部分人们认为，企业的信息化主要是为财务服务。为适应市场要求，早期的信息服务提供企业也都是从解决企业财务问题开始，然后开始解决进销存的问题。基于这样的情况，不论甲方还是乙方，往往在资源匹配上更重视财务资源的匹配，这样就使得财务顾问需要承担更多的职责，也就自然而然地慢慢干起了非顾问的事情，包括进度跟进、项目成员工作协调、客户的问题解答、财务结账和提供一些内部或者外部的报告、慢慢地，就成了项目经理。其他领域的机遇就相对少，这就是客观原因。后来随着财务的管理越来越成熟、信息化越来越复杂，信息化项目所要解决的问题和矛盾的重点已经不完全在财务，因此，对各类的项目经理要求就多了，尤其是随着现在信息技术的快速发展，企业信息化的目标已经由单一的满足财务要求发展到需要满足整个企业的业务和管理要求，对项目经理的要求也从单一的财务要求向综合型复合人才发展。

现在，对于有志于从事项目管理工作的人员来说，机遇是平等的，但是很多时候需要有一个好的职业规划，以逐步去积累项目管理方面的知识，不断寻求机会去锤炼自我，做到有的放矢。要成为项目经理，就需要在还是普通职员或者项目成员的时候，就要用心去积累，把基础打扎实，有利于后续的发展。

目前，很多人对项目经理的认识认为，项目经理只是临时性的一项工作，用不着长远的职业规划，不会把项目经理当作一份长远的职业规划来做。之所以很多人有这样的想法，在于之前项目管理的不成熟和认识上的偏差。实际上随着社会的发展，项目经理职业将会越来越成熟，并且会成为很多企业的核心部门或者组成部分，而且未来项目经理所能为企业或者社会带来的价值远远大于其他部门。另外一方面，从项目经理职位晋升上来的管理者会更有优势，原因是他们在各种项目中接触的人员多，并且经受过的压力也多，在获得解决问题的锻炼机会上比一般运营部门的人要多得多，在进行管理决策或把握业务方向上都有更丰富的经验。

练内功

规划做好了，目标也就相对明确了，那么就需要沉下心来，积累经验与技能，根据自己所处的现状匹配相应的提升计划，不要急于求成，不要浮躁，不要气馁，踏踏实实把事情做好，把知识沉淀下来，进行自我培养。同时，可以考虑参加一些正式的官方培训机构，或者研修一些课程，来提升整体的项目管理理论水平，做到实践与理论同时提高。

理论方面有两种方式可以提高。一是研修一些项目管理类课程或者参加一些针对性的培训课程；二是多阅读一些相关书籍，可以从易到难逐步阅读。

实践方面可以在实际工作中多去尝试一些与项目管理相关的工作，勇于去承担一些事情，同时也需要多去观察，要善于总结和积累，切忌眼高手低、好高骛远。

养情绪

一些书籍将情绪管理归类到情商管理。情绪管理对每个人来说都很有用，也有必要，尤其是对于项目经理来说非常重要。因为在项目的组织中，项目经理是整个项目沟通的核心，不稳定的情绪不利于项目的沟通，甚至也容易阻碍或误导沟通的效果或方向。笔者在经历的项目中见过各种项目经理，每个项目经理都有其鲜明的特征。有尽心尽职的技术型、有横冲直撞的鲁莽型、有玩弄权术的政治型、有被逼无奈的应付型、有事无巨细的保姆型、有专注报告的报告型以及跟着教材走的科教型，这些不同风格的项目经理对项目的影响完全不一样，最终项目实现的效果和结局也不一样。但是不论怎样，一个优秀的项目经理，同时也应该是一个良好的自我情绪管理者。因此，项目经理需要进行个人情绪的管理与修炼，以应对错综复杂的环境，并且还能够在艰苦复杂的环境中带领团队前进。

懂分享

"教也是一种学习的过程"这是笔者入职时的启蒙老师讲的对知识传递的看法，这句话一直影响着笔者，并且使得笔者能始终坚持这一理念。项目经理在项目成员的眼中就是核心领导人员，不论在技术、见识和信息层面都比项目成员要高一些，因此如果能够将相关的信息进行有效的分享，就有利于项目团队成员的成长和项目内外的沟通。并且能够使积极的信息不断流淌在项目内部，并影响着项目外部。

项目黑洞

　　项目黑洞是指项目进行到一定程度后，项目无法按期完成，此时用户需求反复变动，项目工作难以协调，项目范围越来越大，一直到难以控制的地步。现在总有一些项目经受着"项目黑洞"的折磨，其原因是项目具有明确的时限性。在执行过程中，项目能否按时完成是衡量项目质量的关键指标。项目一旦进入项目黑洞就会出现生产力下降、进度迟缓、人员变动频繁、项目质量没有明显提升，且项目交付时间不确定的情况。这时，整体项目环境从上到下基本处于扯皮和相互推诿责任的状态，一部分管理者为了把自己拎清楚，就会要求下属团队做各种工作报告和各种文档。出现这样的情况，如果没有关键决策者出来力挽狂澜，项目最终会走向失败。

　　导致项目出现项目黑洞的原因很多，有在商务阶段就已经埋下隐患的，有双方团队不符合项目要求的，有管理不到位的，有技术还不够成熟的，还有一些政治因素导致的项目异常的。如果能够提前识别项目黑洞，那么就可以提前做出预防并提出对策。为防止项目出现项目黑洞，可以就项目进行定期的评估，以确保项目的范围、进度和资源处于正常情况。

敏捷项目管理

　　敏捷项目管理是一种项目管理方法。提到敏捷项目管理，就不得不阐述下 Scrum，Scrum 是一种敏捷软件开发方法，用于迭代式增量软件开发过程。Scrum 被认为是目前全球最流行与最有效的敏捷项目管理理念与方法之一，在软件业发达地区被众多知名企业广泛采纳。Scrum 是管理复杂项目的简单方法，它的魅力在于规则和实践方法数量较少，简单好用，容易上手。而当前也有很多项目管理者建议或者尝试将敏捷项目管理方法用在信息技术产品研发和实施类项目上。笔者也做过尝试，应该说，此种方法论将有利于项目的迭代管理，尤其是对于成熟的套装软件的实施，更有可能采用敏捷项目管理方法。

项目变革管理

项目变革管理是指为适应项目运行过程中与项目相关的各种因素的变化、保证项目目标顺利实现，而对组织和流程进行相应的调整和变化的管理。这些调整与变化可能涉及工作岗位、组织层级、工作方式、工作流程的调整与改善，并且这些调整与变化反过来也会影响项目的整体推进。因此在项目的推进过程中，项目管理和项目变革管理相辅相成。以企业信息化项目为例，在项目推行过程中会有调研与分析、设计与开发和测试与交付，这些过程必然会导致组织和流程发生变化，这些变化会使得一部分人的岗位职责、工作方式方法、习惯发生变化，因此就需要从期望与理解、宣导与接纳和践行与推广方面进行管理，以确保变革能顺利落地。企业信息化项目中项目管理和项目变革管理之间的关系如图 2-11。

调研与分析
需求调研与整理
需求分析与总结

设计与开发
产品设计与架构
产品开发

测试与交付
产品验证与测试
产品交付与完成

项目管理
Project Management

项目变革管理
Project Change Management

期望与理解
期望收集与分类
期望管理和获得理解

宣导与接纳
项目宣导
项目获得接纳

践行与推广
成员践行
成员项目推广

图 2-11　项目管理与项目变革管理

基于上图的分析可以看出项目管理注重目标和过程的管理，而项目变革管理则注重项目对变革的影响和目标达成的效果管理，所以在实际项目管理中，有效整合项目管理和变革管理是达成组织目标的重要条件。可以基于如下几点考虑整合：

（1）目标

项目管理和变革管理的共同目标是增加组织价值，但它们对组织价值的增加点不一样。项目管理注重交付并发起变革，变革管理则是确保已实施的变革被人们接纳并取得预期收益。

（2）关注点

项目管理主要着眼于确定的项目范围、时间、成本和质量等条件之下，如何应用技能、工具、技术来实现设计好的变革（如新系统、新流程、新资源）。变革管理主要关注如何实施并保持这些实施中导致的变革，比如影响个体的行为、组织文化、触发新的工作方法、跟踪并确保实现收益，并为未来的组织变革提供输入。这两种管理的范围和重点应该在早期变革计划的时候就定义清楚，并就两者相互之间的重合点和依赖尽早进行明确区分并以文档的形式记录下来，包括两项管理如何协同工作、如何分享信息、如何做决策等。

（3）时间要求

项目管理有明确的开始和结束日期要求，但是变革管理活动往往在变革中完成，项目结束之后还会持续相当一段时间。然而项目管理和变革管理的计划应该整合在一个整体的计划中，使得项目中的重大事件和变革管理的活动之间能够相互促进。

（4）风险管控

项目管理和变革管理都认为风险对组织交付和实施变革的能力有着重要影响。项目管理关注变革被接纳的风险和实现预期收益的风险。变革管理也关注与项目有关的风险，如那些影响时间进度、范围、预算和实现收益的风险等。

【案例与评析】

案例一：林木宝的季度财报

2010 年 11 月，林木宝（Lumber Liquidators，LL）认为糟糕的第三季度财报是 SAP 产品的责任。林木宝公司表示，这个项目显著地降低了工人的生产力。但是 SAP 公司却表示，这些问题是由于员工无法适应新系统而产生的，不是软件本身存在问题。与此同时，林木宝公司的负责人表示："我们以前的系统一个特性是它十分灵活，而且很容易操作。"他说："SAP 的结构性很强，你可以按照那些步骤来行事，但是，它太死板了。对于我们来说，这是一个比较大的改变。"他还说："在购入 SAP 产品以前，虽然林木宝的有些操作流程是通过电子表格来完成的，但是还是有一些流程要靠人工来完成。对于 SAP 产品我们相信我们将会看到卓有成效的改进和优势。"

案例二：惠而浦的成功体验

美国惠而浦公司是全球大规模的白色家电制造商之一，旗下拥有多个知名国际品牌，并在全球各大洲 100 多个国家和地区都有相关业务。至 2018 年，惠而浦的年营业额约 210 亿美元，全球有 9.2 万员工和 65 个制造或技术研究中心。自 1999 年开始，惠而浦开始采用 SAP 提供的 ERP 产品建立公司的信息化平台，截至 2005 年有 98% 的业务流程在该平台上进行，此平台支持的业务包括全球数十个服务区的配送进行统一安排，从而节约了数百万美金；借助 EDI 技术加强了与供应商的协同，每年能节约数十亿的电子数据交货网络的费；加强集中定价管理，缩短了近一半的价格调整时间；优化大量业务流程，从而节约了超亿美元的运营费用预算。这一年（2005 年），惠而浦全球员工总数约 8.6 万人，年营业额约 143 亿美元。此后惠而浦每年都会投入一定量费用进行企业信息系统的维护及改造升级，例如 2018 年惠而浦进一步实施了 SAP 扩展仓库产品（Extended Warehouse Management，EWM）产品。

评析

每年都有一些备受瞩目的失败项目，它们"烧"掉了堆积如山的现金，有的让企业的运营陷入停滞状态，有的对提供商产生了负面的影响，有的让一些人的职业生涯走向低谷。当然，也有很多复杂和具有挑战性的项目取得了圆满的成功，并协助企业进一步走向成功，成了每位参与其中成员的美丽光环。不论信息技术项目的成功与失败，将企业业绩归罪（归功）到信息系统建设都是件很牵强的事情。尽管林木宝的案例发生在 10 年前，但时至今日，有这样想法和说法的公司仍不在少数，包括参与其中的老板及高管，尽管各自的出发点和目的不一样，但笔者认为影响是一样的，那就是对双方企业和个人都有负面影响。

这两个案例代表着目前存在的两个普遍性问题。一是企业对信息化认知和评估的不足，即如第一章提到的，企业在进行信息化的时候是否有想清楚想要什么、什么时候开始、达到什么样的目标等。想清楚了就容易成功，没想清楚就失败。二是企业缺乏对信息化建设的规划与管理，在面对流程和管理变革时，遇到习惯的改变和内部的一些阻力容易妥协。这两方面在过去的国内国外项目中都存在，在现在一些企业的信息化建设中也依旧存在。在笔者亲历的很多项目中，也总有人抱怨现有系统的固化，不如原老系统的灵活，总是强调习惯，而忽略了信息化的根本目标。科学的规划能使项目超预期成功，知难而退或者绕弯走最终只会劳民伤财。

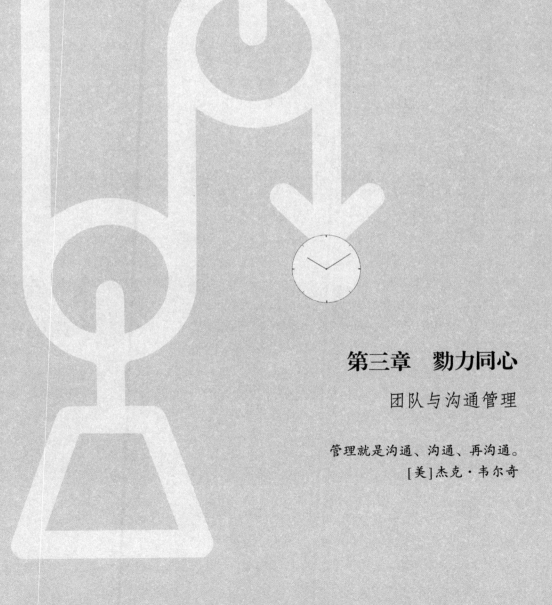

第三章　勠力同心

团队与沟通管理

管理就是沟通、沟通、再沟通。
[美]杰克·韦尔奇

"一头狮子率领的一群羊，能打败一只羊率领的一群狮子。"在战场上，当两军交战时，主帅的才能往往对胜负起着关键作用。如果主帅领军有方、治军严明，则能在瞬息万变的情况下使全军上下一心、奋力抗敌；反之，若主帅缺乏领军才能、军纪松散，则会导致军心涣散、错失良机，打起仗来也败多胜少。项目团队就如同一支军队，每一个项目就相当于一场战役。虽然没有战场上的硝烟，也不是敌我对立的状态，但是在团队管理与激励上仍有很多相似和值得借鉴的地方。一个目标清晰、任务明确、相互信任、沟通良好且积极协同的团队，必定是一个高绩效的团队。

团队管理

　　团队管理是指在一个组织中，根据成员工作性质和能力将其组成各种小组，让它们参与组织各项决议和解决问题等事务，以提高组织生产力和达成组织目标。在现代的工作或生活中，我们时常会处在各种团队中，并以团队的模式去完成一个事项。实践也证明，团队有着巨大的潜力。在企业经营中，越来越多的组织发现，相比其他工作方式，以团队为基础的工作方式更能取得成绩。例如，在企业某一部门实行团队管理后，生产水平和利润都得以增加，也提高了销售额并改进了经营战略，并且在公共部门实行团队管理后，任务完成得更彻底、更有效，对顾客的服务也有大幅度的提高。有报告表明，无论是企业还是公共部门，团队工作能提高员工的道德水平。

　　在实际团队管理中，有如下一些基本的团队优势可以参考与借鉴：

　　（1）团队具有 1+1 大于 2 的优势。团队成员能把一些互补的技能和经验带到团队中，这些技能和经验的互相吸纳，可使团队的整体能力超过团队中任何个人的能力，并能够在更大范围内应对团队在多方面遭遇的挑战。

　　（2）团队具有获得更多、更有效信息的优势。在内外部环境快速变化的情况下，如果组织需要获取更多有效的信息以做出正确决策，相比个人或者某一个部门，团队就能够迅速形成有组织、有针对性的搜索目标，并能够更为快速、准确和有效地扩大联系网，以快速地获取更多有价值的信息。

　　（3）团队具有提升管理效率和业绩达成的优势。一些团队成员在加入团队之前，能力往往得不到良好的发挥，但通过共同努力，一起克服一些障碍后，成员之间对彼此的能力就有深入的了解，从而能够建立起相互的信任和信心，这也能促进团队成员相互加强共同追求高于个人和职能工作之上的团队目标，最终形成一支高绩效且有创造力的团队。

　　（4）团队具有更大的承受压力和克服困难的优势。团队成员往往会无意识地强调他们在一起工作意义和乐趣，它们可能是一次团队拓展活动、也可能是一次简单的聚会或者其他的一些非正式的小团体活动。这些团队间的活动与聚会就成了成员间的滑润剂，也增添了成员间的黏合度，使得团队在面对压力和困难时能相互帮助和从容应对，以获得更好的业绩表现。

（5）团队具有更容易应对突发变化的优势。团队是一个集合体，团队成员都要对集体负责，团队重视团队绩效和团队挑战，包括集体荣誉等，因此当面对突发变化时，团队中的成员更具有扩大解决问题范围的意愿，相比个人又窄又受层级限制的能力，团队更灵活，也具有大得多的应对变化的能力。

（6）团队具有推动创新和培育新行为的优势。团队是在组织内培养共同目标感最为实用的方法，团队能使各级管理人员负起责任，使他们在跨组织内的各个领域中推动事物的发展，并带来多方面的能力以承担各种难题，团队也有助于使自上而下的领导方法集中着眼点和关注质量，培育出新的产品或者服务模式。

虽然团队具有如上几点优势，团队的应用在一些组织中也获得了极大的成功，且大多数人都能同意这一点，但还是有一部分人会持犹豫的态度，表现在当他们自己遇到运用团队方法的问题、或他们自己在管理团队时，却大都不愿依靠团队了，甚至还会贬低并公开怀疑对团队的选择。他们之所以不愿接受团队，通常有如下三大原因：一是对团队能比其他组织形式工作得更好缺乏信心；二是个人的作风、能力和好恶使其觉得团队不稳定或不适应团队；三是薄弱的组织业绩理念适应不了团队生存的环境。

一些组织或者个人可以根据团队的优劣以及个人的经验和看法来决定是否组建团队或加入团队。但在一些以项目制为主的行业中，如工程建筑、科研单位、产品研发、咨询服务和信息化建设等，基本都是以团队结构为主推进工作，人们必须在团队中工作。而且这类团队成员通常由来自不同单位、不同行业，也具有不同的学历背景、专业知识和工作技能。

好的团队管理策略，能协作并创造出最大的绩效。以下分别从团队组建、团队结构、团队管理、团队目标、团队凝聚力和团队绩效六个方面进行如下分析。

团队组建

团队组建是项目开始时首先需要考虑的因素，一个好的团队是项目成功的先决条件，这个浅显的道理大家都懂。可是现实中往往很难在短时间内组织一支满意的团队，尤其在一些新兴的行业和领域。以信息化项目为例，在团队组建方面就会存在一定的困难，原因包括：信息化发展历史不长，因此社会上积累的资源有限；信息技术更新换代快，新技术层出不穷，大部分人很难在短期内掌握所有的技能，尤其是新技能的学习和掌握需要一定的时间；由于信息项目涉及的面广，不同岗位要求的专业技能也不一样，往往很难在短时间内凑齐一个完整的团队。但无论怎样的困难，项目管理者都需要想办法在项目开始前就组建好项目团队，切忌在连核心团队都不齐备的情况就匆匆忙忙开工。

在团队组建时，应该从如下几个方面进行考虑：

（1）团队应该尽量互补，且能够相互协作，成员之间能够彼此融合；

（2）团队一旦协作能起到一个诸葛亮领导三个臭皮匠胜过四个诸葛亮的效果；

（3）团队成员能够有自我治理和补位能力。

团队结构

如同企业组织一样，项目团队也需要有一个组织结构，通常称其为团队结构。在项目中，人们往往喜欢将一个团队画成如图 3-1 的倒树形结构，这样的结构往往是强调上层纵向管理和小组横向管理。这种团队结构的优点是便于集中管理，上层结构容易了解下面节点的工作，但缺点是团队之间缺乏有效的沟通，容易形成团队间的壁垒，并产生沟通与协同的障碍，从而阻碍项目的协同发展。

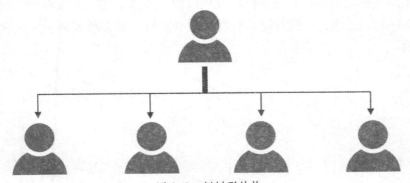

图 3-1　倒树形结构

从实际的项目管理实践来看，一个好的团队结构应该如图 3-2，即团队成员不是简单的倒树形结构，而是形成交叉协作型的项目团队结构。这种结构使得每一级的成员既能独立完成相关工作，也能与其他团队成员形成协作关系，同时也是下一个节点的总协调人。这种结构能快速解决实际中的团队沟通与协作问题，减少所有沟通都需要通过总负责人的情况，从而降低总协调人成为项目瓶颈的风险。

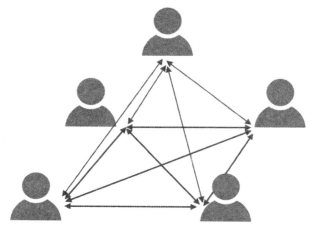

图 3-2 交叉协作型团队结构

团队管理

组建团队只是项目团队建设的开始。而要建立一支优秀的团队，并保障项目的顺利达成既定目标，就需要进行有效的团队管理。在进团队管理时，我们需要了解团队的发展过程以及一些特征。实际上，在一个团队组建初期到变得高效的过程中，存在不同的发展阶段，而且不同的阶段有不同的特性（如图 3-3）。了解并掌握好这些特性就能够更有效地发现和解决团队管理中的问题。

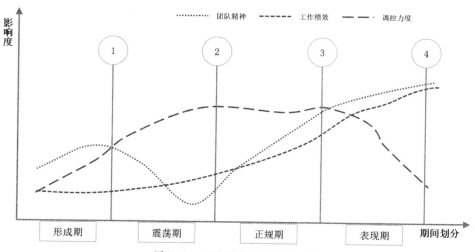

图 3-3 团队形成不同期间表现

从图 3-3 可以看出，团队的发展过程分成四个阶段：形成期、震荡期、正规期和表现期，而且不同阶段的团队有不同的特征，对管理的诉求也就不一样，并且团队精神、工作绩效和调控力度的程度也不一样。

形成期（Forming）。团队组建初期，由于团队成员分别来自不同组织，初加入一个新的团队都会有新鲜感和激情，并且团队成员对未来也都有美好的期待。不过，由于大家都相互不熟悉，因此在刚开始的交往中都比较谨慎，都能自我克制，不会有太多过激的行为。此时段的工作绩效和调控力度会比较差，因为成员们的工作习惯和思维还停留在前一个组织中，因此还需要一个适用的过程。

震荡期（Storming）。经过前一阶段的交流后，成员间相互已经有一些了解。成员们基本找到了自己的组织并明确了自己在项目中的立场和利益诉求。因此就会产生成员之间由于立场、观念、方法、行为等方面的差异而导致的各种冲突，人际关系会开始陷入紧张局面，甚至出现彼此敌视、带有强烈个人情绪以及向领导者挑战的情形。这些冲突可能是情感上的，或是与事实有关的，或是建设性的，或是破坏性的，或是争辩性的，或是隐瞒的，总之，这个阶段团队凝聚力最差。一些冲突可能发生在领导与个别团队成员之间，可能发生在领导与整个团队之间以及团队成员相互之间。不仅如此，在这个阶段团队成员与周围的环境之间也会产生不和谐，如团队成员与关联部门之间的冲突，可能对项目团队推进关联工作产生阻力。

正规期（Norming）。如果前一个期间管理引导适当和调度合理，那么团队成员在经过一定时间的磨合后，彼此之间有了更深层次的相互熟悉和了解，矛盾也基本得以解决，即像俗话说的不打不相识。这个时候，项目开始进入稳定发展期，项目成员间的交流也变得畅通。产出的效率和质量也会大大提高。但如果上一阶段引导不当，那么项目团队往往较难进入到这个阶段，而会不断在前两个阶段徘徊。

表现期（Performing）。经过正规期的发展，成员间就会产生默契和信任，对项目领导也产生了信赖，并且成员能够主动去承担项目上的一些似乎与自己不相干的工作任务，积极工作，努力实现目标。这一个阶段，团队成员就开始有比较强烈的集体荣誉感，能够主动和积极地从正面开始宣传自己的团队，并且很期望得到外界的认可与接受。如果正规期没有平稳度过，团队也就到达不了这个阶段。

以上是带普遍性的团队形成过程中各个阶段的表现，而在实际的项目管理中，不同类型的项目，其四个阶段的长短、对调控力度的要求和绩效的影响也会不一样。以 SAP ERP 项目为例，团队形成的不同阶段对应项目不同实施阶段，因此团队形成过程也有些不一样，如图 3-4。

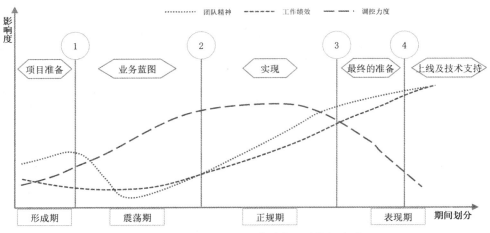

图 3-4　SAP ERP 项目团队形成不同期间表现

从图 3-4 可以看出，相比普遍性的团队形成过程，实际 SAP ERP 项目中的团队形成过程有如下特点：一是团队形成的不同期间正好落在项目的五个不同阶段；二是团队形成的过程看，形成期比较短，表现期包含"最终的准备"和"上线及技术支持"；三是表现期持续的时间比较长。

在实际的项目管理中，项目经理需要对团队形成的各个阶段的特点和应对措施了然于胸，并且密切关注项目团队的变化，从而能够有效促进真正团队的形成，并且可以通过一些措施来调节各个阶段的时间长短，以保证团队的平稳发展。常用的调节方式有定期举行知识分享会，组织团建、茶话会、联谊会和参观展览等。

团队目标

项目需要有明确的目标，并且这个目标是全体项目成员和管理层一致认可且可衡量的目标，目标越清晰越好。有了目标就需要对目标进行有效的管理。对目标的管理可以从如下几个方面考虑：

（1）团队目标与企业目标的一致性管理

团队及所从事的项目往往是企业战略的一部分，因此团队的目标必须要与企业的总体目标一致。如果团队的目标与企业的目标不一致，最终很难取得领导的支持，因此也就不能有效指导团队取得成功，最终得到企业管理层的认可。

（2）团队目标与项目目标的一致性管理

团队的组建往往都呈阶段性，其目的都是为完成某一特定项目。因此，团队目标往往就是项目目标。此时，项目目标就是一个总的目标，通常可以分解为阶段性目标和子团队目标，但是在分解的过程中要确保子团队、总团队与总体项目目标一致。避免在项目团队中出现各自为政的小团队。

（3）个人目标与团队目标一致性管理

团队是由个体组成的团体结构，因此作为团队管理者，在管理团队目标达成的同时，也需要兼顾到团队成员的个人发展及职业规划。团队的总体目标应该以发展和满足个人目标为前提，不能以损害个人目标为基础进行，这样既不利于人才的培养，也不利于团队的稳定，最终还会影响项目的成败和企业战略目标的达成。

团队凝聚力

团队凝聚力是指一个团队的聚合程度、默契程度和相互协作的程度。一个有凝聚力的团队（图3-5），表现在其团队成员具有会思考、愿合作、有担当、能主动和重团结的特点，其团队负责人具有大格局、有威严、有爱心、会用人和是榜样的特质。因此作为团队管理者如果想要建立一个有凝聚力的团队，就需要了解使团队具有凝聚力的源动力，并明确自己是带领团队逃避痛苦还是追求幸福。

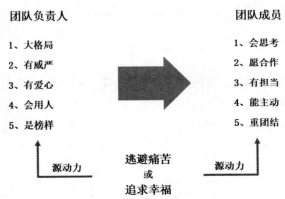

图3-5　团队负责人与团队成员之间的关系

以SAP ERP项目为例，由于被挑选到项目团队中的成员，往往都来自各个部门或不同项目，且具有一定学历背景、工作成绩和专业能力，来之前大多都是各自领域的优秀人员，因此这样一个新组建的团队，在团队工作初期都会出现不同程度的摩擦，甚至会起争执。此时团队凝聚力是不够的。这个时候，作为团队管理者的项目经理，不仅需要明确工作目标和内容，还需要多花时间和精力去加强团队的凝聚力，例如组织团建活动等。

团队绩效

团队的绩效是指团队的投入产出情况。要提高团队的产出，就需要了解并管理好团队的行为表现对绩效的影响，团队绩效会通过不同的团队行为表现出来。团队行为在团队发展过程中通常可划分为五个不同特征的团队，即初始团队、伪团队、潜在团队、真正团队和出色团队(如图 3-6)。

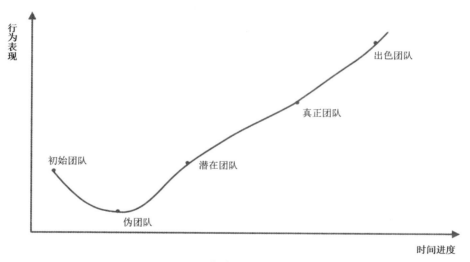

图 3-6　标准团队行为曲线

初始团队。初始团队是指团队形成的初期，此时团队成员陆续到场，大家都还处在熟悉环境和寻找组织的阶段，对组织有一定的新鲜感，也有一定的期望，同时也由于此时工作规范还在形成中，大多数团队成员会惯性地按各自原有的工作习惯和工作方式开展工作，因此这时期团队的行为表现相对比较好。

伪团队。当团队成员基本就位后，各团队成员也有了归属。此时不同的成员分到了相应的小组，并且也有了明确的规章制度要求，大家都不能再按习惯进行工作了，再加上团队成员间还不熟悉，这样就导致大家的工作表现下降，整体团队行为表现进入低谷期。

潜在团队。通过一段时间的交流和磨合后，团队成员相互有了一定的了解，各自对自己的角色定位和工作任务也有了清晰的认识，且对工作环境也基本适应了，这时候的项目成员慢慢开始具有团队协作的概念，相互之间也具有了一定的配合和支持，团队行为表现从低谷走出，进入到成长期。

真正团队。经过进一步的合作与磨合后，团队成员彼此间有了进一步的了解，很多成员间已经建立了一定的信任关系，部分成员能够默契合作，此时团队效应开始真正发挥出来，团队行为表现为积极、团结和具有集体荣誉感。

出色团队。由于团队任务目标、完成周期和团队性质等原因，很多团队基本到了真正团队期就结束了，能发展为出色团队的机会比较少。出色团队在真正团队的基础上表现执行效率更高，并具有创造创新能力。

在实际项目执行中，团队行为曲线不一定都会按照标准的团队行为曲线发展，有时会因为团队任务目标、完成周期和团队性质不一样而不同，因此在实际团队管理中需要结合实际项目情况进行变通管理。以ERP项目为例，各个阶段的发展如图3-7，团队行为表现的不同期间正好落在项目实施的不同阶段，这样也便于更直观地进行团队行为的引导与管理，以尽快提升整体团队的绩效。

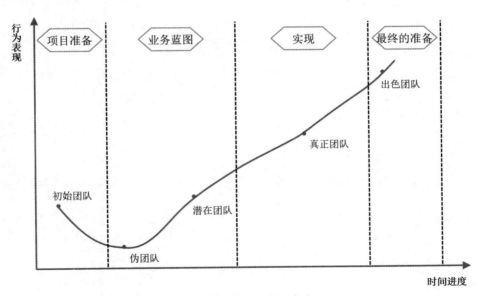

图 3-7　ERP项目团队行为曲线

　　上面所阐述的通过时间进度上团队行为的表现来评判团队的绩效只是一个定性的方法，实际上要进行有效的团队绩效管理，还需要配合相应的绩效考核制度，包括明确的总体工作计划和阶段性的工作目标，量化的任务指标和评价标准，以及能够及时兑现。

项目相关方管理

早期美国PMI发布的PMBOK指南中，把项目中相关的人员叫作干系人，第六版后调整为项目相关方，这种叫法更合理，也更贴合实际。

在每一个项目中都会涉及各类人员（图3-8），按组织形式可将项目团队分为项目内团队和项目外团队。项目内团队比较好理解，主要指组成项目的团队成员，通常包括项目发起人、项目管理团队、项目经理和项目团队其他成员；项目外团队指与项目有关联的相关方，这些团队主要有企业高层管理人员、项目组合负责人及团队、项目集群负责人及团队、项目管理办公室成员、运营主管领导及团队、职能部门负责人及团队、业务用户、客户和供应商等。这些人都会从不同的角度以不同的形式对项目进行关注，并对项目产生不同程度的影响。因此，对于项目管理者，尤其是项目经理，需要准确识别并管理好这些项目相关方。

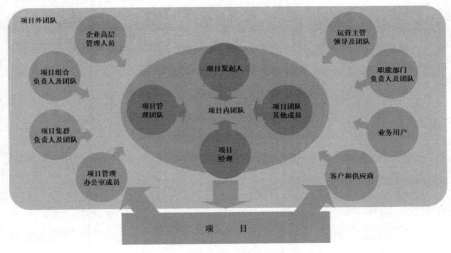

图3-8 项目相关方示意图

实际项目管理中，经常会出现各种各样的现象，例如，没有明确的项目指导委员会；没有明确的项目总监；没有全职的项目经理；没有明确的业务主管领导；没有明确的业务归口人员等，这样会导致项目相关方也不明确，整个项目内外团队关系也变得错综复杂，在完成项目进度时，要么所有的问题和所有的事情都没人关心，要么一个小事情会引发各种口水大战，争论不休。在这样的环境下很多乙方项目经理都会觉得发怵、茫然和无从下手，基本搞不清谁是主管领导、谁才是真正的项目经理。一谈到工作，随时随地都有人站出来指导项目，但等到着手开始落实起来，又没有人真正负责，根本执行不下去，整个项目工作不能展开，项目绩效也无法提高，导致其他管理者又认为项目经理能力太弱，项目一团糟，看不下去了，不管理不行了，然后进行强行介入管理，从此形成恶性循环，结果越管越乱。

下面描述两个类似案例：

案例一，有一个项目本来在前期就进行得就不太顺利，到了蓝图签署时，所有业务领导都不认可蓝图设计的方案，这一下双方高层都着急了，沟通了好几轮，结果不仅没有达成一致，而且都在微信群里吵了起来。这样严重伤害了双方的信赖和合作关系，并一度导致项目停滞和顾问退出，进一步加深了双方的矛盾。尽管后来经过再三的磋商和项目成员的努力使得项目成功完成，但合作过程中形成的伤痕始终没有被修补。

案例二，在一个项目中，原本项目达成的一致意见是项目的汇报由项目组向业务组长和主管项目领导、董事长汇报。结果在项目开始蓝图汇报时，业主方负责人突然改变汇报方式与流程，即要求蓝图汇报方式按业务块、二级公司，子集团和集团总部的层级进行汇报。这完全打乱了项目的计划，使得整个项目周期进一步拉长。

从以上的案例中可以了解到，在实际项目管理中，不同的企业对项目的干预程度会不一样。作为项目经理，需要自始至终地做好对项目相关方的管理，不要忽视项目过程中人们口中的"老板指示""财务领导不满意""采购领导建议……"等一些看似平常的话语，这些信息都是已经在传递相关方的声音与需求，需要特别关注。因此，对相关方的管理，不论在小项目还是在综合型的大项目中都很重要。

要保障项目的成功，就需要进行有效的相关方管理，包括但不限于如下方式。

识别项目相关方

在项目初期，项目管理者首先需要建立相关方列表，并识别项目中各相关方，内容包括项目内团队的角色、期望、专业背景和影响度，项目外团队的角色、期望、利益诉求、参与度、支持度和影响度。这个时候尽量覆盖面广一些，减少遗漏潜在的关键人员，因此在识别过程中往往需要甲乙双方项目管理办公室人员共同来完成。

拟定项目相关方管理策略

基于建立的相关方列表，按重要程度和项目阶段进行分类，并拟定相应的管理策略。我们可以根据项目相关方对项目的影响程度（图3-9），制定相应的沟通策略。

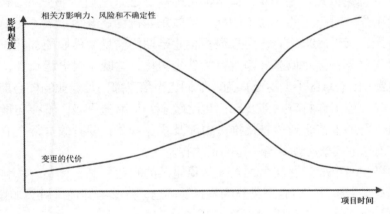

图 3-9 不同阶段相关方对项目的影响程度

可以针对不同类型的相关方拟定不同的沟通策略。例如，对重要与关键的人员，需要保持持续沟通，可以实时更新项目状态或定期汇报进度；对重要但关联不密切的人员，需要定期沟通，可以定期汇报项目相关进度与内容；对于特殊角色的人员也不能忽略，包括项目的支持人员，很多时候他不一定有直接的管理和决定权，但是对项目可能有较大的影响，需要保持关注与选择性沟通，这一类相关方如果管理不好也会给后续项目带来不可预料的后果。

进行财务部门和信息部门关系管理

很多项目中最突出的具有普遍性矛盾的部门往往都体现在财务和信息部门之间，仿佛这是企业信息化建设中存在的一种固有的"婆媳"矛盾。这两个部门之间总有扯不清理还乱的矛盾。而作为信息化建设与实施的团队，往往就像夹在中间的男子，既要做好丈夫又要做好儿子。面对这样的情况，很多没有经验的项目经理往往不知所措。笔者曾反复观察与思考过此类问题，试图分析其根源，也尝试过各种方式想去化解这种矛盾，虽然总有不错的效果，但是很难彻底解决。

作为项目经理应该正面认识这种部门间的矛盾，可以尽量争取时机去沟通与调和其对项目的影响，针对常见的矛盾，笔者也总结了几点原因以供参考与借鉴。

（1）资历不同

很多企业的财务部门几乎与企业同时产生。财务部门，人员资历老，对老板也最熟悉，并且相当于企业的财政大臣，所有资金都要他们经手。而很多企业信息建设起步比较晚，最早期可能就是维修电脑、维护网络和系统等技术性工作，对企业的效益不明显，有些东西甚至连老板都搞不明白，觉得可有可无，属于后来才有，而且很多企业早期的信息管理职能都挂在财务部门。因此财务就会对信息部门进行管理与教化，这既是对老板负责，也是对企业负责；但信息部不会这么认为，他们觉得信息部门是企业的核心部门，尽管起步晚，但工作特殊，涉及部门也比较多，与财务平级，不存在谁管理谁的问题，再加上在企业信息化推进中涉及企业变革，要有效推行企业信息化建设，信息部门就必须要有一定的话语权。

如果在两个部门之间再加入一些更复杂的利益纠葛、恩怨、私利、老板的协调不平衡和管理者管理经验的不足等问题，那么实际情况就更加复杂了。

（2）利益关注点不同

首先从正面的角度来理解。不论是财务部门还是信息部门的一把手，他们都想把事情做好，想为企业谋得利益、为员工谋福利，同时也需要获得老板的认可和同僚的支持。可尽管他们在这个利益目标一致，但是在保障利益的路线上却存在管理权和支配权的分歧与争执。

从另外一个角度来看，每个部门都有其自身的利益诉求，又由于这两个部门都是后勤、成本型部门，可对比的地方多一些，因此利益冲突会明显一些。

基于以上两点分析，作为项目经理，首先需要清晰地认识到这些矛盾的客观存在性，并且对每一个项目都要认真且客观地分析此类矛盾的根源，毕竟每个企业会有不同差异存在。一旦发现这种情况存在，就应该找准问题的关键点，并积极想法去调和主要矛盾，化解次要矛盾。促使双方统一战线，至少在项目期间能够放下恩怨，共同努力，包括：

· 做好项目统筹安排，尽量明确事情的边界和责任人。

· 不要消极对待，积极去沟通与协调，说清利害关系。

· 不要传播谣言、不要一边倒、更不要形成对抗的局面。

其实财务和信息部门的这种看似与项目没有直接关系的矛盾现象，只是项目管理中遇到的一个比较典型的代表，且在笔者经历过的很多项目中显得比较突出。但实际上，类似于这种关系的部门间的矛盾几乎每个项目都存在，而且不一定都发生于财务和信息部门之间。

外包资源管理

外包资源指在某一些工种上由于企业自身资源不足，而聘用外部资源的情况。早期的信息技术服务供应商总是能够承诺资源的来源，并且会强调自用资源的优势和不可替代性。但随着信息化的广泛应用和不断深化，细分市场不断形成，再加上市场的不断成熟，越来越多的企业意识到，不可能靠内部有限的资源解决一切项目中的技术或方案问题，因此不得不选择聘用外部资源来解决相关问题。

利用外部资源有比较明显的优势。因为很多外部资源不论在工作经验、社会阅历、专业技能和责任心方面都非常好，尤其是在时间和专业技能都受限的情况下，通过聘请外部资源能有效地解决企业自身资源瓶颈问题。但是外包资源良莠不齐，滥竽充数的情况屡见不鲜，再加上一些供应商自身问题，使得一部分人对外包资源心存芥蒂。这样给项目管理带来了一定的难处。因此，作为项目管理者，需要了解一些外部资源的特征：

（1）从事外包工作的人员绝大部分工作目的单一，很多人缺乏良好的职业规划，多以完成付出和收入对等的工作为目标。因此，他们中大部分人缺乏全局观和责任感，尤其是面对整体困难和问题时容易退缩和逃避，在艰难时期出现的矛盾比较难调和，容易撂挑子。

（2）从事外包工作的人员普遍缺乏归属感，也不太容易受项目和组织的约束。

（3）尽管外部资源好找，但是要在合适的时间找到合适的人也不容易。因此，需要注重提前规划和积累，以便综合考虑用人成本。

外包资源在实际管理中不可或缺，但不足之处也比较明显。作为项目管理者，就需要想办法去利用这些资源，通过建立好的管理制度和创新的方法来管理好这么一个复杂的团队。

沟通管理

切斯特·巴纳德（Chester Barnard）认为："管理者的最基本功能是发展与维系一个畅通的沟通管道。"管理的过程，其实也就是沟通维系的过程。他还说："沟通是把一个组织中的成员联系在一起，以实现共同目标的手段。"没有沟通，就没有共同的目标。

沟通不良是很多组织都存在的问题，企业的机构越复杂，其沟通越困难。许多建设性意见还未反馈至高层决策者，便已被层层扼杀。而高层决策常常也无法高效、正确地传达给所有员工。项目管理也如此，不沟通或沟而不通是项目中常见的现象。其中原因很多，沟通意识、沟通技巧、沟通方式、技术等方面出现问题，都会导致沟通出现问题。一个好的团队应该是分层次高效协作的团队，所以我们需要了解沟通在实际组织中的作用。

沟通在实际组织有如下作用：

（1）沟通有利于改进决策

任何决策都会涉及干什么、怎么干和何时干等问题。每当遇到这些急需解决的问题，管理者就需要从组织内部的沟通中获取大量的信息情报，然后进行决策，或建议有关人员做出决策，以迅速解决问题。下级人员也可以主动与上级管理人员沟通，提出自己的建议，供领导者做决策时参考，下级也可以通过沟通，取得上级领导的认可，自行决策。组织内部的沟通为每个组织和成员进行决策提供了信息，增强了判断能力。

（2）沟通有利于提升组织成员的工作效率

组织中各个单元和职务相互依存，依存性越大，对协调的需要就越高。而协调的主要方式就是沟通。通过沟通，管理者对组织成员在工作中面临的困难，个人期望和对组织的诉求也就能够充分了解，并且也能够疏通上下级的信息传递渠道，以确保组织成员都能明确理解自身的工作任务和进度目标，从而提升整体的工作效率。

（3）沟通有利于提高员工的士气

沟通有利于领导者激励下属，有利于建立良好的人际关系和组织氛围。除了技术性和协调性的信息外，组织成员还需要鼓励性的信息。沟通可以使领导者了解成员的诉求，关心成员的困难，以便在决策中考虑更多一些，以提高成员的工作热情。人一般都会要求他人对自己的工作能力有一个恰当的评价。如果领导的表扬、认可或者满意能够通过各种渠道及时传递给成员，就会产生某种工作激励。同时，组织内部良好的人际关系更离不开沟通。思想上和感情上的沟通可以增进彼此的了解，消除误解、隔阂和猜忌，即使不能达到完全理解，至少也可取得谅解，使组织有和谐的氛围。所谓"心往一处想，劲往一处使"就是有效沟通的结果。

（4）沟通有利于了解客户需求

组织通过沟通能有效地了解客户的需求，整合各种资源，创造出好的产品和服务来满足客户，从而为企业和社会创造价值和财富。如果把组织和客户都比作有生命的有机体，那么沟通就像有机体内的血管，通过沟通可以实现组织与客户沟通的良性循环。

有效沟通

美国著名未来学家约翰·奈斯比特(John Naisbitt)说："未来竞争是管理的竞争，竞争的焦点在于每个社会组织内部成员之间及其与外部组织的有效沟通之上。"沟通是双方共同作用的一种形式，只有双方在共同结果上达到一致，才能算是有效沟通，否则，很多时候的沟通就在浪费时间。有效沟通的前提是理性沟通（图 3-10），即听者需要听得明白，说者需要说得清楚，并且要进行双向沟通。

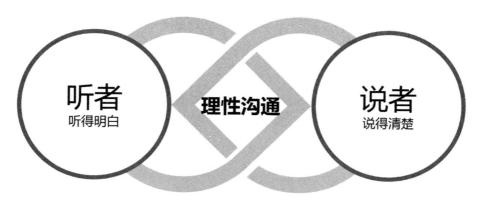

图 3-10　理性沟通

在实际的理性沟通中，听者和说者要注意如下几点：

听者，听对方的道理，不要过多计较其说话的态度、语气和情绪，用心去听对方想表达的观点或者阐述的道理；

说者，注意说话方式，不要只顾表达自己所认知的道理、释放自己的情绪和急于陈述相关内容，试着换个角度考虑对方的情绪和接受能力。

没有达到理性沟通的例子在实际工作中屡见不鲜，包括在项目会议中，总有一部分人在沟通过程中有听不明白或说不清楚的情况，例如，每当需要陈述方案、反馈工作进度和更新问题解决状态时，我们总是能听到"我们的方案就是这样，没有别的办法了""我和张总说过了""李总那边我也反馈过了""王总那边说收到了""上次那份文件我放在了文件服务器上""那个问题处理得差不多了"等表达，但具体方案明细和优缺点是什么、与领导沟通效果如何、问题处理后双方是否达成一致，以及沟通最终有没有达到最初的预期等却没有了下文。

掌握了理性沟通技巧仅仅是具备了有效沟通的基础能力，要进一步提升有效沟通效果，还需要了解并掌握沟通中的一些沟通形式、沟通方式、沟通技巧、沟通障碍及化解方法。

沟通形式

在实际沟通过程中，沟通也有很多不同的形式，其中就包括单向沟通、双向沟通、跨地区沟通等。

单向沟通

单向沟通指由一方向另一方传递信息。一方只发送信息，另一方只接受信息，接受信息方不再向发送方反馈信息，如产品发布会、作报告、主题演讲等都是单向沟通。项目中存在的典型单向沟通的场景主要有：启动会、宣贯会、概览培训、动员会。

双向沟通

双向沟通指发送方和接受方之间不断交换沟通位置，且一方是以协商和讨论的姿态面对另一方，信息发出以后还需及时听取对方的反馈意见，必要时双方可进行多次重复商谈，直到双方达成共识为止，如研讨会、商业谈判等都是双向沟通。项目中存在双向沟通的场景主要有：业务调研、专题讨论、一对一的项目管理者间交流、成员和管理者之间的交流。这里的一对一的交流主要涉及高级别内容、专业技能、个人需求以及管理需要。

跨地区沟通

跨地区沟通常指组织团队处在不同的区域需要进行沟通的情况。在涉及海外项目的沟通管理时，跨区域沟通对项目影响很重要，不论沟通的周期，还是沟通的效果，都有较大挑战。语言、文化和时间的差异都会影响沟通的效果。

沟通方式

沟通方式有多种，不同的沟通方式适应的场景不一样，且产生的效果也会不一样。常用的沟通方式有会议、邮件和即时通信等。

会议

会议主要应用在多方参与、意见不一致或需要紧急沟通的场景。实际项目中，以会议形式进行沟通的场景有启动会、业务调研与访谈、专题调研会议、项目周例会、跨组沟通会、蓝图设计汇报会、动员会、总结会等。会议基本是项目最主要的沟通方式。

但在有些项目中，会出现过度使用会议和未充分使用会议两种情况。过度使用的现象就是天天开会，而且每次会议不是持续三四个小时，就是持续半天或一天，开得全体人员昏天黑地，而且最让人费解的是，会议讨论起来还非常激烈，可会议开完了却没有结论，以至于开完会还需要加班。另外一种情况是会议没有被充分使用。一天到晚大家都静悄悄地坐在各自的工作岗位上默默工作着，一天、一周甚至一个月都没有会议。这两种现象比较极端。会议太多，大家大部分时间都在会议中度过，不能专心去完成各项工作，从而影响整体的工作效率与节奏，也影响工作的质量；会议太少，大家大部分时间都在封闭环境中度过，成员间缺少必要的工作沟通，也影响跨组织或跨部门的工作。因此，在项目中需要适度地组织会议，确保每一个会议的效率和质量，做到有效。组织者通常需要明确高效会议的五要素：

· 会前要准备；
· 会议要预约；
· 会中要主持；
· 会议要有纪要；
· 会后要总结与跟进。

邮件

邮件属于正式沟通方式的一种，也是重要的交流工具，一般应用在较正式的交流需求中，且主要用在一对多、重要但不紧急的沟通中，如会议通知、会议结论、需求明确、方案确认、文档确认等。使用邮件的好处是有机会和时间将问题陈述清楚，邮件接收者也有时间进行阅读与思考，并认真回复。但是，在使用邮件时也不能事事都发邮件，用邮件往来过于频繁。

即时通信

即时通信的优势就是能在线实时沟通，从早期的MSN、Skype、QQ到现在的微信等都是即时通信工具。有一些企业对即时通信的使用有些过度，并作为主要的沟通工具，导致企业从上到下有几十甚至上百个微信交流群。不能所有沟通方式都通过即时通信来完成，因为即时通信工具属于快速沟通工具，在沟通过程中以口头方式为主，信息太快，缺乏一定的思考，同时也容易刷屏，信息连贯性不足，翻看过去的信息时很困难。

沟通技巧

沟通技巧是指通过一定的沟通方式和技巧，使沟通的效果更好地达到预期。如果技巧使用得当，那么沟通的效果就会很好。在沟通管理过程中要善于运用非语言符号为语言的效果进行铺垫，真诚的微笑、热情的握手、专注的神态、尊敬的寒暄等，都能给对方带来好感。这些非语言符号有利于活跃沟通气氛，加重语言的分量。在工作过程中可以使用以下沟通技巧来提升沟通效果：

赞美对方

这几乎是沟通中一个屡试不爽的特效润滑剂。人们都喜欢听到赞美的声音，赞美能使听者获得愉悦并得到鼓励。学会赞美，将使沟通更顺利。即使给领导提意见，也要先表扬后批评，俗语也说，伸手不打笑面人。不要怕人说拍马屁，把拍马屁当作对领导的激励，只要表扬的内容属实就没问题。不论是成员还是领导都应该学会真诚的赞美，因为领导与员工一样都是人，都需要激励。

移情入境

移情入境的沟通技巧是指结合现状，通过设计一个对现实有借鉴意义的场景，从而进行情景沟通，这种做法在古代也有很多例子。例如，燕昭王千金买死马，是为了表达一个信息，死马尚值千金，何况活马乎；又例如在培训中设计的很多课堂游戏，用意在于用一个显而易见的事实去启发人的思路；再例如，在实际业务问题解决中通过模拟一个业务场景，来推理并说明其合理性。移情入境的沟通技巧在实际操作中相对复杂一些，因此它更适合于将深奥的道理、专业的理论知识和复杂的生产生活等内容进行场景化，基于场景进行沟通与说明，以达到沟通的预期效果。

轻松幽默

在沟通过程中，并非每一件需要沟通的事情都轻松愉快。实际上也会存在一些不理想的沟通情况，例如化解成员间冲突、给某些成员增加工作任务、辞退某位团队成员等，针对这些情况，如果能运用一些轻松幽默的沟通技巧，则可以使沟通更有效，也能通过这种方式给予对方台阶和跳板，以便化解冲突、窘境、恶意挑衅，减少潜在风险和损失。例如尽量利用非正的沟通场景、讲一些项目中的幽默故事来缓和紧张的气氛等。

袒露胸怀

袒露胸怀又被称为不设防技巧，意在向人们明确表示放弃一切防备，胸襟坦荡，诚恳待人。有很多企业家喜欢在休闲的情形中招待客户，是为了以此拉近与客户的关系，大家处于一种放松的状态，谁也端不起架子，这也是一种非语言信号。在项目管理的沟通中，这一沟通技巧也显得尤为重要，即在项目中尽量提供明确的信息、建立透明的沟通渠道和化解项目政治的现象，鼓励大家坦诚沟通、携手共进。

求同存异

求同存异又被称为最大公约数技巧。在沟通出现冲突时，只有找到共同之处，才能解决这种冲突。例如，夫妻两口子吵架，最后能因一句"为了孩子"相拥和解；两个员工争执不休，最后能因一句"都是为了工作"握手言和。无论人们的想法相距多么遥远，总是能够找到共同性，有了共性，就有了建立沟通桥梁的支点。

深入浅出

深入浅出的沟通技巧是指用通俗简洁的语言来阐明一个复杂深奥的道理，以提高沟通效率。柳传志把组织的功能比作瞎子背瘸子；张瑞敏把项目管理比作擦桌子，精辟至极。大师的语言，最大的特点就是生动浅显，容易理解。信息技术项目中技术难点类问题比较多，这些技术性较强的问题，往往很难用语言文字向不懂技术的人说清楚，这时往往可以考虑转换成通俗的语言进行阐述，以便理解。

沟通障碍及化解方法

并非每个人都擅长沟通，尤其是在以产品研发和专业技术为主的项目中，大部分人员都为技术背景，不擅长沟通，这样导致沟通中存在一定的障碍，使大家的工作情绪和质量受到影响，好的意见也得不到采纳，在实际项目中一般存在如下沟通障碍：

"我以为"的错误

"我以为"的现象在实际沟通中比较普遍,即很多人总是习惯性地站在自我的角度进行沟通。这其实也是一种沟通障碍,主要表现在我以为表达清楚了想要表达的内容和我以为理解了别人想要表达的内容,而实际上这种"我以为"的现象被束缚在了个人的经验和习惯上面,总以为沟通过,彼此就清楚了,实际上双方根本就不在同一沟通平面上,各说各话。在实际项目过程中常见的表现是,说话者往往还没有说完就进行打断,并以"我理解"了为开头进行一长串的自我观点阐述,或者进行一长串的陈述而不取得对方任何反馈就下结论,这往往就会导致误解或下达错误的结论,最终会多走弯路,并带来一定的损失。因此在实际沟通中少犯经验主义毛病、克制急于表达的冲动,学会换位沟通,尽量做到听得明白和说得清楚。

不敢越级沟通

不敢与高层直接沟通。不少企业的项目经理,在职能上一般比部门经理要低,所以经常出现项目经理不敢直接越级找高层或其他部门总经理沟通的现象。实际上,这样并没有有效地进行沟通。信息和决策没有有效传递到上级领导,反而不利于项目的推进。因此,项目经理要敢于和企业高层"管理"人员就项目问题进行直接沟通。可能有部分项目经理担心不知如何与高层沟通,因为高层的思维发散且不好捉摸。但沟通还是很有必要的,可以试着在沟通之前做好充足的准备。笔者曾经带领一个项目时,就在沟通上栽了跟斗。那时采取的是单线沟通,即都是跟甲方项目经理沟通。但是发现越沟通大家越忙,老板和管理层也越来越不满意。现在回过头来看,其实是甲方项目经理存在很大的沟通问题,不仅不能有效地去与管理层或业务人员沟通项目信息,而且越沟通矛盾越多。而此时,作为项目经理的笔者也并没有采取主动沟通的措施,直到项目结束都没有做到,始终存在遗憾。所以在实际项目管理中要以建立有效沟通渠道和确保达到正确沟通为目的,不要受制于单线沟通的模式。

害怕被拒绝

害怕被拒绝是人的本性,但可以通过训练来克服。在销售岗位,就有专门针对应对客户拒绝的培训课程。项目推进中,经常出现这样的情况,有的项目成员有一些好的想法或建议,左思右想了很久也不敢提出来,不敢向对应的负责人或项目相关方提出,白白延误了解决问题的最好时机。克制害怕被拒绝的障碍就是反其道而行之,即学会主动表达,开始不要过于追求结果,慢慢培养及时和高效表达的能力。

小贴士：

美国著名学府普林斯顿大学曾对一万份人事档案进行分析，结果发现："智慧""专业技术"和"经验"只占成功因素的 25%，其余 75% 决定于良好的人际沟通。

哈佛大学就业指导小组 1995 年调查结果显示，在 5000 名被解雇的男女中，因人际沟通不良而导致工作不称职者占 82%。

团队沟通

团队沟通是指以团队形式组织的超过两个人以上的沟通，如研讨会、磋商会等。在项目中涉及团队沟通的主要场景有专题讨论会、方案讨论会、团队内部沟通会、周例会、蓝图汇报等。

针对以会议形式进行的沟通，通常需要提前做好准备，不要想到哪里开到哪里，作为会议主持者，开会之前务必要明确本次会议的主题、关键参与人员和期望达成目标这三个关键要素。

以方案研讨会为例，在此会议之前需要做到以下几点：

（1）就本次需要研讨的内容提前做好充分的调研，尤其是充分了解各相关方对此方案的认可程度、偏好和支持度。

（2）如果是关键方案，则需要就提案提前做好充足的准备，针对需要达成的主题给出 2 ~ 3 个经过精心筛检过的可行性方案，客观阐述各方案所需要具备的前提条件和优劣势。不要只给出一个方案就希望说服参会人员进行决策。

（3）会议中要引导并努力促进达成最好的结果。

（4）会议结束时要留 3 ~ 5 分钟做一个总结性的陈述。

（5）会后要将会议达成的结论形成文稿给到相关与会人员，同时针对遗留事项要求做好跟进与落实。

高效沟通管理

有效的沟通仅仅达到了最基本的沟通要求。很多时候，通过沟通能使得大家对理解和目标的认识达到统一，并能够互相理解。但是沟通不止于此，还存在沟通效率的问题。理解了不一定能执行，执行了不一定能持续，持续了不一定能有效。这些仍然需要通过沟通的效率来进行评估。因此，团队需要有高效的沟通机制。

团队中高效沟通的特征

在建立一个高效沟通的团队之前，需要了解什么是一个高效沟通的团队。高效沟通的团队通常会有一些特征，见表 3-1。

表 3-1　高效沟通的特征

主要特征	表现形式
集中办公	团队集中在一起进行办公，如果是大团队，则是以组为单位集中在一起办公。
目标明确	团队的目标非常明确，且不满足于完成，而是追求超越与创新。
脸上充满幸福感	项目团队成员之间应该很少有抱怨，而且都会主动去维护团队的荣誉，并能为团队的成绩而感到骄傲，能在谈及团队相关事宜时充满幸福感。
团队畅所欲言	团队里没有官僚主义和严格的等级制度，大家能够没有芥蒂且畅所欲言地进行沟通。
响应速度快	团队响应速度快，对团队内部的问题，不论是本职范围内还是本质范围外的，都能够快速响应或者主动传达。
产出快且质量高	团队的成果物产出快且质量高。

如何提升团队的沟通效率

高效沟通的团队特征知道了，剩下的就是如何打造一支高效沟通的团队，通常可以从如下几个方面来进行提升：

- 清理团队的官僚主义，建立透明的沟通制度。
- 加强沟通，减少背靠背的沟通方式。
- 不断强化和明确团队目标。
- 强调沟通的效率。
- 树立团队荣誉感。

文化管理

　　余秋雨先生在《何谓文化》中对文化的解释是，一种精神价值和生活方式，它通过积累和引导，创造集体人格。文化管理其实就是以人的全面发展为目标，通过共同价值观的培育，在系统内部营造一种健康和谐的文化氛围，使全体成员的身心能够融入系统中来，变被动管理为自我约束，在实现社会价值最大化的同时，实现个人价值的最大化。由于项目是由来自不同的组织或者团队的成员组合而成，因此项目也有文化的管理要求，尤其是成员超过50人的大中型项目，如果在项目管理过程中能够建立项目的文化管理，将更有利于项目的成功，包括项目LOGO设计、口号的设计与宣传、标语书写与张贴、文化活动组织等。具体项目文化管理可以遵循如下认同差异和继承发扬的原则：

认同差异

　　认同不同团队成员所在原有组织的文化差异，也认同团队成员个体间的文化差异，包括工作方式、生活习惯、价值观和宗教信仰等。

继承发扬

　　在项目的文化建设过程中，可以参考不同团队成员原有的组织文化，继承大家能达成共识并有利于项目健康发展的文化内容，求同存异，鼓励团队成员尽快融入项目团队。

危机管理

当今的信息化项目复杂程度的越来越高，变数也越来越多，尤其是大型项目。作为项目管理者，尤其是项目经理，需要有良好的危机管理意识，并能针对项目所处的环境及可能存在的危机建立好的危机管理策略。

如何应对客户投诉

项目的运行过程中，有时很难避免项目成员被投诉。因此，对于项目管理者来说，既要随时做好被投诉的准备，也需要总结和积累规避常规投诉的经验方法，从而降低项目的风险。以ERP项目为例，比较容易被投诉的情况见表3-2。

表3-2　常见投诉内容及应对方法表（示例）

投诉内容	应对方法
方案设计不合理	·首先需要预防，在方案的把控上需要有专家参与； ·一旦客户指出问题，不要急于辩白，要冷静地就客户觉得不合理的地方进行了解，与客户沟通。确实不合理的就要改进，如果因为沟通导致误解，则需要更耐心地沟通与解释。
顾问能力不行	·首先，在选拔和安排顾问时一定要合理，不能赶鸭子上架，要注重能力的考评； ·如果顾问能力确实比较弱，一方面要看是否影响项目，另一方面也需要积极鼓励他； ·如果是沟通和态度方面的问题，则需要想办法快速应对，尽量不要拖泥带水。
关键用户能力不够	·选拔优秀的业务骨干作为关键用户，加强引导与培训； ·建立完善的鼓励和激励机制，定期进行评估与考评，鼓励优秀的人员，对完全不符合要求的人员尽快采取合理措施。
文档编写不规范	·需要提前制定模版并明确书写规范，加强模板和文档规范的宣导；过程中加强抽查并及时反馈质量问题，循序渐进地改进。

续表

投诉内容	应对方法
测试不充分	·提前制定详细的测试计划，明确测试负责人、场景和测试要求； ·严格执行测试脚本并记录测试结果，针对测试中的问题及时进行总结与修正。

如何解决冲突

在一个项目团队中，由于立场的不同，导致项目成员间、成员与用户间产生矛盾与摩擦，甚至引起冲突，这些都在所难免。在处理冲突时，一定要先稳定情绪，然后再逐渐沟通并化解双方的矛盾，引导双方相互理解。在化解冲突时，可以参考如下技巧：

及时反应。一旦发生冲突，一定要第一时间就进行沟通与协同，把握时机，稳定情绪，积极疏导。

公正坦诚。在与当事双方沟通时，尽量做到公正与坦诚，减少主观的判断，坦诚地进行沟通。

求同存异。在寻求化解冲突的方法时，首先需要认真倾听双方的需求和期望，然后寻找共同点，并积极引导双方达成一致，最终促成双方合作。

【案例与评析】

案例一：许继项目被迫暂停

1998年初，许继集团采用Symix公司（后更名Frontstep公司，Frontstep在2002年被MAPICS收购，MAPICS在2005年被infor收购）的产品来实施ERP。从1998年初签单，到同年7月份，许继实施ERP的进展都很顺利，包括数据整理、业务流程重组，以及物料清单的建立都很顺利。厂商的售后服务工作也还算到位，基本完成了产品的知识转移。另外，在培养许继自己的二次开发队伍方面也做了一定的工作。如果这样发展下去，兴许许继会成为国内成功实施ERP企业的典范。

然而，计划赶不上变化。到了1998年8月份，许继内部为了适应市场变化，开始进行重大的机构调整。但是许继高层在调整的过程中，更多只是关注企业的生存、企业经营的合理化和利润最大化，没有认真考虑结构调整对ERP项目的影响。企业经营结构变了，而当时所用的ERP软件流程却已经定死了，Symix厂商也似乎无能为力，想不出很好的解决方案。于是，许继不得不与Symix公司友好协商，暂停了项目。虽然已经运行了5个月，但是继续运行下去显然已经失去了意义，最终，Symix的ERP只得在许继一些分公司的某一些功能上运行。

案例二：福耀个性化的张扬

1994年，福耀第一次实施美国SSA（美国系统软件联合有限公司，目前已经被infor收购）公司的BPCS系统（一款ERP软件），但这一次并不成功，其原因是，BPCS系统就如何解决福耀生产管理特殊性的问题上一直提不出理想的方案。双方也产生了摩擦与分歧，导致BPCS系统实施了两年仍然没有很好地发挥作用，再加上双方又存在资金方面的矛盾，所以不欢而散。

福耀与SSA第二次合作是在1996年。出于对前一次失败的考虑，这一次SSA全面妥协，所有的管理流程和体系结构都完全按照福耀的思路进行。但事实证明，在一个已经成熟的管理软件上，做过多的客户化改造是不现实的。所以，这次有点矫枉过正的做法也没有行得通。

因不忍放弃在 SSA 系统上的投入，1999 年 6 月，福耀重新启用已经被搁置近 5 年的 BPCS 系统。自此，福耀又与 SSA 开始了第三次合作。这一次福耀请来了安达信咨询公司，并投入了 15 万美元，在采纳 BPCS 系统主体功能的情况下，做了部分客户化开发。

从 1994 年到 1999 年的这三次与 SSA 的合作中，福耀包括硬件在内共投入了近 2000 万元人民币。直到 2000 年，得知 SSA 由于经营不善，已经被一家美国公司收购，并改名为 SSA GT 后，福耀才下决心彻底放弃 BPCS 系统。

福耀重新选型的目标基本上锁定在 SAP 和 Oracle 两家。选型前，福耀根据自己的需求以及所关注的问题，做了一个详细的评估标准发给双方，让两家企业分别进行演示，同时参观了双方的典型用户。经过初步论证，福耀认为，SAP 的管理技术内容比较多，业务模型做得比较好，而 Oracle 作为一个 ERP 新星，技术构架比较新，尤其在与 Java 的结合方面做得非常好。

其实由于福耀生产管理体系的特殊性，Oracle 系统也无法完全满足他们的需要，因此，最终福耀仅采用了 Oracle 系统中的财务、采购、生产、库存、销售等基本标准功能，而在此基础上的"生产跟踪""工艺数据管理"等具有企业管理个性的系统仍然是使用自己开发的功能。通过流程优化、系统改造和数据质量提高，福耀信息化建设取得了标志性的成功，作为信息系统实施的评估依据，福耀还提供了一系列具有说服力的数据：

①解决了原来多个公司多套体系的问题，完成了公司管理体系的结构化、标准化，企业管理人员减少 40%，支持企业 35% ~ 50% 的年利润增长。

②建立了福耀的 PDM 工艺数据库管理系统，通过统一平台，保证了数据的准确性和及时性。原来工艺数据存放在各个技术人员的单机系统上，无法很好地协调，每年因工艺数据错误造成价值 30 万元的玻璃报废。采用工艺数据库管理系统后，各部门的合作效率有所提高，新产品开发速度也提高了 35%，数据正确率从 95% 提高到 100%。

③建立了全国 OEM 市场库存管理系统，通过采用电子商务技术，保证了库存信息的及时汇总、分析，降低了 25% 的库存量，库存数据汇总时间也从原来的 1 个月缩短到现在的 5 分钟。

④通过对制造体系订单下达流程的改造，厘清了企业的管理流程，使工作效率提高了 100%。

⑤企业效益增加 15%。包括由数据及时和准确性提高带来的 3% 的效益；

ERP系统、PTS系统、工艺数据管理系统的高度集成带来的3%的效益；由跟踪单打印系统和生产命令书系统的方便、快捷带来的4%的效益；由库存管理的简化、标准成本分析和工序成本核算的分离带来的5%的效益。

评析

在研读福耀案例时，笔者最后看到记者的一句感叹："在我读过的描写企业ERP建设的文章中，似乎每一位决策者都扮演着ERP轴心的角色，大家都在讲'一把手决定ERP的成与败'。然而在福耀，我却感受到一种以ERP为荣的氛围，感受到员工们忘我的工作热情，特别是福耀ERP项目小组的成员们。"笔者反复阅读福耀信息化建设和相关案例时，也有同样的感受，但这样的感受在其他项目案例和实际项目中却很少遇到。在后续的信息化建设中，"玻璃大王"福耀仍不断在向前迈进。2015年，福耀开启智能化转型升级，2017年正式开启了"上云之旅"。福耀正在从"制造"迈向"智造"。

企业的信息化永远没有最好只有更好。企业信息化是一个循序渐进、不断完善的过程。这两个案例，也并非只会在过去才可能发生，也都不是个案，都具有一定的代表性。企业变革如何与信息化相结合、企业发展如何与信息技术发展相成就，仍然是值得业主方和服务提供方深刻思考的问题。

第四章 捷径窘步

期望与范围管理

　　理想是需要的，是我们前进的方向。现实有理想的指导才有前途；反过来，也必须从现实的努力奋斗中才能实现理想。

周恩来

"梦想绝不是梦，两者之间的差别通常都有一段非常值得人们深思的距离。"每一个人都有梦想，梦想得到某样东西、实现某个愿望或到达某一个阶层，梦想的东西往往不会是现实已经拥有的东西。然而现实生活往往平淡多于精彩，很多事情总不太如意，要想实现梦想总会困难一些。项目中的期望和范围就像人生的梦想与现实一样，立项者对项目的期望总会高于现实。主导者的偏好不同，偏离实际程度也不一样。冒险者可能都会有些不合实际的想法，尽管实际的资源非常有限。

　　对一个项目而言，当美好的期望要实施落地时，在实际中会遇到各种制约，要么实际范围过大、要么预算不够、要么人手不够、要么支持力度不够，总之，原本觉得会一帆风顺的事情，在项目推进中会发现困难重重。因此，作为项目的管理者和主导者就需要对期望和范围进行有效的管理，以缩短期望与实际的距离，使项目在既定的约束条件中达成既定的目标。

期望管理

期望是指人们对某样东西或者希望提前勾画出的一种标准。达到了这个标准就是达到了期望值。在实际生活中，我们可以将期望理解为个人的愿望或者理想。古代人们对期望的定义是"理想、抱负"，并提出期望是可以管理的，且可以通过一系列方式来促进期望实现。

期望效应和期望管理

期望可以理解为对自己或他人的一种判断，希望自己或他人达到某种目标或满足某种行为预期。由期望而产生的行为结果就是期望效应。期望效应又称"皮格马利翁效应"，它本是一个心理学名词。自从哈佛大学哈佛商学院教授史特林·李文斯登（Sterling Livingston）把它引入企业管理实践之中后，它就不断受到企业界和理论专家的关注。李文斯登认为，期望效应的含义应该是被积极关注的个体通过在自己身上创建一种自信心和高期望，从而极大程度地发挥自身的潜能以达到预期的行为目标。所以，期望强调的是个体心理激发的活动过程。而期望效应则侧重因为心理激发而产生的行为结果。期望效应在教育学和心理学领域已得到广泛认同，但它在企业人力资源管理中应用和在理论研究中目前尚不多见。

期望管理是运用期望效应来达到管理目标的一种管理方式。期望管理人员根据期望者的工作特点和个人素质所提出的针对其在工作或个人事业上的发展要求，以促使其朝着共同愿景不断努力。期望管理通过激发"共同愿景"的建立，从而实现个人与组织的目标和价值。"共同愿景"是人们心中的一股令人深受感召的力量，是组织中的人所共同持有的意象或景象，它创造出众人是一体的感觉，并遍布到组织全面的活动，从而使各种不同的活动融会贯通起来。

项目中期望的管理

项目中的期望与企业管理中的期望，或者实际生活中的期望又有些不一样。项目中的期望主要是项目管理者和项目相关方对项目的一种期望值，即希望项目达到什么样的一个目标，或使企业、组织获得某种提升。项目管理实践也表明，项目中的期望管理有其必要性，好的期望管理能够影响整个项目的交付质量与客户满意度。否则，如果没有进行有效的期望管理，项目很容易延期，并且会使得项目实际交付的结果与业主方期望的不一致，使得项目整体的努力白费而且不能得到理解，这些都是期望与范围管理的不一致导致。尤其是在软件产品的实施与交付项目中，这种现象比较普遍。

"公司花了这么多的钱，怎么什么都做不了，这个也不能实现那个也不能实现。"笔者想，对于很多信息化项目从业人员来说，这样的话应该不陌生。这显然是业主方对项目的交付情况不满意时说的话，这种不满意的主要原因是项目开始时的期望和真正实施时的现实情况不一致。导致这种不一致的原因有两种情况：一是业主方缺乏对信息技术的基本认识，尤其在如今便利的信息错觉下，误以为信息技术什么都能实现；二是信息技术供应商为了获得合作，过于拔高业务的期望，但实际实现过程中由于难度较大，再加上各种制约因素，使得业主不得不降低自我的期望。期望拔高容易，但是降低却比较难，因此在项目的管理过程中就需要对业主的期望进行有效的管理，使得项目的最终结果能符合业主的期望。在实际管理过程中，不能一味地希望通过各种手段来降低业主的期望值，当然也不能通过异常努力的工作做出超过现实条件中业主期望的项目。实践证明，这两种做法绝大多数都不太合理。

下面我们分别介绍一下项目中期望的特征、项目中期望变化特征和项目中期望的管理策略。

项目中期望的特征

项目中的期望都来自不同的相关方，相关方的角色不同，期望也不同。这种不同的期望与相关方的成长背景、所处的岗位、对项目目标的理解和对利益权衡的结果相关，所以相关方期望呈现的特征就不一样。有的客观理性，有的高效务实，有的主观感性，有的毫无头绪，有的优柔寡断，有的瞻前顾后，有的喜欢玩弄权术，有的强硬不讲道理，有的刚愎自用等，在这些不同的相关方中，对项目影响较大的还是项目核心管理者和关键参与人员。他们的期望对项目成败起决定作用。不同相关方的期望呈现的特征也取决于他们对项目的了解和重视程度，笔者暂且按高、中、低三级来说明。

了解和重视程度高的情况，他们的特征是知道自己真正的想要什么、什么时候要和最终预期的结果如何，并且也知道需要的东西哪些容易实现，哪些实现起来比较难。这类相关方对项目的期望往往更客观，在面对期望不能被合理达到时，表现得也更理性，这种情况往往使得项目的进行目标明确，注意力集中，效果显著。

了解和重视程度为中的情况，他们给人的感觉似乎是知道自己想要什么、也知道自己的目标，但一旦深入进行探讨就显得不坚定，会表现出什么都想要，却又不是太清楚具体要什么。其特征就是需求多样化、犹豫不决、易变，即随时可能会改变自己的需求和目标。这种情况往往使得项目的进行目标飘忽不定，注意力摇摆，效果一般。

了解和重视程度为低的情况，他们的思路就是几乎什么都想要，可实际上是因为根本不知道自己想要什么、应该要什么。其特征是对项目完全不关心，对需求盲目、漠视，有时的无理取闹。这种情况往往使得项目的进行毫无目标，或者目标众多，注意力分散，士气低迷，具有较大失败风险。

项目中期望变化特征

项目是一个阶段性鲜明且周期性很强的团队活动组织。因此，期望值在项目的不同阶段也不一样，它会随着项目的推进而出现不同的变化，并且在变化中具有不同的特征，见图4-1。

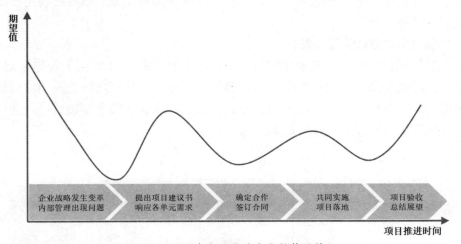

图 4-1　项目中期望值的变化趋势及特征

企业战略发生变革、内部管理出现问题。当企业的战略发生了变革或者意识到组织内部管理出现了问题时，就会期望通过某一个项目立刻解决所有的问题，但随着立项团队进一步了解，发现并非所有的问题都是紧急且重要的问题，且不存在能一次性解决所有问题的可能，因此相关人员的期望值就会下降。

提出项目建议书、响应各单元需求。当定位了一部分需要通过项目解决的问题后，企业立项团队就开始安排提出项目建议书以响应各单元的相关需求。得知企业需要着手解决问题后，企业各方的需求就会源源不断地提出，期望值也会开始上升，直至立项团队的多方沟通后总体期望值才会得到有效降低。

确定合作、签订合同。随着需求的进一步明确，企业及立项团队的期望也就会越来越清晰，越来越具体，这样就可以和心仪的供应商确定合作事宜，并签订合同。

共同实施、项目落地。合同签订后就会进入项目的共同实施阶段，这时参与的人员往往与前面参与立项的人员不是同一组人员，并且这个阶段的人员较多。但期望值也会在这个阶段出现反弹，一方面他们对企业战略和项目目标不清晰；另一方面他们仍然希望借此机会能最大化地解决企业所面临的问题，因此期望会在降低到一定程度后进行反弹，但最终需要保障项目成功落地。

项目验收、总结展望。项目成功交付后，前面的期望基本得到满足，因此企业在此阶段除了验收项目外，会进一步提升其期望值，以解决遗留或新发现的其他问题。

项目中期望的管理策略

了解项目中期望及其变化的特征后，就需要有适当的期望管理策略以保障项目顺利完成。项目中的期望管理越早开始越好，甚至可以在提出项目建议书、响应各单元需求阶段就可以开始，而且不同的阶段需要策略性地使用不同的期望管理方法，如图4-2。

图 4-2　项目不同阶段的期望管理策略

提出项目建议书、响应各单元需求。这个时候的期望往往比较发散，也呈现多样化的现象。因此，在这个阶段需要将所有的需求整理到需求清单中，并就需求清单进行多次沟通以确保完整列示。获得完整和准确的需求清单后，就基于此清单进一步明确项目的范围。

确定合作、签订合同。基于需求清单和明确的项目范围，需要获取供应商的建议，并双方共同商议相关落地条款、执行规范，最终将执行内容写入到合同中。

共同实施、项目落地。这个阶段的期望波动最大，前面都是基于经验和历史参考做出的决策，但在实际实施和落地过程中会出现各种各样意料之外的状况，而这些状况会反复影响企业各单位对项目的期望值。因此在这个阶段就需要分类、分层次地保持持续的沟通，并组织定期回顾，逐个里程碑地评估与确认，以有效管理各自的期望值，并控制好项目的范围。

项目验收、总结展望。项目结束时，项目相关方对项目的期望值及满足情况也基本清晰，因此，此阶段一方面需要评估期望值偏差的情况，同时基于未有效满足和新的需求做一个展望与规划，以便持续改进。

基于上面的一些策略，我们可以看到，项目中期望管理一个主要的方面是对需求的管理，因此也使得需求管理就成为项目中期望管理非常重要的一个部分，但又由于项目的周期性，使项目团队需要在既定的时间内完成既定的任务。这决定了不可能在一个项目周期中实现所有企业目标、满足所有的企业需求。那么就需要对需求进行有效的管理。但是，管理不能一味拒绝，甚至直接简单粗暴地说这个可以提，那个不可以提；也不能一味接纳，不断扩大项目的范围，导致范围不断蔓延，因此需求管理需要有一定的方式方法。

古希腊有一位大学者，名叫苏格拉底。一天，他带领几个弟子来到一块麦地边。那正是麦子大熟的季节。地里满是沉甸甸的麦穗。苏格拉底对弟子们说："你们去麦地里摘一个最大的麦穗，只许进不许退，我在麦地的尽头等你们。"

弟子们听懂了老师的要求后，就走进了麦地。

地里到处都是大麦穗，哪一个才是最大的呢？弟子们埋头向前走。看看这一株，摇了摇头；看看那一株，又摇了摇头。他们总认为最大的那一穗还在前面呢。虽然，弟子们也试着摘了几穗，但并不满意，便随手扔掉了。他们总以为机会还很多，完全没有必要过早地定夺。

弟子们一边低着头往前走，一边用心地挑挑拣拣，经过了很长一段时间。

突然，大家听到了苏格拉底苍老如同洪钟一般的声音："你们已经到头了。"这时，两手空空的弟子们才如梦初醒，他们回头望了望麦垄，无数株小麦摇晃着脑袋，似乎在嘲笑他们。

苏格拉底对弟子们说："这块麦地里肯定有一穗是最大的，但你们未必能碰见它；即使碰见了，也未必能做出准确的判断。因此最大的一穗就是你们刚刚摘下的。"

苏格拉底的弟子们听了老师的话，悟出了这样一个道理：人的一生仿佛也在麦地中行走，也在寻找那最大的一穗。有的人见到了颗粒饱满的"麦穗"，就不失时机地摘下它；有的人则东张西望，一再地错失良机。当然，追求应该是最大的，但把眼前的一穗拿在手中，这才实实在在。

在项目实施中，我们遇到过很多"苏格拉底的弟子"，他们总是在追求大而全的"麦穗"，自以为是地认为这样是最保险的做法，而且总是期望用最新和最好的东西，因为这样不犯错误。实际上，这种理想主义的想法既不符合项目三要素的约束条件，也违背了项目所处环境的客观规律，最终只会导致项目延期且不能达到预期目标。以SAP ERP项目为例，在笔者接触的项目中，有两种比较具有代表性的人：业务需求完美主义者和开发需求完美主义者。

业务需求完美主义者

业务需求完美主义者是指提需求的人什么都想要、什么都想一次性解决，总是担心漏掉了这个、错过了那个，尽量提得大而全。这一些想法初一看都很正确，站在各自立场上也能说得通，但实际却忽略了项目是有一定范围和时间约束的工作。实际在ERP项目中涉及的内容和需要解决的问题非常多，但是如果参照企业发展规律、信息技术发展规律和ERP最佳实践的做法，按照重要且紧急、重要但不紧急、一般且紧急、一般但不紧急、可有可无等顺序逐一评估和排序，制定科学的实施策略，就会取得很好的效果。

开发需求完美主义者

开发需求完美主义者有两类，一类是覆盖面完美主义者，即对于现有的一切需求，在ERP系统标准功能不满足的前提下，哪怕是一个小概率需求，也一定要求通过二次开发来实现，而且必须要在上线的时候实现；另一类是质量完美主义者，即对开发程序本身质量要求过高，希望做出来的每一个程序都能灵活适应各种可能存在的业务变化情况。这两类人通常会忽略项目时间、成本与范围的要求。如果项目时间紧，这样做的主要风险是内容多和过分关注细节，以至于错过了测试和修正的最佳时机，最终反而导致整体开发质量偏低，将问题带上了正式系统。

因此，要想管理好期望，就需要管理好项目中的各种需求。有效的需求管理方法通常包括如下几个步骤：收集需求、分类需求、识别需求、评估需求和管理需求。

· 收集需求

在项目初期，首先要进行需求的收集，把本次项目的相关人员的需求进行逐一收集，并将需求进行整理记录。

·分类需求

将收集到的需求进行分类，分类的维度有很多种，例如，可以按时间、紧急程度、重要程度、难易程度等进行分类。

·识别需求

需求有很多种，有的需求与项目强相关，有的弱相关，有的不相关，因此需要对收集到的需求进行识别。

·评估需求

对识别的需求进行评估，以确保能在项目既定的范围和时间内完成既定的工作内容。

·管理需求

对需求进行了分类与评估后，不是就结束了，还需要制订一个有效的管理策略，并且需要在项目的执行过程中持续进行跟踪分析与落实，即在跟进的过程中需要不断更新需求和关闭需求，最终确保所有的需求都回馈或者达成。

项目范围管理

项目范围管理的目标是确保项目做且只做所需的全部工作，以成功完成项目的各个过程。管理项目范围的关键在于定义和控制哪些工作应该包括在项目内，哪些不应该包括在项目内。范围管理是项目管理的关键任务之一，在实际项目管理中容易出现的范围管理问题有范围蔓延和范围失控。范围蔓延是指由于一个需求没有管理好而会产生一个新的相关联的需求，进而再产生一个新的需求，需求就像蔓藤一样扩散。范围失控是指项目范围完全失去控制，项目进行中已经完全背离了项目约定的范围，最终任由范围无限扩大。出现这两种情况都会导致项目不能按计划完成，也达不到项目期望的目标。很多业主贪多求全，过分强调结果而忽略了项目的本来目标及约定的范围，更有好大喜功者或经验主义者会盲目乐观地在不顾项目特性的情况下超常拔高相关方的期望，最终导致项目完全失控。

尽管范围管理属于期望管理的一种，但范围管理又不同于期望管理：第一，范围管理针对每一个项目而言，期望管理却不一定要局限在一个项目中进行管理；第二，相比期望管理，范围管理目标更明确，且更有针对性；第三，范围和期望往往相互影响着存在于项目中。从项目管理与交付的角度来看，按既定目标成功高品质地交付项目是项目的基本要求，但过分强调范围又会使满意度变低，让领导对项目不满意，这是过分强调范围的副作用。

因此，项目中要对范围进行有效的管理。在实际管理中，可依次按评估范围、分类范围、实施范围和验证结果四个方面进行范围管理。

评估范围

根据项目的目标、时间和资源的投入计划，评估项目的实施范围，以确保项目内能够达成，这通常在拿到合同或者工作说明的时候就要着手进行。对于复杂的项目，在项目范围评估过程中可以建立 WBS（Work Breake Structure，工作分解结构）来进行评估，并根据项目的复杂程度，拟定相应的

WBS。以 SAP ERP 为例，项目范围可以按模块进行分解，可以具体细化到每一个阶段的主要工作任务。范围的评估最终需要获得项目相关方的书面认可。

曾经有一个项目，由于上层领导要求急迫，项目启动很快。开始仅仅初步确定了一期项目的试点范围和大概板块，但是具体有多少家法人单位、涉及多少子业务板块，几乎没有人清楚，再加上承接供应商也没有主动去梳理，双方都以为只要对方清楚就可以。结果到了蓝图汇报的时候，大家才反应过来，原来双方都不清楚，结果导致整个项目陷入被动。笔者想，这种理解上的误差导致的问题主要还是源于范围没有提前沟通清楚导致。因此，对于一个项目来说，提前做好范围的评估就显得尤其重要。以 SAP ERP 为例，合作双方都需要重视项目范围的评估：

- 业主方。业主企业内部需要认真梳理好自身的需求，把希望要做的项目范围分门别类地整理出来，并结合企业内部的发展计划分清主次和轻重缓急，有条件的情况下可以多参考一些同类行业的做法。
- 服务供应商方。在商务阶段对项目范围要做好充分了解，必要时组织专业人员进行现场调研，以规避想当然和经验主义带来的过大偏差。

分类范围

范围评估一旦完成，就应该有一份范围清单，并有相应的明确要求，就算没有完全明确也需要基于此建立一个分类好的范围管理表。这个表要包含范围的提出方、内容描述、重要程度、难易程度、紧迫性和完成时间。这样的工作看似简单，想要实际做好却也不容易，而且在实际项目中真正做好的也并不多，甚至很多项目根本没有范围管理，或仅仅靠供应商的项目经理根据合同和企业的成本要求进行管理，并没有落实到科学管理中。业主不重视项目范围的现象比较普遍。

实施范围

当范围一旦明确，并且有了相应的时间目标后，就需要进行全体成员的宣贯，让全体项目成员对范围有一个清晰的认识。不易顾虑太多，避免让全体项目成员的工作陷入拉锯中。要按计划、有序地在项目过程中将范围实施下去。

"我都不敢往下想，越想问题越多"这是一位新加入项目不久的同事，在一次项目加班中埋头工作很久后发自内心的感叹。他话音刚落就引起全场共鸣的笑声。范围的实施，很难靠一个会议或者一次沟通就落实，需要随着项目的推进来逐步明确与落实。项目范围的不明确和蔓延对项目成员的工作和项目按时交付影响较大。

验证结果

范围实施过程中需要定期进行结果的验证，以确保整体的范围进度符合项目目标的进度。如果出现偏差，则需要根据项目的发展来调整项目的范围，或通过变更项目的范围来确保整体项目的进度与目标一致。

在实际的项目范围管理中会遇到各种对项目范围有影响的情况，也会有很多博弈的情况，这都需要去调整很多矛盾。例如，期望与实际目标需求的矛盾、满意度与项目时间与技术要求的矛盾等。一方面，业主方总是觉得既然花了大价钱，就希望能尽最大可能地把东西做得完美、全面，这样才物超所值；另一方面，项目的时间周期和技术条件也会约束整体范围实现情况，作为项目管理者不可眉毛胡子一把抓。要重视范围的整体管理工作，并会循序渐进地引导和推动项目向前发展。

同时，作为项目经理，要能够有效引导甲乙双方的相关方对项目的影响，坚持一定的项目执行原则，不能一味妥协与让步。因为在实际项目管理中，最了解项目整体情况的是项目经理，其他相关方不论是高层领导还是用户，都只是了解项目某一个方面。高层做决定的依据仅来自下属的反馈和自我经验的判断，下属和用户也因只了解某一方面，且角度不一样，容易产生误导的信息。这样就使得高层容易做出错误的判断与决定。因此，要能够合理地坚持执行原则，并明确地向上下级解释清楚坚持的原因和依据，否则只会导致整体项目被耽误，从而使双方受损。

工作说明书

作为项目范围的重要附件之一的工作说明书（statement of work，SOW）是项目双方共同约定的工作目标、工作内容和完成标准的说明文档，是合同的附件之一。SOW 是对项目技术范围的约定，所以属于保护双方利益的关键技术文档。在很多项目中，SOW 常常被业主方用作制约乙方的宝典。实际中也经常有业主方或供应商不尊重 SOW 约定的现象出现。大家对 SOW 的理解还停留在作为合同的一部分，且大部分是由供应商编写，业主方简单审一审就可以，有的甚至就直接提交到法务进行审核，业主方重视的情况比较少。之所以出现这样的情况，比较普遍的想法是只要专家入场了就会解决所有的问题，所以就会出现业主方不顾约定而随意变更需求的情况，只有在双方争论不休的情况下才有人去翻 SOW 作为对质。

实际上，在合同初期，合作双方就应该充分重视 SOW 的约定，将其作为双方共同约定的一部分遵守。要确保 SOW 符合合同总体要求，并且在合同约定的总体框架和时间内可执行，那么在 SOW 的编制中需要客观并遵循一定的规律。关于 SOW 的编写可参考如下步骤进行。

编写 SOW

SOW 应该在商务阶段就编写好，并作为合同的附属文档共同签署。SOW 应该由甲乙双方共同编写，并一致审核通过，尤其是业主方，应该逐条理解 SOW 中的内容，如果有疑问，应及时与对方进行交流，切不可简单审核就签署掉。乙方应该将 SOW 中的专业内容和条款解释清楚给业主方。以 SAP ERP 为例，通常 SOW 中会约定如下内容：

- 目标。明确定义本次项目范围的建设背景、要求和实现目标。
- 范围。清晰阐述本次项目涉及的范围，包括组织、业务和区域等。
- 时间。约定总体开始和完成时间及各关键里程碑及标准。
- 资源。阐述双方需要投入的预估资源和可接受的偏差范围。

- 交付物。定义各个阶段的交付物、交付标准和交付对象。
- 知识传递。拟定知识传递的计划、目标和完成标准。
- 质量保障。阐述质量保障计划，并提供定量与定性的质量评估方式。
- 售后服务。约定售后服务时间、范围、职责。

评审 SOW

由于 SOW 是合同的一部分，且会约定相关的任务细则，这些细则会成为后续整个项目工作的指导文件，因此需要双方进行评审。仍然如上面提到，在实践中 SOW 往往缺少双方认真的评审。包括在笔者过往接触的项目中真正认认真真审核过工作说明书，并提供反馈与交流的企业较少，在评审 SOW 时可以从如下几个方面进行考虑：

- 范围的约定 。
- 工作任务和完成目标的约定。
- 完成时间、责任方和交付物的约定。
- 质量保障与售后服务的约定。

回顾 SOW

SOW 并非一旦签署了就束之高阁，而是应该以项目推荐的里程碑为节点进行定期的回顾，以确保 SOW 中约定的内容得到有效的执行。

采购管理

项目采购管理也是项目管理中的一个重要的知识领域，由于实际项目管理过程中此块内容相对独立，因此本书仅做概要阐述。从公司提出需求、到立项再到完成采购，整个过程其实也是一个对项目期望和范围管理的过程。项目采购对项目期望和范围最直接的影响通常会出现在如下两个方面：

项目采购

相比企业本身的商品或物资的采购，项目采购对采购人员的要求会更高。也正是因为项目的专业复杂性和特殊要求，很多项目采购的主导方并不在采购，而在其他部门。所以整个商务谈判阶段采购扮演的最主要的角色是"砍价"。合理的议价确有必要，但缺乏专业知识的无底线砍价，即容易导致忽略项目立项的初始目标、也容易忽视专业技术的客观规律和真实价值，也给了低价恶劣竞争者以可乘之机，最终导致项目没有真正达到预期效果、甚至烂尾，从而使得企业错失良机，并导致利益损失。因此，在项目的采购过程中，企业内部需要成立相应的采购委员会，进行一定专业知识的储备，然后客观评价企业对项目的需求和当前市场发展情况，根据企业对项目的期望和范围要求，拟定合理的预算，加强采购人员的参与程度，选择财务健康、规模匹配、人员稳定和信誉度高的供应商进行合作。

项目中的采购

项目中的采购，对小型项目来说会比较少，但是对于大型综合类项目来说，就经常会发生项目中的采购。项目中的采购通常会涉及人力资源、产品与服务、设备设施、分包任务等。这些采购具有专业性、不确定性和时间紧迫性等特点。因此对采购的要求也比较高。一方面没有相应的专业领域知识和资源很难在短期内完成项目中的采购，另一方面采购时机的把握也很重要，过早采购会浪费成本，过晚采购又会耽误项目进度。因此项目采购委员会要对项目进度保持实时的了解，并进行定期的回顾，管理好各方的期望，控制好项目的范围，杜绝项目蔓延的情况发生，并提前做好储备。

变更管理

变更管理(Project Change Request，PCR)几乎在每个项目每份合同中都会提到。但是从笔者经历过的项目中，真正做到有效管理变更的项目较少。变更其实最能有效管理项目的范围与期望，并保障项目能够按预定的目标高品质完成，尽管如此，但实际发现大家对项目的变更管理还是不够重视。后来通过不断地观察、走访与反思，笔者总结出大概有如下几种原因导致人们对变更管理的不重视。

没有意识到，流于形式

这种情况主要出现在初次管理项目的人员身上。由于他们初次管理一个项目，面临要沟通与协调的事情很多，因此根本没有精力去考虑这些问题，等到问题变得不可收拾的时候再去管理已经来不及了，只能采取应急措施。

觉得太敏感，不好意思提

有一部分项目管理者过于考虑用户的感受，害怕强调了变更的重要性会引起客户的警惕，使得项目会不可控，或担心被客户认为不专业，其实这种想法是错误的，该发生的迟早都会发生。如果提前做了沟通与铺垫，那么大家就有预期了，有预期了大家在项目进行的过程中就会多考虑一步，这样反而有利于项目质量的提高，大锅饭形式的项目容易导致项目后续问题多且变得不可挽回。

总觉得提了也没用

这种想法也比较离谱，有这样的想法也主要是经验和自信不够的原因导致。

【案例与评析】

案例一：宠物食品获判巨款

2010 年 12 月，在宠物食品制造商 SM 控告 ERP 提供商 Ross 的诉讼中，美国亚拉巴马（Alabama）州的陪审团判给 SM 6100 万美金。Ross 打算提出上诉，该公司表示，SM "故意购买了这个软件 Beta 版本"，它的理由是"在双方的协议中已经包含了各种限制条款了。"Ross 总裁 Rodriguez 把这个判决称为"整个软件行业的伤心日。"但是，SM 的一个代理律师 Daniel McDowell 说，Ross 欺骗了 SM，它展示了一个貌似可以正常工作的软件，但是一旦投入使用，这个软件就出现故障了。McDowell 补充道：在一封内部的电子邮件中，一个 Ross 的员工把 SM 的工作人员称为无法学会如何使用这个系统的"幼稚的傻瓜"。

案例二：德尔蒙食品成功之旅

德尔蒙食品公司是一家著名的经销水果及蔬菜罐头的著名企业，在全球拥有 8500 名全职员工，并在美国、南美洲、加拿大、墨西哥以及菲律宾等地拥有超过 9800 名季节性兼职员工。2004 年，德尔蒙总营业额达到 30 亿美元。

2003 年自德尔蒙食品公司合并了几家小公司之后，德尔蒙采用了美国 SSA 公司提供的 ERP 产品，并开始实施基于 IBM AS/400 服务器和 DB2 数据库的第一个实例，迅速替换了之前在不同操作平台上运行的老系统。其后在 2004 年成功实施了 EXE 仓库管理模块，这一年的用户数量超过了 1200。在后续多年的信息化发展过程中，德尔蒙引入了 SAP 公司的系列产品，进行企业内部信息化改造升级，并在 2019 年将他们 SAP ERP 系统整合到亚马逊云服务平台（AWS）。

评析

上面两个食品行业的ERP案例，一个成功一个失败，绝对不是因为一个是生产宠物食品，另一个是生产食用食品的原因。企业信息系统建设的成功与失败有很多因素，可能是软件的问题、可能是企业规划上的问题、可能是合作的问题、可能是信息不对称的问题、还有可能是期望与范围的设定出了问题。有句古话叫"量力而行"，企业信息化建设也是一样，不同的发展阶段需要进行不同程度的信息化建设，不要贪多求全。信息技术和系统软件本身会有其局限性，如果企业的业务又比较灵活，再加上若想完全依赖系统一次性解决所有的问题，结果往往都不会尽如人意。如果期望与软件、时间相差比较大的时候，项目往往也容易失败。很多项目让笔者真切地体会到期望管理的重要性，没有做好期望管理对企业信息化建设的影响，往往会导致双方都受到损失。

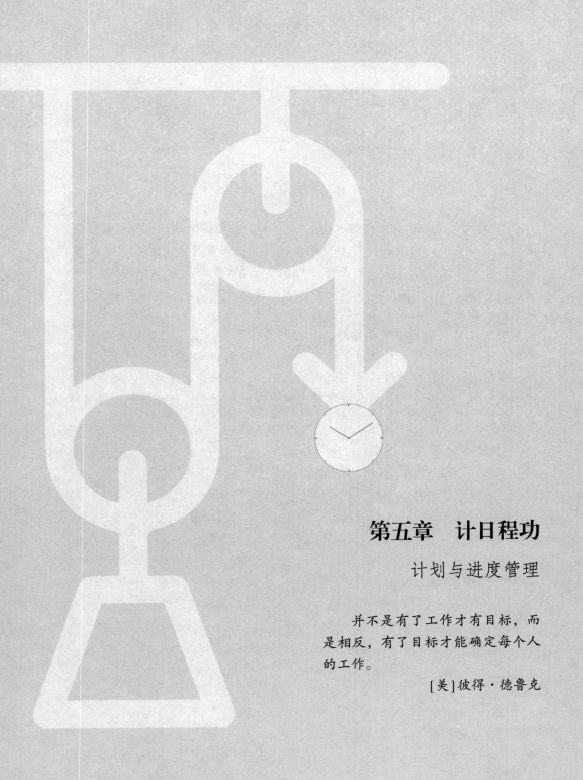

第五章　计日程功

计划与进度管理

　　并不是有了工作才有目标，而是相反，有了目标才能确定每个人的工作。

　　　　　　　　　[美]彼得·德鲁克

"成功需要缜密的计划和精心的准备。"好的计划是事情成功的重要前提，没有听说一件事，尤其是一件需要群体共同完成的事情没有计划就能做好。同样，好的计划是项目成功的关键，尤其是一个大型的项目，如果没有一个整体的计划，那么所有项目成员将如同无头苍蝇不知所向。计划的本质是告诉相关人员要去哪里、怎么去和到达后的里程碑是什么样子，同时也便于大家及时发现什么时候偏离了路线，什么时候掉队了，因此计划也需要管理。计划并不意味着不变，相反地，计划应该具有一定的容错能力，以确保在执行过程中对计划进行适度的更正与调整。另外，好的计划需要配合好进度管理和执行力，如果没有良好的进度管理和优秀的执行力，计划也就很难被有效执行。

计划与计划管理

计划（planning），就是筹划着想在以后的某一时段做什么，达到什么目的和要求，是一个准备在不久的将来去具体实现的设想，是一个人或者一个组织对未来事物发展的一种谋划行为，带有某种预见性和主观能动性。在管理学中，计划具有两重含义，其一是计划工作，是指根据对组织外部环境与内部条件的分析，提出在未来一定时期内要达到的组织目标以及实现目标的方案途径。其二是计划形式，是指用文字和指标等形式所表述的组织以及组织内不同部门和不同成员，在未来一定时期内关于行动方向、内容和方式安排的管理文件。计划管理（planning management），是指对需要完成的工作做一个时间上的安排，并且把每一项任务的要求、完成起止时间提前定义好。

好的计划是项目成功的重要保障。好的计划通常也能够很好地指引项目的方向。一个项目中通常会有很多计划，但是最重要的一个计划就是整体项目的主计划（master plan），主计划相当于整个项目的脊梁，如果主计划没有规划好，后面整个进度就比较混乱。这种现象在很多项目中都出现过，最后导致项目质量下降、延期，甚至是终止。很多人之所以不愿意制定计划，主要是觉得计划制定的过程过于复杂，或者认为计划缺乏灵活性，或者认为制定计划浪费时间和精力，这样的想法都不正确。

由于没有主计划，或者主计划没有做好而导致原本很好的项目，结果却很糟糕例子现实中不在少数。这些情况尤其容易出现在初级项目管理者身上，他们往往缺乏经验，或者沉醉在解决具体事项之中，而无暇顾及项目的计划与进度；或者将精力都放在疲于应付现有的事项，认为其他的事项后面再想办法补救，结果将全部有效解决问题的时机都完美地错过了。结果还是表现得万般无奈和一脸无辜的样子，付出的代价就是无休止的加班和项目的延期，而此时管理层除了积极协调资源和耐心等待外，已经没有更好的措施了。

项目计划不是简单的时间排列和任务排列就可以，需要能够正确评估项目的资源情况、进度情况、任务的因果关系、任务的可行性和内在技术之间关联。一个好的项目管理者，应该是一个重视项目计划、能制定出可行项目计划且能够按计划、有效执行的管理人员。事实上计划一旦制定就能使团队目标明确、能够提前安排和协调人力资源、并更充分地利用资源、以增强团队的工作效率和加强对任务的管控。

计划编制的考虑因素

项目计划的编制过程需要考虑的因素很多，包括项目的目标、资源的有效利用、内外部环境、里程碑的设定、时间要求、责任单位等等。项目计划的编制首先必须要与项目的总目标相结合，要在明确项目目标的基础上编制相应的计划。在编制计划过程中可以参照SMART原则（如图5-1）进行。

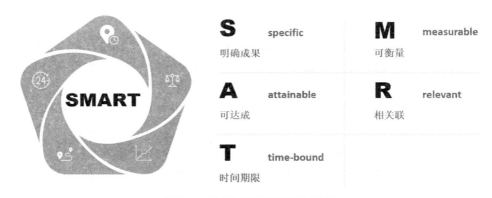

图 5-1　计划制定的 SMART 原则

SMART可将项目计划编制过程中需要考虑的因素划分为五个原则进行考虑，它们是：

S（specific）– 明确成果

计划优先需要考虑的就是明确结果，以结果为导向来编制计划的内容。计划内容必须表述简洁、有意义、结果明确、可理解，确保执行过程中能分层级循序渐进地完成。

M（measurable）– 可衡量

计划的任务和目标需要有统一和可衡量的标准。能量化的需要量化，并提供量化的数据基准；不能量化的需要有一个一致认可的衡量标准，例如共同签署某一文件。

A（attainable）– 可达成

计划的任务需要在规定的时间内可达成。在制定每一个任务时，要考虑任务完成的对象、所能匹配的资源、完成时间要求等，以确保每一个任务得到认可，并在规定的时间内可以按要求完成。不要在有限的时间内编制出一个无限期的任务。

R（relevant）– 相关联

计划中的每一个任务需要围绕总体目标进行编制，任务不仅需要保障符合实际，也需要保障其相关性，即每一个任务都直接或者间接地为总体目标服务，不要编制出与项目完全无关的孤立任务。

T（time–bound）– 时间期限

计划中的每一个任务都必须有明确的时间期限要求，并且需要考虑任务的权重关系和时间的先后顺序，关键阶段需要设定里程碑，以便做定期的评审。

计划编制的方法和技术

一个计划的好坏不能完全凭感性的认识和经验的判断，而是可以使用既定的标准作为评判，这样既有利于大家的理解，也容易达成共识。同时在具体的计划拟定中，可以通过相关的方法和技术来进行编制，可用于计划编制的方法和技术有：关键路径法、工作分解结构和思维导图法等。

关键路径法

1956 年，美国杜邦公司为了协调企业不同业务部门的系统规划，提出了关键路径法（critical path method，CPM），并于 1957 年由雷明顿–兰德公司(Remington– Rand)的詹姆斯·克里(James E. Kelley)和杜邦公司的摩根·沃尔克(Morgan R. Walker)正式提出。关键路径法是指，用网络图表示的一个系统或一个工程的计划，通过分析各个工序或过程在网络中的地位，通过计算找出从输入到输出各道工序延时最长的路线的方法。管理者通过使用多种图示组成的网络来表示各子项之间的相互关系，并找出控制工期的关键路线，以使重点关注并确保在一定工期、成本和资源约束条件下获得最佳的计划安排，以达到缩短工期，提高功效和减低成本的目标。所以关键路径是一种项目计划的网络绘图方法，也是项目管理中最基本的概念，作为项目管理者更应该熟练掌握此方法，并且要明确关键路径法是一个动态系统，它会随着项目的进展而不断更新，直到不可能减少关键路径延时为止。在绘制项目关键路径法的网络图时，有两种方法可用于分析并确定关键路径：即箭线图（ADM）和前导图（PDM）。

箭线图法（arrow diagramming method，ADM）又称为双代号网络图法，它是以横线表示活动，以带编号的节点连接活动，活动间有一种"结束–开始"的逻辑关系，如图 5-2。

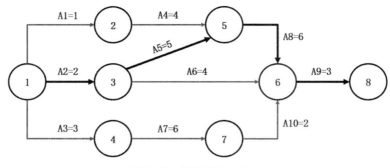

图 5-2　箭线图（AMD）

前导图法（precedence diagramming method，PDM）又称为单代号网络图法，它是以节点表示活动而以节点间的连线表示活动间的逻辑关系，活动间可以有四种逻辑关系，结束-开始（FS）、结束-结束（FF）、开始-开始（SS）和开始-结束（SF），如图 5-3。

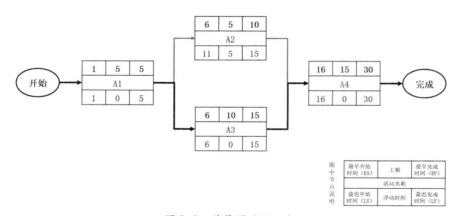

图 5-3　前导图（PDM）

·关键路径分析

关键路径分析（critical path analysis，CPA），是在 20 世纪 50 年代末，作为一种完善计划和控制项目的方法产生的。CPA 建立在项目活动网络图的基础上，用活动序列和它们的工期来确定项目最重要的路径。这样就辨别出构成整个项目最长时间期限的、相互依赖的活动序列。

·关键路径法在项目中的应用

关键路径法理解起来并不难，但要能在实际过程中进行有效应用会比较困难。在实际应用中首先需要明确项目的目标与范围，拟定项目的里程碑，然后绘制网络图并找到关键路径。绘制网络图的过程中，可以参考如下做法：

（1）将项目中的各项已知活动视为有一个时间属性的结点，从项目起点到终点进行排列。

（2）用有方向的线段标出各结点的紧前活动和紧后活动的关系，使之成为一个有方向的网络图。

（3）用正推法和逆推法计算出各个活动的最早开始时间，最晚开始时间，最早完工时间和最迟完工时间，并计算出各个活动的时差。

（4）找出所有时差为零或者为负数的活动所组成的路线，即为关键路径，并用高亮方式标识出来。

（5）进一步识别出准关键路径，以为网络优化提供约束条件。因为如果第一关键路径改进后，准关键路径很有可能就转化为第一关键路径。

另外，在了解到绘制关键路径的一些基本做法后，我们还需要注意关键路径法绘制出来的图一般会有如下特点：

（1）关键路径上的活动持续时间决定了项目的工期，关键路径上所有活动的持续时间总和就是项目的工期。

（2）关键路径上的任何一个活动都是关键活动，其中任何一个活动的延迟都会导致整个项目完工时间的延迟。

（3）关键路径上的耗时是可以完工的最短时间量，若缩短关键路径的总耗时，会缩短项目工期；反之，则会延长整个项目的总工期。但是如果缩短非关键路径上的各个活动所需要的时间，也不至于会影响工程的完工时间。

（4）关键路径上活动是总时差最小的活动，改变其中某个活动的耗时，可能使关键路径发生变化。

（5）可以存在多条关键路径，它们各自的时间总量肯定相等，即可完工的总工期。

在实际项目管理中，关键路径是相对的，也可以是变化的。在采取一定的技术组织措施之后，关键路径有可能变为非关键路径，而非关键路径也有可能变为关键路径。因此关键路径法的好处就是能够根据实际情况进行动态的调整。

工作分解结构

工作分解结构（work breakdown structure，WBS）是项目管理重要的专业术语之一。WBS是以可交付成果为导向对项目要素进行的分组，它归纳和定义了项目的整个工作范围每下降一层代表对项目工作的更详细定义。WBS总是处于计划过程的中心，也是制订进度计划、资源需求、成本核算和风险管理计划等的重要基础。同时，WBS 也是一个描述并展示思路的规划工具，它可以帮助项目管理者有效地管理项目的工作进度。因此在项目制定过程中需要有效利用 WBS，一般项目分解用如下三种方式：按产品的物理结构分解、按产品或项目的功能分解和按照实施过程分解。

对于 ERP 项目来说计划的 WBS 分层不宜过长，复杂的项目不宜超过 20 层，简单的项目 3~5 层就足够了，另外在项目不同的阶段 WBS 的层级细度可以不一样，同一层不同的 WBS 分层也可以不一样，WBS 如何分层的衡量标准以达到计划和工作可衡量标准为准。

在创建工作分解时以下关键概念和技巧需要掌握，包括：结构化编码、工作包（work package）、WBS 元素、WBS 字典。

思维导图

思维导图是表达发散性思维的有效图形思维工具，它简单却很有效，是一种实用性的思维工具。

在拟定项目计划时，有时候在项目初期并不清楚项目的范围和目标，也不清楚需求和期望的结果，但此时项目又需要推进，通常为了能够考虑得更加充分一些，此时在拟定项目计划的过程中便可以借助思维导图辅助来完成，这样就可以最大限度地减少遗漏和错误。以 SAP ERP 项目为例，在整个 ERP 项目过程中会存在各种计划，包括主计划、业务调研计划、系统开发计划、集成测试计划等各子项计划等等。对于预计立项的项目或处在初期的项目，我们可以通过思维导图来初步拟定计划，以明确计划中的主体任务、相关信息和共同目标，从多个纬度再深化每一个计划的具体内容，见图 5-4。

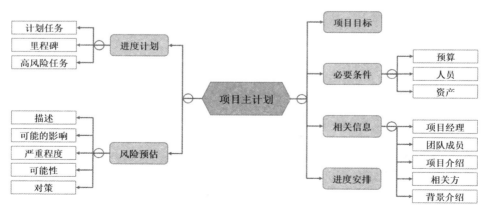

图 5-4　制定项目计划的思维导图

　　根据讨论与明确的各项工作细则，项目经理可以进行分类与整理，并为形成项目计划提供依据。

　　另外在制定计划时也不能脱离项目所处企业的环境以及企业本身员工的工作节奏。如果完全忽略企业自身工作的节奏，做出来的计划一般会比较难执行，因为有些企业节奏比较快，如果制定的计划节奏过慢就很难跟上业务的节奏；反之如果企业的节奏本身很慢，如果计划太激进，那么进度就容易受阻。

　　在实际项目中，笔者看到有两种相对比较常见的现象：一种现象是项目经理在制定项目计划时，通常一个人闭关就出来了，或者有的项目经理直接复制一份其他类似项目的计划稍做修改就直接投入使用，缺乏关键组员的参与和充分讨论；另外一种现象是，项目经理确实组织了讨论，但参与讨论的人并不是真正的项目组核心成员，而是随机组织的几个人讨论就结束了。

项目主计划的编制

任何一个项目都应该有一个主计划（master plan），以便从总体上明确整个项目中各个阶段的关键任务和关键时间点。主计划的编制不宜太过于复杂，但一定要明确阶段性关键工作内容、工作时间、里程碑、各项关键工作的紧前紧后关系以及主要负责人。以ERP项目主计划为例（见图5-5）。

	A	B	C	D	E	F	G	H	I	J	K	L	M	N	O	P	Q	R	S	T
1	项目5大实施阶段	二级计划项	三级计划项					3.13 – 3.17	3.20 – 3.24	3.27 – 3.31	4.3 – 4.7	4.10 – 4.14	4.17 – 4.21	4.24 – 4.28	5.1 – 5.5	5.8 – 5.12	5.15 – 5.19	5.22 – 5.27	5.29 – 6.2	6.5 – 6.9
2		针对有些三级计划项，会再编制专项计划，如调研、开发、测试、培训等						3/13	3/20	3/27	4/3	4/10	4/17	4/24	5/1	5/8	5/15	5/22	5/29	6/5
3	序号	工作任务	开始日期	结束日期		状态	负责人	W1	W2	W3	W4	W5	W6	W7	W8	W9	W10	W11	W12	W13
4	一、	项目准备阶段	2017/3/10	2017/3/17	1															
5	1	工作环境准备	2017/3/10	2017/3/14	2															
6		项目工作场所	2017/3/10	2017/3/14	3	新建	张三													
7		办公设施	2017/3/10	2017/3/14	3	新建	张三													
8		其他后勤准备	2017/3/10	2017/3/14	3	新建	张三													
10	2	项目组织准备	2017/3/1	2017/3/13	2															
15	3	项目计划和管理章程	2017/3/10	2017/3/13	2															
20	4	项目启动会	2017/3/10	2017/3/16	2															
24	5	业务熟悉与讲解	2017/3/13	2017/3/14	2															
29	6	SAP概要培训	2017/3/14	2017/3/16	2															
36	7	系统环境检查	2017/3/13	2017/3/13	2															
41	8	阶段工作检查	2017/3/17	2017/3/17	2															
43	二、	蓝图设计阶段	2017/3/17	2017/5/12	1															
89	三、	系统实现阶段	2017/5/15	2017/9/8	1															
131	四、	最终准备阶段	2017/7/31	2017/8/31	1															
158	五、	上线及现场支持阶段	2017/9/18	2017/11/10	1															
173																				
174		说明：　1. 系统联调时间的前提是各个系统的单独接口都已经调试并联通；																		
175		2. 集成测试、系统切换、最终用户培训见后续详细计划，但总体时间以主计划为准；																		
176		3. 集成测试、系统切换、培训需要考虑华南的时间。																		
177		4. 数据导入测试、集成测试、培训都要求在测试系统进行。																		

图5-5　ERP项目主计划

我们在制定项目主计划时通常会按照项目的周期将项目分成五个阶段，每一个阶段都会设置一个里程碑，同时每一个阶段的工作任务又至少分为2~3级来完成，并且每一个工作任务都有对应的起止日期及负责人。

作为项目经理，在编制项目主计划时不要照搬照抄，也不是简单罗列，而是需要从以下几个关键的方面进行主计划的编制：

（1）计划要遵守项目约定的目标、范围和周期。

（2）计划要明确对应工作的完成标准和里程碑。

（3）计划要明确每项工作任务的起止时间和负责人。

（4）关键项目要有紧前和紧后关系。

（5）初步估算风险和提前准备应对预案。

（6）准备偏差分析表（见表5-1），并计划一个定期更新的时间表。例如每周估算，每月估算和每个阶段估算。

表 5-1 项目偏差登记与分析表（示例）

序号	任务	计划完成日期	偏差影响分析	责任人	完成日期
2.1	蓝图签署	2016-3-4	蓝图未按时签署将影响后续的变更管理，给项目的范围控制带来隐患。	张慧	2016-4-6
3.2	关键开发	2016-5-27	开发量过大，开发资源不足。总体核算后预计比计划超出20个人天。	李栋	2016-6-15

既然是计划就存在不确定性，项目主计划也一样，很多时候不能保障100%准确。但这并不表示主计划就不重要了，更不能觉得反正需要调整那就随便做一做，甚至就不做了。相反地，正是因为计划存在很多不确定性，更应该在制定计划时认真地去考虑好每一个计划任务和确保它顺利实施的可行性。

项目子计划的编制

一个项目的主计划不可能把所有的工作任务都列出来，否则计划就会变得又长又乱。主计划起到纲领的作用，在不同的阶段仍然需要有不同的二级、三级详细计划做补充。笔者曾经在一个项目中看到项目经理试图把一个项目的所有工作计划都列在一个计划表中，结果就使得整个计划很长很乱，又由于计划太长、太细，且没有专人去跟进与执行，最终导致计划形同虚设。所以在实际项目管理中除了要有主计划，还需要根据不同项目性质编制不同的二级、三级子计划，以 ERP 项目为例，除了主计划，在不同的阶段还有不同的详细计划，例如业务调研计划、功能开发计划、数据迁移计划、单元测试计划、集成测试计划、培训计划、系统切换计划和上线支持计划、月结计划等等。每一个计划都有其明确的细化内容。

业务调研计划

项目一旦启动，首先需要对企业的业务现状做一个全面的调研与访谈，以快速了解当前企业业务现状、未来一段时间内的发展规划、信息化建设现状、信息化痛点以及未来的期望。由于业务调研涉及业务部门和相关人员比较多，因此在进行实际业务调研之前，需要提前制定好调研计划（如表5-2）。

表5-2　业务需求调研计划（示例）

调研部门	调研内容	开始日期	结束日期	责人	访谈对象
销售部	国内销售业务	2016-3-21	2016-3-21	李强	宋伟、李娜
采购部	原材料采购	2016-3-22	2016-3-22	刘帅	何青、张金波
生产部	生产计划排程	2016-3-23	2016-3-23	易青	贺天、李凤娇
财务部	资产管理	2016-3-24	2016-3-24	贾珍	钱倩、胡波

系统开发计划

在ERP项目中，几乎都会存在需要开发的内容，由于开发一般都是为了满足一些关键业务需求，所以系统开发对项目的成败起着重要的作用。又由于开发偏技术且涉及的成员也比较多，所以对开发应该也有相应的详细计划进行管理。很多新上手的项目经理在初次管理项目时，常会忽略开发的重要性，其实开发的管理也需要投入很大的精力。为了有效地对开发进行管理，就需要有明确的开发计划，见表5-3。

表5-3 系统开发计划（示例）

开发编号	开发内容	优先级	需求提出	功能设计	功能说明书	开发	开发进度	测试	测试进度
001	资产负债表	高	李林	李凯	已完成	张帅	已完成	李琪琪	未开始
002	采购订单明细查询报表	中	张琦	万怡济	已完成	李金秋	进行中	陈丹丹	未开始
003	销售收入成本报表	低	肖璐	陈可可	进行中	邵丽	未开始	张杰	未开始

系统开发是每个信息技术项目必不可少的工作，又由于开发技术性比较强，因此在项目中开发的管理也非常重要，对于ERP项目来说。近些年，随着ERP市场成熟，以及进一步往下渗透到更加细分的行业，ERP对企业需求的满足也存在较大差异，很多特殊的业务需求需要通过重新开发或者做一部分二次开发才能满足，因此开发工作在ERP项目中起着举足轻重的作用。常有人认为对于一个ERP实施项目来说，蓝图签署了项目就成功一大半，其实不尽然。对于一些较特殊的行业定制化程度比较高，一旦开发工作没有做好，整体项目质量就会大打折扣，甚至导致项目延期。这种情况，笔者在亲身经历的几个项目中都遇到过由于开发的问题导致项目不能上线或者即使上线了也会存在各种问题的情况。

项目中出现了开发的问题并不一定就是开发人员没做好，其实很多项目的开发问题并不是完全出在开发顾问身上，而是出在业务顾问、用户或者项目管理人身上。

在笔者的一个项目中，涉及一个比较大的功能接口，前期由于项目工期比较紧，项目管理中没有去过多关注这个开发，结果临近上线时被告知完成不了，不得已将此部分从上线计划中剥离出来。上线后，当笔者要求业务顾问把此接口功能的设计和开发说明书拿出来时，结果发现根本没有设计稿件，开发说明书也几乎没有。不得已要求补上，然而被告知没有时间，手头上一堆事情，并建议先用着后续再补。这种被步步紧逼让步的情况就是在项目管理中忽略开发管理中的教训，一步错，导致步步都要错，最终可能就是骑虎难下。

近些年很多项目失败的一个普遍性原因是开发没做好，没有达到上线的标准，或者很多功能没有按时开发并测试完成。尽管有很多项目将原因归结为开发人员的问题，实际上根本原因往往不完全是在开发人员本身，而是需求、顾问和项目管理方面出了问题，例如常见的问题有：

（1）开发管理制度不明确

这个跟项目经理相关，出现这种情况，大多数是由于项目经理的经验不足，还容易出现在没有开发背景的新项目经理身上。他总是认为这是技术活，自有技术人员能搞定。因此自己把蓝图搞好，把数据搞好就可以，不用过多操心。但是等到项目要做集成测试时，发现还有很多关键开发没有完成时，就傻眼了。到了这个时候除了延期上线，几乎就没有退路了。

（2）测试不充分

测试不充分也是影响项目开发质量和如期上线的一个常见原因，也是很多项目管理者和项目经理最容易忽略的地方。除了经验不足，还有一个方面就是时间不够，导致顾此失彼。有些项目由于比较复杂，项目管理者一心扑在前面的蓝图工作上，而忽略了开发与测试的有效管理。

（3）系统集成接口不能按时完成

随着信息化应用越来越成熟，现在的信息系统建设往往都不再是单独的一个系统，而是有多套系统要集成，并且很多时候用户要求对接的东西较多，这正是容易出问题的地方。主要是出在不同系统使用的架构技术和开发技术不同，并且会导致沟通协调方面也出问题。很多项目都是在系统集成上面吃过亏，主要原因还是在沟通不畅通、系统功能不完善、数据不准确、数据缺失、进度延迟等方面，这样的例子很多。因此在项目中，如果涉及系统集成，就需要对集成工作进行有效的管理，并且尽快明确系统间的接口清单（如表5-4）。

表5-4　系统集成的接口清单（示例）

接口描述	发送方	接收方	传输方式	完成日期	负责人
物料主数据传输至WMS系统	SAP	WMS	发送	2018-10-16	曾广成

续表

接口描述	发送方	接收方	传输方式	完成日期	负责人
客户基本信息传输至 SAP 系统	CRM	SAP	抽取	2018-10-18	孙晓丽
供应商主数据传输至 SAP 系统	SRM	SAP	抽取	2018-10-22	张立

数据迁移计划

数据迁移是信息系统实施的另外一个重要工作。一般在项目中，数据迁移是决定项目最终是否成功上线的关键项。数据迁移的工作总是贯穿在整个信息化项目中，从前期的业务调研、方案讨论，到中期的数据标准设计、模板拟定、收集规则制定、程序开发、数据收集，到后期的测试与校验，最终成功导入正式系统，每一个阶段都有好多事情要做，所以数据迁移的计划越早做越好，见表5-5。

表 5-5　数据迁移计划（示例）

数据对象名称	数据类型	数据估量	上载方式
商品主数据	基础数据	20000	批量导入
供应商主数据	基础数据	1200	批量导入

单元测试计划

信息化建设项目，凡是涉及软件开发与应用的项目，不论成熟产品还是自开发的产品，在正式投入使用之前都需要有一个测试的过程，但是测试又有很多分工，有软件工程上对软件的黑盒测试与白盒测试，也有业务上的单元测试与集成测试。我们这里主要讲偏向业务的测试，分为单元测试、集成测试和用户接受测试。单元测试主要对单个功能进行的测试，以ERP为例，在ERP的项目中，单元测试有两大类型：一种是对标准功能的测试与校验；另一种是对二次开发的功能进行测试。这两种测试有其不同的作用。

（1）对标准功能的测试

这个测试非常有必要，此项测试有三个方面的作用：一是可以验证所有的配置是否符合业务需求、是否有遗漏，以及满足公司的各项标准业务需求；二是以此为机会能使参与到项目的用户真实地接触到系统。因为前期的调研和蓝图阶段大家更多的是基于经验、现有业务需求、旧系统进行了解、沟通与设计。而没有实际接触过系统，因此不能亲身体会到系统的复杂度和业务设计的合理性；三是通过操作系统，用户不仅能够更真切地体会到现有业务在系统运行的大概场景，同时也能让他们从系统的设计中领悟出更好的管理理念，从而修正原来具有局限性的一些想法。

（2）二次开发功能测试

这主要对为满足业务需求而做的二次开发的功能进行测试以验证开发出来的功能是否与真实的业务相吻合。同时也为后续的集成测试和用户接受测试提前做好铺垫，单元测试计划通常要按功能进行划分，如表5-6。

表5-6　单元测试计划（示例）

测试内容	负责人	开始日期	结束日期
创建客户主数据	李功成	2016-10-09	2016-10-09
创建销售订单	刘金奇	2016-10-10	2016-10-10

集成测试计划（SIT）

集成测试（system integration testing，SIT）是将软件产品中各个组件按照产品设计的要求组成子系统或者一个完整的系统进行测试，测试内容不仅包括各组件的功能，还包括系统接口、整体功能和整体性能，集成测试是继单元测试后的另一个重要的测试工作，而且这项测试非常重要，以ERP项目为例，对于ERP系统的集成测试来说，不仅需要考虑的产品本身设计上的功能集成性，还需要考虑整体端到端的业务集成。集成测试是ERP系统上线必不可少的一个工作任务。我们很难想象一个没有经过任何集成测试的项目上线是一种什么情况。将集成测试用来进行所有业务端到端测试有如下几个作用：一是能够整体验证所有的配置和系统开发是否都准备就绪；二是完成验证整个端到端的流程测试，可让用户提前知道后续新的业务与流程在新的系统中处理模式，提前有一个预期，以为后续的培训、系统切换和切换后的系统使用做好前期的铺垫。所以在制定集成测试的计划时，要以端到端的业务场景为单元进行设计，如表5-7。

表 5-7　集成测试计划（示例）

测试场景	负责人	执行系统	开始时间	完成时间	测试结果
原材料采购端到端业务测试	兰琼	SAP	2014-6-9	2014-6-9	通过
标准产品销售端到端业务测试	庄柱	CRM、SAP	2014-6-10	2014-6-10	进行中

用户接受测试计划（UAT）

用户接受测试（user acceptance testing，UAT），此测试即用户验收测试，通过测试来明确用户是否接受新的系统，并逐一验证新的系统是否满足合同中 SOW 和蓝图设计中的各项要求。所以这个测试必须要由用户来执行完成。以 ERP 项目为例，UAT 测试是在集成测试之后进行的这个测试。此 UAT 测试场景与 SIT 测试相似，但此测试必须由用户来独立执行，具体 UAT 测试计划参考表 5-8。

表 5-8　用户接受测试计划（示例）

测试场景	测试执行人	执行系统	测试时间	测试结果
原材料采购端到端业务测试	胡侯青	SAP	2014-6-9	通过
标准产品销售端到端业务测试	宋立	CRM、SAP	2014-6-10	通过

用户培训计划

对于复杂信息系统，要确保用户能够熟练使用系统，就需要组织对用户进行一系列的培训。在 ERP 项目中，培训计划是项目子计划中除开发计划、测试计划外的第三个重要的子计划。前面的系统开发和测试都是为了最终能够将系统成功交付到用户手中。但能否成功将系统交付出去就取决于用户能否熟练使用新系统。因此对使用系统的用户进行培训就显得非常重要。要做好培训也不是一件容易的事情，因为培训的相关工作涉及面广，要组织与协调的东西比较多，同时也会对业务产生冲突，需要合理安排培训相关各项工作，包括课程设计、培训地址、参会人员、培训时间、培训材料和培训质量的保障，见表 5-9。

表 5-9　用户培训计划（示例）

课程	讲师	培训地址	培训时间	培训对象
创建财务主数据培训	王少强	总部培训教室（一）	2014-9-8 9:00-11:00	李莉、王成、万启兵
创建生产工单培训	夏莉	总部培训教室（一）	2014-9-11 10:00-12:00	胡庆、戴鑫、闫文广

系统切换计划

系统切换计划就是需要对系统切换过程中的各项工作提前进行合理的安排（见表 5-10），既要确保在系统切换过程中的各项工作有序地进行，也要充分评估系统切换过程中可能存在的问题、风险及对策。在制定系统切换计划时要注意提前制定，以便提前发现切换的问题，并争取更多的时间来进行沟通与协调。

表 5-10　系统切换计划（示例）

任务	开始时间	完成时间	可能的问题或风险
正式系统部署	2014-9-8	2014-9-12	硬件和网络故障
系统接口联通	2014-9-15	2014-9-22	各系统的配合程度
基础数据导入	2014-9-16	2014-9-25	数据质量和数据缺失
业务数据导入	2014-9-22	2014-9-29	数据质量和数据缺失

上线支持计划

在经过了一段时间设计、系统配置、开发、测试与最终调试的系统正式切换使用后，并非项目就已经完成，而是需要有一个支持的周期，以确保上线后所有的操作和流程都需要严格按照预定的设计进行。以 ERP 项目为例，由于 ERP 系统涉及面比较广，出问题的可能性也比较高，各个用户分散在各自的业务部门，如果不能有效组织与协调资源进行支持，效果就会很不理想，因此 ERP 系统上线后仍需至少一个月的现场支持，以保障系统的平稳运行。所以 ERP 上线前，就需要提前预订好上线的支持计划（见表 5-11），以便当系统或者用户遇到问题时能够获得有效的支持，项目也能组成梯队合理安排资源，而不至于顾此失彼，乱作一团。

表 5-11　上线支持计划（示例）

部门	支持人员	开始时间	完成时间
财务部门	张慧娜	2014-10-1	2014-10-30
销售部门	郑丹	2014-10-1	2014-10-30

月结计划

月结是指企业每个月对企业的业务账务进行定期的盘点与结算。月结并不是每个信息化项目都会有，但 SAP ERP 项目通常都会有月结的要求。系统的上线难免问题很多，通常在系统上线的第一个月问题最多，尤其是对于 ERP 项目来说，第一个月的月结就显得非常重要了。另外，月结是正式检验一个新系统运行好坏的重要标准，因此做好月结相关支持工作也很重要。为了确保能够有序做好月结相关工作，同样需要提前制定月结计划（见表5-12）。

表 5-12　月结计划（示例）

工作内容	负责人	开始时间	完成时间
完成采购收货入库	倪宝珍	2014-10-20	2014-10-25
完成销售订单出库	朱秦	2014-10-25	2014-10-28
完成发票校验	雷杨剑	2014-10-25	2014-10-30
完成销售开票与收入确认	黄海博	2014-10-25	2014-10-30

至此我们将信息化建设项目中一些常见的子项目计划逐一介绍完成。但这不是全部，在项目中其实还可能存在其他的各种计划，例如如果项目中有产品研发，则应该还有产品研发与交付计划。项目子计划都应该在项目进展的不同阶段产生、执行与完成，以确保各项工作能够有序、按时、按质和按量来完成。不能图省事一次性做好，长期使用，也不要为了赶工期而压缩关键计划的执行。

进度管理

好的计划只是保障项目顺利完成的关键要素，对进度的管理也是保障整个项目顺利完成的重要条件。周密计划如果没有良好的进度管理，计划也就不能发挥其真正的作用。项目的主计划相当于明确项目团队在各个时间点需要完成什么，属于计划。而进度会随着时间前进而不断发展，并且在发展过程中需要克服各种影响与困难，以确保项目按计划、高品质地完成。但是在实际的项目管理中，很多项目经理都碰到过这样的一种情况，即发现自己辛辛苦苦做好的计划，结果没人执行，在项目进行中有时需要追这个、有时需要问问那个。但只要不问就发现没有进度，或即使有进度，其实际进度跟想象的差异也很大，甚至方向都错了。所以进度管理还需要配合执行力，并且需要有计划、有策略和有步骤地推行。

进度的基本特征

进度表示一个事件在某一个时点的状态，有良性的状态，也有非良性的状态。项目的进度状态就反映整体项目的健康情况，这些状态包括已经完成、进行中、未开始和延期等。掌握了这些状态的产生原因和影响就能够及时采取措施，并提前制定行动应对方案。

进度管理制度

进度管理是一个循序渐进的过程，要进行有效的进度管理就需要建立科学的进度管理方法，常用的进度管理方法有进度报告、例会、总结报告等。

进度报告

进度报告指定期对各事项的进展进行报告，以保障并推进项目的进度。很多项目经理刚开始管理项目管理时，都不太适应项目中的各种报告模式，认为这样做是形式主义没有必要，甚至认为是浪费时间，觉得有写报告的时间，不如多写几个文档，或多敲几行代码。实际上这也是项目管理中的一个重要的沟通手段，尤其是在项目规模比较大、需要交流的对象比较多时，包括与项目各相关方及其高层沟通就显得尤其重要。项目经理则需要考虑如何充分发挥各种报告的真正作用。

在项目中通常有多种方式用来进行沟通与汇报，其中最常用且有效的方式是周报，其次有月报和阶段性报告。有一些企业还有日报，不同的报告作用和说明如下。

（1）日报

日报相对比较少见，这会出现在部分企业，日报强调日清日结。即当天的事情当天毕。但其实这种方式适合日常运营的管理，似乎不太适应项目的管理，因为项目本身就有非常强的计划性，从主计划到双周计划，每项关键任务还有更细的计划。对于有经验的项目管理者和核心成员是很容易就管理好各自的工作进度。日报如果要求的太复杂和太细致，往往会耗费项目成员的时间。如果写得太粗，又没有起到实质性的作用，同时也解决不了根本性的问题，因此对日报的管理要求分寸把握得非常好，如果把握不好就成了一种耗时耗力的形式主义报告。要做好日报工作，需要考虑几点：

①日报要尽量简洁和可持续，既然要做就要持续坚持下去，并形成习惯，不能朝令夕改，时断时续；

②日报管理者需要对项目总体比较了解并且能够针对日报的内容和问题提供及时的反馈，不要成为一个记录或转达者；

③对于日报中的问题和风险要进行持续的跟踪与跟进，并且要汇总至周报和月报中。

（2）周报

周报，顾名思义就是每周进行一次汇报与交流，周报是被实践证明的一种有效的进度管理方式，每周进行一次汇报能够保证项目管理者和每个项目成员都能静下心来综合了解项目总体进度和各个小组的工作情况，以佐证自己的方向与工作目标，确保实际工作没有偏离项目的总体要求和小组的工作目标。

（3）月报

月报针对项目总体情况每月做一次汇报，以保障项目的月度进度。月度报告关心的颗粒度要大一些，但是重点需要关注整月的进度与总体进度偏差，并说明一个月以来，项目中确实存在的问题和风险以及对策。

（4）阶段报告

阶段性报告即在完成了项目的某一个里程碑性质阶段性工作后进行的总

结报告。其主要目的是保障和评审当前里程碑计划内的工作已经按要求完成。并且使得相关方能够客观评判是否满足往下继续的条件。以 ERP 为例，在 ERP 项目中通常有蓝图设计阶段总结报告、系统开发与测试阶段总结报告与系统上线后验收阶段报告。

（5）例会

例会是绝大部分项目都会采用的一种项目日常进度管理制度，其目的是确保项目成员能就项目进行面对面的实时沟通，例如也有很多形式，有早例会、晚例会、周例会和月例会等。

（6）总结报告

总结报告指在项目结束后，对项目进行的一个总结性的报告，主要是总结经验教训，为后续的项目运维和推广积累经验。每一个项目都应该有一个总结报告。从企业的角度也是需要有一个完整的评估，以盘点最终的结果与初期的目标一致。

项目中的执行力

余世维先生在《赢在执行》一书中写到"提高执行力，就要树立一种严谨些、再严谨些，细致些、再细致些的作风，改变心浮气躁、浅尝辄止的毛病，以精益求精的精神、不折不扣地执行好各项重大战略决策和工作部署，把小事做细，把细节做精。"这是对执行力最明了的诠释。因此好的计划需要配合好的执行，才能有好的结果。很多项目有计划，但是项目最终效果不理想、进度总是延期的一个最主要的原因是执行力不够。但是执行力不是依照计划按部就班地强行推进，而应该是要掌握一些方式与方法。关于执行力需要注意几点：

· 执行力不是蛮干。

· 执行力不是盲目。

· 执行力不是天天盯着计划。

· 执行力不是在天时、地利和人和都齐备下才能实现，而恰恰相反，在项目的管理中，每一项任务的执行都是在不完备中寻找完备，最后达成目标。

项目中的执行力实际上是指管理者如何通过自己的努力，在遵循大环境、总体计划、约束条件和质量保障的下把项目推向成功。在笔者服务过的项目中，有一位企业的老板在企业推行如下一篇文章，并要求每个人都熟读且写读后感，这篇文章是：

美国有位退伍军人，他在战场上负了伤，当他回到地方的时候，年龄也比较大，所以找工作变得非常不容易，很多单位都拒绝了他，而每一次他都迈着坚定的步伐，继续寻找可能的机会。

这一次，他来到了美国最大的一家木材公司去求职，他通过几道关卡，终于找到了这个公司的副总裁。他非常坚定地对这位副总裁说："副总裁，我作为一名退伍军人，郑重地向您承诺，我会完成您交给我的任何任务，请您给我一次机会。"

副总裁一看他的年龄，一看他这个样子，像开玩笑似的，真的就给了他一份工作。那是一份什么样的工作呢？那是在美国中部的一个烂摊子。在此之前，公司派了很多优秀的经理人都没有把这个工作做好。因为那里有恶劣的客户关系，公司的欠款长期不能收回，公司在那里的形象也受到了损坏。

副总裁想：比你优秀的经理人去都不能完成这个任务，我不如卖一个人情，也让你自己证明你不是那块料。那个退伍军人说："我保证完成任务。"第二天，他就奔赴那个市场。几个月之后，他挽回了公司在那里的形象，捋顺了客户关系，并且清欠了几乎所有欠款。

在一个周末的下午，总裁把这个退伍军人叫到自己的办公室，跟他说："我这个周末要出去办一点事情，我的妹妹在犹他州结婚，我要去参加她的婚礼，麻烦你帮我买一件礼物。这个礼物是在一个礼品店里，非常漂亮的橱窗里面有一只蓝色的花瓶。"他描述了之后，就把那个写有地址的卡片交给了那位退伍军人。那个退伍军人接到任务后，郑重地向他的老板承诺："我保证完成任务！"

这位退伍军人看到卡片的后边，有老板所乘坐的火车车厢和座位，因为老板跟他说，把这个花瓶买到之后，送到他所在的车厢就可以了。

于是，这个退伍军人立即行动。他走了很长时间才找到那个地址，当找到地址的时候，他的大脑一片空白。因为那个地址上面根本没有老板描述的那家商店，也没有那个漂亮的橱窗，更没有那只蓝色的花瓶。

各位，如果是你，你会怎么做呢？会向老板这样说："对不起，你给我的那个地址是错的，所以我没有办法拿到那只蓝色的花瓶。"但是，这位退伍军人没有这样去想，因为他向老板承诺过：保证完成任务。

所以，他第一时间想到给老板打电话确认，但是老板的电话已经打不通了。因为在北美周末的时候，老板是不允许别人打扰他的。怎么办？

时间一分一秒地过去，这位退伍军人结合地图然后通过扫街的方法，在距离这个地址五条街的地方，终于看到了老板所描述的那家店，远远地望去，就是那个漂亮的橱窗，他已经看到了那只蓝色的花瓶。他非常欣喜，但他飞奔过去，一看门已经上锁，这家商店已经提前关门。

如果是你，你会怎么办？你会说："对不起老板，因你给我的地址是错的，我好不容易找到，但人家已经关门。"但是，这位退伍军人没有这样去想，因为他向老板承诺过：保证完成任务。

这位军人结合黄页和地址，终于找到这家店经理的电话。当他打过去电话之后说要买那只蓝色的花瓶，对方说："我在度假，不营业。"然后就把电话撂下了。

　　如果是你，你会说："对不起老板，人家不营业，我买不到。"你会找出一大堆理由说明自己没有完成这个任务。但是，这位退伍军人没有这样去想，因为他向老板承诺过：保证完成任务。

　　他在想，即使付出惨重的代价，我也要拿到那只蓝色的花瓶。他想砸破橱窗拿到那只蓝色的花瓶，于是这位退伍军人转身去寻找工具。等他好不容易找到工具回来的时候，正好从远方来了一位警察，全副武装。那个警察来到了橱窗面前，站在那里居然一动不动。然后这个退伍军人静心地等待，等了好久，那个警察丝毫没有走的意思。

　　这个时候，这位退伍军人意识到什么，他再一次拨通该店经理的电话。他第一句话说，"我以自己的性命和一个军人的名誉担保，我一定要拿到那只蓝色的花瓶，因为我承诺过，这关系到一个军人的荣誉和性命，请您帮帮我。"

　　那个人不再挂他的电话，一直在听他讲。他讲述在战场上是如何负伤的故事，因为在战场上承诺战友，一定挽救战友的生命，一定要把战友背出战场，为此他身负重伤，留下残疾。

　　那个经理被他感动了，终于决定愿意派一个人，给他打开商店的门，把那个蓝色的花瓶卖给他。退伍军人拿到了蓝色的花瓶，他非常开心。但这个时候一看时间，老板的火车已经开了。

　　如果是你，你会怎么办？你会找出一堆理由向老板解释："你给我的地址是错的，我好不容易找到，人家已经关门。我遭遇挫折、经历磨难，终于拿到了这只蓝色的花瓶，但你的火车已经开了。"但是，这位退伍军人没有这么想，因为他向老板承诺过：保证完成任务。

　　这位退伍军人给他过去的战友打电话，他想租用一架私人飞机，因为在北美有很多人拥有私人飞机。他终于找到了一位愿意把私人飞机租借给他的人，然后他乘驾飞机追赶老板乘坐的火车的下一站。当他气喘吁吁跑进站台的时候，老板的火车正好缓缓驶进站台。

　　照老板告诉他的车厢号，走到老板的车厢，看到老板正安静地坐在那里，他把蓝色的花瓶小心翼翼地放到桌子上。然后跟老板说："总裁，这就是你要的蓝色的花瓶，给您妹妹带好，祝您旅途愉快。"然后转身就下车了。

　　一周开始，上班的第一天，老板把这个退伍军人叫到自己的办公室，跟他说：

　　"谢谢你帮我买的礼物，我妹妹非常喜欢。你完成了任务，我向你表示感谢。

　　"其实，公司这几年，一直在选一位经理人，想把他选派到远东地区担任总裁，这是公司最重要的一个部门。但之前，我们在挑选经理人的过程当中，始终不能够如愿以偿。

　　"后来，顾问公司给我们出了一个蓝色花瓶测试选择经理人的办法。在选择经理人的过程当中，大多数人都没有完成任务，因为我们给的地址是假的，我们让店经理提前关门，我们让他只能够接两次电话。在过去的测试中，只有一个人完成了任务，是因为他把橱窗的玻璃砸碎，拿到了那只蓝色花瓶。我们觉得跟我们公司的道德规范不符，没有被录用。

　　"所以在后来的测试当中，我们特意雇了一位全副武装的警察守在那里。但是所有这些，都没有阻碍你完成任务的决心，你出色地完成了任务。现在，我代表董事会正式任命你为本公司远东地区的总裁……"

　　什么叫执行？这就是执行！成功绝非偶然！

　　因此执行力不是蛮干，而是需要巧干，并且要干成。因此对于一个项目的执行者，在整体工作进行中需要有一定的变通策略以保障与推进项目按时完成。那么具体到项目中应该怎么做呢：

　　·主计划，管大局。

　　·详细计划，管进度。

　　·小组计划，管质量。

　　执行力的目标是：日事日毕！日清日结！

问题和风险管理

有效的问题和风险管理能扫清项目执行过程中的障碍，保障大家努力向前冲。项目中是否有问题和风险管理是有区别的，有和做得好也是有区别的。问题管理不能流于形式，需要采取有效的管理措施，并注重时效性，尤其是在有些关键的地方。在面对问题时，项目管理者应该积极主动，尤其是面对关键问题时，项目经理能够果断地做决策，并积极促成管理层做决策。风险管理要保持持续跟进，一般来说，项目不存在风险的可能性很小，只是风险大小的问题。

问题管理

项目的进行会伴随着问题的不断发现与解决，如果项目中的问题不能得到有效的解决，就会一直积压，直到积压到一定程度了，就会在某一个时间点集中爆发，一旦问题爆发了就会产生一系列的蝴蝶效应，并影响整个项目的进度。故在项目中要对问题进行管理，针对关键问题需要特别重视，并及时进行沟通以达成共识。对于一个项目来说在问题管理中至少需要有一个问题管理的清单（见表5-13）。

表5-13 问题管理清单（示例）

序号	子项目	优先级	问题描述	解决方案	完成日期	责任人
1	销售组	中	客户主数据的管理流程不明确	明确客户主数据的管理流程和责任部门	2019-9-3	文英豪
2	财务组	高	分子公司与集团的科目体系不一致	统一科目体系	2019-9-5	李新潮

风险管理

项目在进行过程中就会存在问题，那么也可能存在各种各样的风险，有的为显性风险，容易识别；有的为隐性风险，不容易识别。因此在项目管理过程中就需要有风险的管理，尤其是针对复杂的项目，更需要进行严格的风险管理。有效的项目风险管理，需要从如下的几个方面进行考虑，包括：

- 技术风险。如：专业技术、特殊工种。
- 实施过程风险。如：过程控制，成本控制，质量控制。
- 管理风险。如：目标管理、沟通管理、变革管理、采购管理、分包商管理。
- 安全风险。如：人身安全、硬件安全、网络安全、数据安全。

在进行项目风险管理时，首先需要将项目存在的风险进行识别，然后分类，将项目的风险列出，进行排查，从而锁定本项目需要重点关注和进行识别的风险，见表5-14。

表 5-14　风险管理表（示例）

风险分类	风险子项	关键风险项
技术	实施人员技术水平是否达到要求	不具备必要的技能
		对所需要的技术不熟练
	关键技术人员缺失	没有现成的人员
		技术人员不能及时到岗
	实施人员技术欠缺	实施人员对产品了解不够
项目过程	进度延期	公司发生重大调整
		人员安排不合理
		硬件网络准备不足
		现场管理有问题
	成本超支	超范围导致的成本上升
		延期导致的成本超支
		质量事故导致的成本超支
	质量不达标	质量不符合行业标准
		缺陷较多
		出现质量事故

　　其实，风险在项目的每一个阶段都可能存在，因此完善的风险管理制度和风险对策有利于提前排除项目的风险和确保项目的成功完成。在进行风险识别与管理中，如果有工具可以尽量借助风险管理工具进行管理，如果没有也可以列出风险管理清单（见表5-15），以便及时识别风险、商讨对策并成功化解风险。

表5-15　风险管理清单（示例）

序号	紧急程度	风险描述	对策	计划完成日期	责任人
1	紧急	项目一位关键岗位成员要离职	需要尽快安排对应的人员接手并要求做好工作交接	2018-8-15	万成浩
2	一般	商品数据需要清理的量较大	需要有专人进行清理，并且提前开始清理相关工作	2018-8-20	李冬华

　　风险识别后，需要定期进行跟进和回顾，针对紧急的风险，需要高度重视，并寻求管理层的支持；针对一般的风险需要持续关注，并组织资源进行逐渐化解；针对可能存在的潜在风险，需要保持关注，以便及时明确风险并进行应对。

项目危机管理

危机管理（dangerous management）是针对一个事情在进行过程中所出现的危机进行的有效管理。在政治外交、社会管理、企业管理和工程管理中都会用到危机管理，项目也可能用到。项目在进行过程中不仅会出现问题和风险，还可能会出现各种危机，有些危机会导致项目被严重延误和终止。所以项目中进行危机管理对于中大型项目非常有必要。有效的危机管理能够提前化解项目中的矛盾。在项目中，应对危机可以从以下几个方面考虑：

（1）提前预估，并采取措施。

（2）快速响应，一旦发生危机，要积极响应。

（3）妥善处理，并全盘考虑。不要一边倒，这样很容易给另外一边带来冲击或激起孤注一掷的做法。

如何发现项目的危机。一般项目中出现以下特征就表明项目存在危机，并且需要尽快采取措施：

（1）项目整体目标不明确：从项目管理层、到各个项目小组、到项目成员，大家对项目目标理解不一致，甚至每天对目标的理解都有所不同。这种现象不要认为是大家理解能力差，或者迷糊，而作为项目管理者应该重新反思一下，是否有澄清项目的目标，并反复宣导过。

（2）项目团队气氛紧张。大家要么对立情绪严重、要么天天加班、要么按部就班（即使项目中出现了天大的事情，大家看起来也不急不慢，该干什么干什么），这些都可能是项目存在危机的表象，已经在表示项目中出了深层次的问题。

（3）工作要么总是延期，要么从来没有问题，大家都报喜不报忧，项目一团和气，所有的报告，从日报、周报、月报到季度报等，尽管有很多报告，但是一路绿灯、都没有问题，很多管理者可能会心里喜滋滋，以为是因为自己领导有方，项目管理得好，才有这么一路顺利的情况，实际上这就已经是一种不正常的现象了。项目本来就是为了解决一个企业的某一方面深层次问题才会成立，因此在项目的执行过程中必然会存在各方面待解决的问题。既然是深层次的问题，那么在解决过程中必然不会一帆风顺。

（4）项目成员变动频繁。不论是供应商、还是企业本身，如果出现项目成员的频繁变动，或者在某一个时间段出现集中人事变动的情况（离职、休假）等，那么也表明项目出现了比较深层次的问题。

项目延期管理

延期（delay）在很多项目中都有发生过，有些延期是良性，有些延期是恶性，因此延期管理就需要认真做好。通常项目延期不会立马发现，延期最终被明确出来会有一个比较长的过程。

及早发现，及早预防

延期管理应结合进度管理、风险管理和问题管理进行，应及早发现，及早预防。如果一定要等到项目延期已经很明确了，再想办法挽回往往会非常困难，而且要付出的代价将很高。因此延期管理应该是以预防为主，并且及早进行发现。

合理评估，有效应对

对于一些项目来说，延期也不一定就是坏事。由于前期的了解不充分，或者评估人员的经验不足，或者由于项目在进行过程中发生了很多变化，这些都是客观存在的因素。因此一旦有发现存在延期的可能，则需要相关方进行充分的调查讨论，给出合理的评估，并制定相应的应对对策。

项目终止管理

  项目终止不是常见的情况，但是也会偶有发生，但当计划终止一个项目时，作为企业务必要做好总结和经验教训分析，以为下一次项目做好准备。终止项目通常需要做如下几个方面的管理：

  ·供应商的沟通与合同终止。

  ·团队成员的下一步安排。

  ·已产生需求或文档的归类总结。

  ·组织进行经验教训总结。

【案例与评析】

案例一：标致的巨额投资

广州标致成立不久，就开始着手实施MRPII项目，目标是实现全公司订单、生产、库存、销售、人事、财务等的统一管理，以提高公司运行效益，增进企业经济效益。

1988年公司开始投资计划。由于中法合资的性质，法方总经理和专家在决策层中起决定作用。他们照搬法国标致的模式，决定在广州标致实施MRPII，设计网络预计使用20年。1989年广州标致已经组建了自己的企业信息网，1992年又实施了比利时一家公司的财务管理系统，1993年开始实施零配件销售管理系统，整个项目总投入在2000多万法郎。

假如路子走对了，广州标致企业信息网应该发展得很成熟。令人遗憾的是，广州标致的企业信息网事实上已陷入进退两难的境地。主系统十几个功能模块，已经启用的仅有非生产件的库存管理模块，不到该软件内涵的1/10。1993年后就没有多大进展。比利时公司的财务系统仅完成凭证录入、过账、对账、关账等功能，报表只能用微机处理。从整个项目来看，投下巨额资金，但实际实施出来的企业信息网的效益却与当初的宏图大略相去甚远。

案例二：三洋的"贵"与"对"

1999年初，三洋的负责人发现企业物料信息不畅的问题表现得越来越严重。由于信息流通不畅，虽然在同一条生产线上，但一个部件的生产车间往往不知道另一个生产车间的进度，结果经常出现几个车间的工人都在加班空等的局面。生产一耽搁，质检、运输、管理等部门也都跟着耽搁。同时三洋也感觉到企业最困难的不是"能不能生产"，而是不知道"该不该生产"。生产多了，企业投资很大，库存压力也大；生产少了，明显不能满足需求，尤其是在销售旺季。

基于希望引进先进管理方式来增强企业竞争力，以及对国外大软件的崇敬，三洋开始与SAP、Oracle等国际软件巨头进行实质性接触，并希望能够用上最科学、最完善、最超前的软件产品。然而，随着接触的逐步深入和对ERP管理思想和企业自身认识的不断深化，三洋负责人感觉这些国际软件巨头们不太会关注和理解三洋这个小企业，同时也考虑到另外两个关键性问题：一是应用国外大软件产品必然带来高额的国际服务成本；二是国外软件供应商在中国代理的频繁更换，会带来服务上的不稳定性。

在一个偶然的机会，企业负责人接触到了另外一款国内ERP软件，通过深入接触和了解后，发现此ERP软件，无论在技术水平还是管理思想上，都非常先进，而且还有十多个成功实施的案例，软件方也表现出了极大的诚意和耐心，在进一步获得ERP方面专家评估并获得认可后，三洋与软件方合作的帷幕拉开了。

2000年6月，三洋专门成立了ERP小组以保证工程的顺利实施，到2001年4月三洋ERP应用全面铺开，由三洋和软件方双方所派成员组成的项目团队根据企业生产特点，进行了ERP的二次开发。

在实施的起步阶段，主要阻力有两个：一是实施初期工作量的骤然加大，引来一些员工的不理解和抵制，二是原有的落后的工作方式和低下的工作效率所带来的困难。在他们看来，只有在实施效果显现出来以后，这两种阻力才能够真正消除，而在一些员工还没有真正理解ERP的时候，并不能把太多的时间花在解释和说服上，那样做成本太高。对此，企业负责人通过两支"兴奋剂"，一是企业领导班子的高度团结以及对实施ERP的坚定决心；二是企业建立了严格的奖惩制度，规定部门之间、责任人之间要负连带责任。他还在一次会议上说，如果谁想当绊脚石，那就只好把他踢开。这两支兴奋剂对后续ERP实施的成功起了决定性作用。

项目在这样的前提和决心下顺利进行，使得ERP实施之后效果显著，极大地改善了企业库存占用率、生产线劳动效率、办公自动化程度和客户响应速度等，企业员工也体会到了ERP带来的实效，实施初期的不满情绪已经消失。企业负责人总结道，ERP并不仅仅是企业信息化的手段，而更多地体现为一种信息化的过程。

评析

在反复修订和阅读这两篇案例时，里面很多的做法和理念总能引起笔者的共鸣，尤其是在信息化建设的过程中，成功不是偶然的，成功来自经得起波折，成功来自企业在信息化过程中对自己想要什么和怎么要有清醒的认识，成功也来自决心和毅力。

这两个案例具有较明显的对比性，一个是大对大，国际大企业，大计划，有资金、有目标，也有人，但是结果并不大理想；一个是小对小，却取得了圆满的成功。企业在信息化建设过程中的情况各式各样，也总是会遇到极端的情况，要么计划漫天飞，要么根本没有计划，要么虽然有良好的规划和完善的计划，却没有得到有效的执行。因此，在企业信息化建设过程中，我们既要有高瞻远瞩的规划和切实可行的计划，也要坚定高效地执行到位。

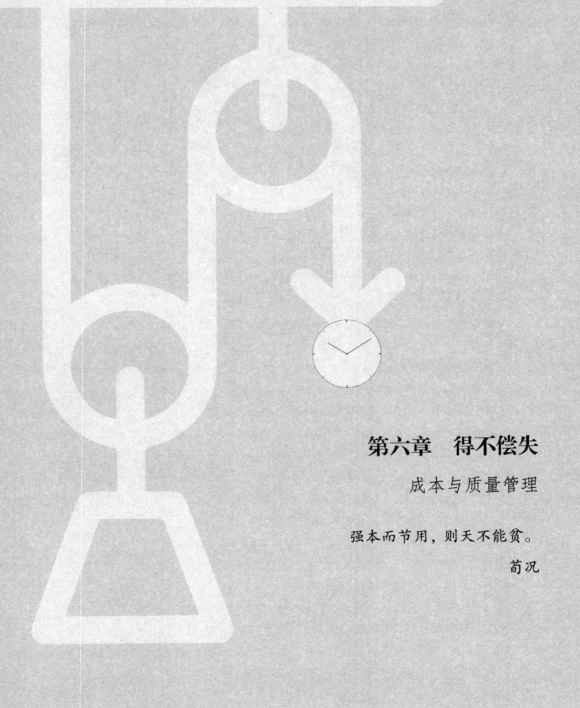

第六章　得不偿失

成本与质量管理

强本而节用，则天不能贫。

苟况

"重视成本等于重视利润，重视利润不等于重视成本。"任何一个项目的投入都需要考虑到成本和收益。成本与收益并非简单的正比关系，影响项目成本与收益的除了前面讲到的范围，还有质量。在项目时间既定的情况下，如果增加需求，就需要扩大范围，而扩大范围又会导致增加成本，如果要保持成本不变就需要牺牲质量。所以，在项目中除了成本管理之外，还需要考虑质量管理。成本和质量总是以矛盾的两个方面存在于项目中，提高质量往往需要牺牲成本，反过来要节约成本又会影响到质量，这是很多项目管理者常常需要做权衡和取舍的地方。

成本管理

"全面、全员、全过程"是企业全面成本管理（total quality management，TQM）的三个基本原则。成本管理实际上就是对经营活动中的成本从各个方面进行统计与计算，所以很多人也把成本管理等同于成本计算。在现代会计学中，对成本计算有广义和狭义两种解释。狭义的成本计算是指一般意义上的成本核算，即归集和分配实际成本费用的过程；广义的成本计算是指现代意义上的成本管理系统，这个系统由成本核算子系统、成本计划子系统、成本控制子系统和成本考核子系统有机结合而成。另外，管理会计中使用的广义成本计算是按一定的成本对象，对生产、经营过程中所发生的成本、费用进行归集，以确定各对象的总成本和单位成本的一种专门方法。通过准确计算成本，可以掌握成本构成情况，考核成本计划的完成情况，了解生产经营活动的成果，促使企业加强核算、节约支出和提高经济效益。

项目成本管理就是通过一定的项目管理手段确保项目在既定的预算内顺利完成。如果说前面谈到的进度是基于时间轴对项目进度的管理，那么成本则是基于费用轴对项目成本的管理。项目的进行过程中大部分花费是成本。从项目开始到项目结束都会存在各种费用成本，例如人力成本、差旅费用、住宿费、团建费和办公设备等其他各项费用。项目越大，费用项目就会越多，管理起来也就越复杂，所以对成本的管理也需要遵循一定的流程（如图 6-1）。

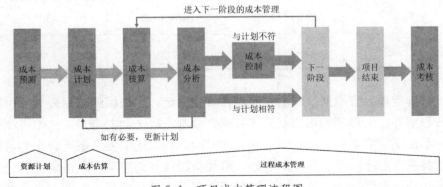

图 6-1　项目成本管理流程图

从图 6-1 可以看到，项目的成本管理流程包括成本预测、成本计划、成本核算、成本分析（如果实际成本分析过程中有必要，可以更新成本计划）、成本控制（实际成本与计划成本不符就需要采取相应的成本控制措施）、成本考核。如果项目有多个阶段，则循环进行各个阶段的成本管理，直至项目结束，完成最终项目的成本考核。从流程图也可看出，项目的成本管理贯穿项目始终，基于以上流程，下面从资源计划、成本估算和过程成本管理三个主要的方面阐述成本管理相关内容。

资源计划

项目资源是所有项目开始都必须要重点考虑的部分，即需要什么人、具备什么技能、持续多长时间、预计产生多少费用等都需要提前有一个估算。尤其是信息类项目，由于这类项目专业性强，不适用于标准的项目管理方法论，所以也时刻会碰到人员紧张的情况，尤其是特殊类专业人才，市场上往往没有现成且档期刚好与项目吻合的人可以马上到场。基于这些资源存在的不确定性，就需要有一个合理的资源铺排计划，来明确项目整个过程中所需要的资源，见表 6-1。

表 6-1　项目资源计划表（示例）

项目角色	进场时间	离场时间	有效工作天数
项目经理	2017-11-1	2018-6-30	150
财务顾问	2017-11-1	2018-6-30	150
采购顾问	2017-11-1	2018-6-30	150
销售顾问	2017-11-1	2018-6-30	150
生产顾问	2017-11-1	2018-6-30	150

在排定项目资源情况时需要视项目规模而定，小规模的项目应该着重抓住核心资源，大规模的项目就需要各个方面都进行全面的考虑。在做资源铺排时不仅仅需要考虑单个资源的能力和时间，而且还需要考虑资源间的前后协作关系。前序资源应该提前进场，后续资源按计划有节奏地进场，切记一股脑全部一次性进场。过早投入资源即不利于进度与质量的管理，也会导致

成本的浪费。

成本估算

项目成本估算是对完成项目所需费用的计划与估计，是项目成本计划中的一个重要组成部分。要实行成本管控，就要对项目进行成本估算。就项目进行成本估算时，要基于项目资源计划表编制成本估算表，基于此表逐一估算完成每项工作任务所需费用，以ERP为例，可根据项目做出成本估算表（见表6-2）。基于这个表分别估算顾问成本、差旅成本、住宿成本、团建成本和其他支出费用。

表 6-2 项目成本估算表（示例）

项目角色	进场时间	离场时间	有效工作（天）	成本单价（元/天）	成本（人民币）
项目经理	2017-11-1	2018-6-30	150	8000	1200000
财务顾问	2017-11-1	2018-6-30	150	5000	750000
MM顾问	2017-11-1	2018-6-30	150	5000	750000
SD顾问	2017-11-1	2018-6-30	150	5000	750000
PP顾问	2017-11-1	2018-6-30	150	5000	750000

成本估算不可能与实际花费完全匹配，只能趋于准确，并且不同的成本估算法偏差也不一样，常见用于成本估算的方法有经验估算法、因素估算法和工作分解结构法。

经验估算法

经验估算法指成本估计人根据自己已有的专业知识和丰富的经验进行成本的估算。这是一种最原始的方法，这种方法对估算人的要求非常高。它的优势是，对紧急且需要在短期内快速拿出一个估算数字有优势，但面对复杂项目时，不一定适用。

因素估算法

因素估算法（factor estimating method）是根据客观现象及内部各因素之

间的关系，从已知的统计信息中，利用规模、成本图和数学知识来预测未来。客观现象的某项指标有可能分解为若干个影响因素，各影响因素的指标及其变动的乘积或商等于该项指标的总量及其变动。在计算或画图展示中，要有一个"基准年度"，以消除通货膨胀的影响。做这种成本估算，前提是有过去类似项目的资料，而且这些资料应在同一基础上，具有可比性。

工作分解结构法

工作分解结构法，即WBS（work breakdown structure）方法。此方法是先把项目任务进行合理的细分，分到可以确认的程度，如某种材料，某种设备，某一活动单元等。然后估算每个WBS要素的费用。采用这一方法的前提条件或先决步骤是：

①对项目需求做出一个完整的限定。

②制定完成任务所必需的逻辑步骤。

③编制WBS表。

项目需求的完整限定应包括工作报告书、规格书以及总进度表、资源计划。工作报告书是指实施项目所需的各项工作的叙述性说明，它应确认必须达到的目标。如果有资金等限制，该信息也应包括在内。规格书是对工时、设备以及材料标价的根据。它应该能使项目人员和用户了解工时、设备以及材料估价的依据。总进度表应明确项目实施的主要阶段和分界点，其中应包括长期订货、原型试验、设计评审会议以及其他任何关键的决策点。如果可能，用来指导成本估算的总进度表应含有项目开始和结束的日历时间。资源计划，是对项目所用到的资源进行预估与计划，这可来自前面写到的资源计划。

一旦项目需求被勾画出来，就应制定完成任务所必需的逻辑步骤。在现代大型复杂项目中，通常是用箭头图来表明项目任务的逻辑程序，并以此作为下一步绘制CPM或PERT图以及WBS表的根据。在大型项目中，成本估算的结果最后应以下述的报告形式表述出来：

（1）对每个WBS要素的详细费用估算，还应有一个各项分工作、分任务的费用汇总表，以及项目和整个计划的累积报表。

（2）每个部门的计划工时曲线，如果部门工时曲线含有"峰"和"谷"，应考虑对进度表作若干改变，以得到工时的均衡性。

（3）逐月的工时费用总结，以便项目费用必须削减时，项目负责人能够利用此表和工时曲线作权衡性研究。

（4）逐年费用分配表。此表以WBS要素来划分，表明每年（或每季度）

所需费用。此表实质上是每项活动的项目现金流量的总结。

（5）原料及支出预测，它表明供货商的供货时间、支付方式、承担义务以及支付原料的现金流量等。

采用这种方法估算成本需要进行大量的计算，工作量较大，所以计算本身也需要花费一定的时间和费用。但这种方法的准确度较高，用这种方法做出的报表不仅仅是成本估算的表述，还可以用来作为项目控制的依据。最高管理层则可以用这些报表来选择和批准项目，评定项目的优先性。

以上介绍了三种成本估算的方法。除此之外，在实践中还可将几种方法结合起来使用。例如，对项目的主要部分进行详细估算，其他部分则按过去的经验或用因素估算法进行估算。

过程成本管理

在完成了项目成本的估算，还需要在过程中对成本进行管理，以及时发现过程中的不足。在项目实际执行过程中，需要进行实际成本的信息收集以便在项目的执行过程中对成本进行有效的管理与调整，如表6-3。

表6-3 项目过程成本管理（示例）

项目角色	实际进场	实际离场	实际工作（天）	成本单价（元/天）	成本总额（元）	差异
项目经理	2017-11-1	2018-6-30	150	8000	1200000	
财务顾问	2017-11-1	2018-6-30	150	5000	750000	
采购顾问	2017-11-1	2018-6-30	150	5000	750000	
销售顾问	2017-11-1	2018-6-30	150	5000	750000	
生产顾问	2017-11-1	2018-6-30	150	5000	750000	

在实际项目过程中，为了更直观地了解和分析项目的成本情况，可以通过图6-2来对项目成本进行直观的分析与管理。大型的项目尤其需要用比较科学的方法进行定期的分析与评估。

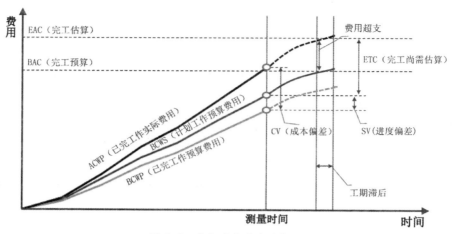

图 6-2　实际成本进度分析图

在图 6-2 中相关指标和计算方法说明如下：

完工预算（budget at completion，BAC），是指完成全部项目工作的预算费用。

完工估算（estimate at completion，EAC），是指根据项目测量日期的已完工作实际费用，对完成全部工作的费用估算。如果 EAC 大于 BAC，则说明项目总体费用会存在超支的可能；如果 EAC 的时间大于 BAC 的时间，则说明存在工期滞后的风险。

计划工作预算费用（budgeted cost for work scheduled，BCWS），是指项目实施过程中某阶段计划完成的工作量所需的预算费用，BCWS=计划工作量×预算定额，预算定额（quota of budget），指单位工作量预计消耗的劳动力和材料等成本。

已完工作实际费用（actual cost for work performed，ACWP），是指项目实施过程中某阶段实际完成的工作量所花费的费用，ACWP=已完工作量×实际定额，实际定额（quota of actual），指单位工作量实际消耗的劳动力和材料等成本。

已完工作预算费用（budgeted cost for work performed，BCWP），是指项目实施过程中某阶段实际完成的工作量对应的预算费用，BCWP=已完工作量×预算定额。

成本偏差（cost variance，CV），指截至测量日期，已完工作预算费用与已完工作实际费用的偏差，CV = BCWP − ACWP。

进度偏差（schedule variance，SV），指截至测量日期，已完工作预算费用与计划工作预算费用的偏差，SV = BCWP − BCWS。

完工尚需估算（estimate to complete，ETC），指测量日期预测完成剩余的工作还需要多少费用。值得注意的是，以不同的指标值作为基准，计算出的ETC也会不一样。图6-2以测量日期的完工估算（EAC），与计划工作预算费用（BCWS）的差来计算ETC，即ETC = EAC − BCWS。

基于图6-2的相关指标和计算关系，结合项目实际过程中表6-3的统计以及项目的计划预算，可以选择相应的测量点来对项目绩效进行检视。

挣值管理

挣值管理法（earned value management，EVM）是一种将计划价值、实际成本与进度相关联的管理技术。挣值管理法，有时也被称为赢得值法、偏差分析法、或挣值分析法。

项目中的挣值管理，是指利用项目的计划价值、挣值和实际成本相关联的三个变量，对项目相关指标以时间为检视点，进行相关指标统计与计算，来考察项目范围、进度和成本的一种项目绩效管理方法。在这一管理方法中，将所有的项目工作按照时间段进行计划、预算和进度安排，从而构成项目成本和进度度量基线。

这一基线通常用来衡量项目中的如下几个关键因素：

· 检视项目截至此时间点已经完成的工作情况；
· 检视项目截至此时间点所花费的时间，是超前还是滞后；
· 检视项目截至此时间点所花费的成本，是超支还是节约。

如图6-3所示，通过挣值管理法将项目在某一测量时间的计划价值（planed value，PV）、挣值（earned value，EV）和实际成本（actual cost，AC）实际成本进行比较，以计算出成本偏差（CV）和进度偏差（SV），并进一步得出完工尚需估算（estimate to complete，ETC）和完工估算（estimate at completion，EAC）。

实战现代项目管理

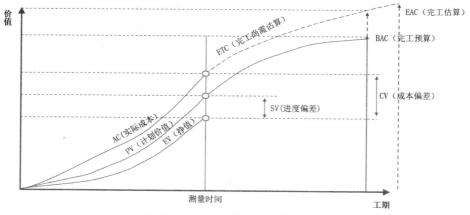

图6-3 项目挣值（EV）管理图

图6-3中的计划价值（PV），也即BCWS，是指项目实施过程中某个阶段计划完成工作的计划费用；实际成本（AC），也即ACWP，指项目实施过程中某个阶段实际完成工作所花费的费用；挣值（EV），也即BCWP，指项目实施过程中某个阶段实际完成工作的预算费用，是计划价值和实际成本之间的一个桥梁。

成本偏差（CV），指截至测量时间，实际成本与挣值的偏差，CV = EV – AC，如果CV为正值，则表示费用结余；如果CV为负值，则表示费用超支。

进度偏差（SV），指截至测量时间，计划价值与挣值的偏差，SV = EV – PV，如果SV为正值，则表示进度提前；如果SV为负值则表示进度延误。

因此，在实际项目管理中，挣值管理法主要通过指标的统计和计算，对项目的费用和进度定期进行综合的度量，以便及时掌握项目的状态，并能及时发现项目可能发生的费用超支或者工期延误的情况。这样可为项目管理和控制提供有效的手段，以便提前发现问题，并采取适当的纠正措施。

完工尚需绩效指数

完工尚需绩效指数（to complete performance index，TCPI）是一种为了实现特定的项目管理目标，使得剩余资源的使用必须达到的成本绩效指标，是完成剩余工作所需的费用与剩余预算之比。项目中TCPI计算公式和画图展示如图6-4。

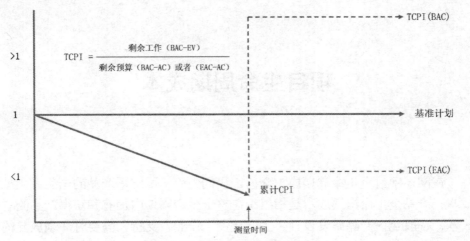

图 6-4　完工尚需绩效指数计算方法

从图6-4中可以看出，当前成本绩效指数（cost performance index，CPI）低于基准计划（即CPI<1），那么项目的全部未来工作都应立即按TCPI（BAC）执行，以确保实际总成本不超过批准的BAC。一旦管理层认为BAC已不可实现，项目管理团队将为项目制定一个新的EAC，一经批准，项目将以这个新的EAC值为工作目标。在这种情况下，项目未来所需的绩效水平就如TCPI（EAC）线所示，显然：

· 如果TCPI>1，则表示项目完成的难度很大。

· 如果TCPI=1，则表示项目正好可以完成。

· 如果TCPI<1，则表示项目很容易完成。

项目生命周期成本

在阐述项目全生命周期成本之前，我们先简单了解下产品的全生命周期成本，产品全生命周期成本是指组织在整个生命周期内拥有和获得产品的总成本，一般包括产品研发设计、生产建设、作业、支持和需要时必须放弃的成本。具体来说，产品全生命周期会历经三个阶段：生产、使用和报废。从生产者的角度看，一个产品经历研究与开发、设计、试制、小批量生产、大批量生产直到停止生产的整个过程，这个过程可称为产品生命周期过程；从顾客的角度看，自产品购入经过使用直至报废的过程，是产品的使用和报废期，也是生产者售后服务的过程。以产品生命周期跨度为基础，按照成本细分结构模式，可将产品生命周期成本的结构划分为如下三部分：

（1）生产者成本。生产者产生的成本又分为研发成本、制造成本和营销成本。研发成本是企业研究开发新产品、新技术、新工艺所发生的产品设计费、工艺规程制定费、原材料和半成品试验费等；制造成本是产品在制造过程中发生的料、工、费等成本；营销成本是为推销产品和提高顾客满意度而发生的成本。

（2）消费者成本。消费者成本是从顾客的角度来确认产品进入消费领域后发生的各种成本，包括产品的运行成本、维修成本和养护成本等。

（3）社会责任成本。社会责任成本是立足于产品生命周期终了时的成本。企业必须对产品生命周期终了时的废弃处置成本进行确认和分配，以保证产品在使用期满后得到适当的处置，例如，德国要求在其境内销售产品的公司回收其包装物。这种做法把处置产品或相关物的成本转移到生产商身上，扩大了生产商对产品成本计量的会计主体范围和会计期间，对于实现整体的竞争优势具有重要意义。类似情况还有制药企业需要承担所生产药品的回收销毁责任等。

基于产品全生命周期成本，我们可了解到项目全生命周期成本（project life-cycle cost，PLCC）是指组织在整个生命周期内拥有和获得项目的总成本，但由于项目的特性与产品不一样，所以项目的全生命周期成本与产品的全生命周期成本也不完全一样。项目生命周期成本一般包括四种成本，即开发成本、生产成本、维护成本和放弃成本。

开发成本

开发成本（development cost）指开发或研发项目的所有花费。如果是产品研发项目，则就是产品研发阶段所花费的成本。

生产成本

生产成本（production cost）指开发或部署产品所花费的成本，例如软件开发或者项目实施等阶段所花费的成本。

维护成本

维护成本（maintenance cost）指项目结束后持续运维所需要花费的成本，包括系统运维，功能优化和系统升级所花费的成本。

放弃成本

放弃成本（discard cost）指中途终止或者放弃项目所导致的成本或者费用损失。

质量管理

　　质量管理（quality management，QM），是指确定质量方针、目标和职责，并通过质量体系中的质量策划、控制、保证和改进来实现全部质量管理活动。质量管理起源自生产活动的需要。1924 年美国贝尔研究所沃特·休哈特（Walter A. Shewhart）运用数理统计的原理，提出了控制生产过程中产品质量，即后来发展完善的"质量控制图"和"预防缺陷"的理论。此后质量管理不断得到发展，并在 1961 年美国正式出版了阿曼德·费根堡姆(Armand V. Feigenbaum)的专著《全面质量管理》。20 世纪 50 年代日本在引进统计的质量管理的基础上进一步推广和发展了全面质量管理理论，就如何将顾客的心声转化为作业员的项目而进行全员教育，全员参与及人性化的全面质量管理创造了日本卓越的商品品质和高效的生产力。

　　"质量无须惊人之举"不论是产品还是服务，质量往往体现在每一个环节处。所以对质的管理多细致都不会有错，但是在实际过程中也需要有一定的标准可度量，以作为质量管理的参考标准。其中国际上通用的是 ISO 质量管理体系，并且 ISO 质量管理体系设定了质量管理的 8 大原则，它们分别是：

　　原则 1，以顾客为关注焦点。组织依存于其顾客，因此组织应理解顾客当前和未来的需求，满足顾客并争取超越顾客期望。

　　原则 2，领导作用。领导者确立本组织统一的宗旨和方向。他们应该创造并保持使员工能充分参与实现组织目标的内部环境。

　　原则 3，全员参与。各级人员是组织之本，只有他们的充分参与，才能使他们能充分发挥才干，并为组织获益。

　　原则 4，过程方法。将相关的活动和资源作为过程进行管理，可以更高效地得到期望的结果。

　　原则 5，管理的系统方法。识别、理解和管理作为体系的相互关联的过程，有助于组织实现其目标的效率和有效性。

　　原则 6，持续改进。组织总体业绩的持续改进应是组织的一个永恒的目标。

原则 7，基于事实的决策方法。有效决策是建立在数据和信息分析基础上。

原则 8，互利的供方关系。组织与其供方是相互依存的，互利的关系可增强双方创造价值的能力。

以上这 8 大原则形成了 ISO 9000 质量管理体系标准的基础。仔细分析这 8 大原则，我们可以看出这 8 大项原则同样适用在项目的质量管理中。每一个项目在立项的时候，企业高层都非常重视项目质量，也希望每一个项目都能高质量地交付，但遗憾的是，在实际项目中，很多项目管理者都缺乏对项目质量的管理经验与实际要求，包括建立项目质量管理规范，制定可量化的质量考核指标。这种现状导致在实际项目执行过程中质量问题频发，并且当关键人员或者实际使用者发现质量出了问题时，能补救的余地很少，甚至有时基本没有任何补救的余地，其代价往往是更换项目核心团队或推倒重来，或更换供应商，其最终导致的损失可能远远大于项目预算时的总体投入。这种事与愿违的事情，在实际信息化项目中实际并不少见，且主要有如下几个方面原因导致。

（1）缺乏成熟的信息建设类项目质量管理指导理论。到目前为止，在国内外实际上还没有相对成熟的质量管理理论可以用来作为信息化项目的指导理论。尽管在工程建筑类行业有相对较成熟的质量管理理论体系，但是这些理论体系不能生搬硬套到信息类项目的质量管理上来，需要有相应的实践基础和理论的总结与调整，才能适应此类项目的管理。

（2）项目管理者经验不足，尤其是项目经理。有一些项目经理学过一些项目管理理论，也有过一定的项目管理实践，也知道项目中质量管理的重要性。但是在面对实际项目管理时并不知道项目的质量管理应该怎么做。如果企业或用户有要求，就临时抱佛脚，依葫芦画瓢整一个。还有一些项目经理压根就不知道项目还有质量管理这么一个内容。只有在遇到问题了才开始想办法去应对，完全处于被动的应对状态。

（3）工期紧，没有时间去做。另外有一部分项目由于时间被过度压缩，导致项目周期比较紧，项目工作任务饱满，几乎很难抽出时间去做质量管理。

（4）认为没必要、不要耽误大家时间。有少部分人根本不认可项目中质量管理的重要性，认为这是过度管理，走形式主义。这种看法不仅是一部分初级项目管理者有，甚至有一部分有经验的项目管理者也存在这样的想法。

（5）工具使用不当，或者根本就不使用工具。笔者相信是有很多人不知道项目中质量管理还有工具可以使用，也有一部分人知道但是不会用。

从上面的几点原因可以看出，理论不足、实践经验缺乏和对质量管理重视程度不够具有一定的普遍性，这也导致了很多信息类项目的质量不高，甚至部分项目失败。尽管很多客观原因导致项目质量的管理出问题，但这仍不应该成为不对项目进行质量管理的托词，在项目质量管理中，我们可以围绕项目质量进行一些质量管理相关工作的指挥、协调、控制等活动，即从质量政策、质量目标、质量责任和借助 4M1E（人、机、料、法、环）的方法论出发，结合项目的特性从质量方针、质量计划、组织结构、项目过程中的活动以及相应的资源等方面进行优化，确保项目能够满足质量需求。以 SAP ERP项目为例，我们可以按项目的发展过程进行项目质量的管理（如图 6-5），同时也应该熟练掌握一些常用的质量管理方法论和质量管理工具。

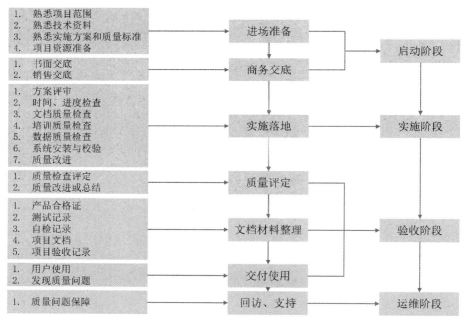

图 6-5　SAP ERP 项目质量管理过程

质量管理工具

在实际的项目质量管理过程中，有很多能够使用的工具，如戴明环、鱼骨图、控制图、散点图、帕累托图等，通过选择性地使用这些工具，可以对项目中不同阶段的不同任务进行合理的质量管理。

戴明环

戴明环，又称PDCA环，是著名的质量管理大师威廉·爱德华兹·戴明（William Edwards Deming）提出、并得到普及的质量管理工具之一。PDCA环（如图6-6）的含义是将质量管理分为四个阶段，即计划（plan）、执行（do）、检查（check）和措施（act），并按照这四个部分循环不止地进行质量管理。

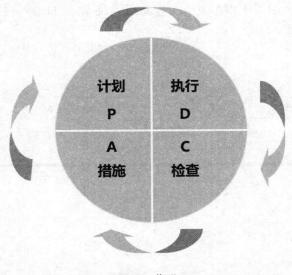

图6-6　戴明环

参考图6-6所示的PDCA环，在项目管理中PDCA四个不同的部分发挥着不同的作用：

计划（P，plan），即明确项目的质量管理的目标和规划，以及质量管理的标准和要求。

执行（D，do），即根据项目质量管理的目标和规划，按照规划的标准和要求，进行项目相关质量的具体运作，以完成质量管理中的各项内容。

检查（C，check），即就项目执行的结果进行检查，以明确哪些对了，哪些错了，从而明确效果，找出问题。

措施（A，act），即组织项目组及相关成员对检查出的结果或问题采取相应的措施，如对成功的经验加以肯定，并予以标准化；对于失败的教训也要总结经验，并引起重视。对于处理后仍然没有得到解决的问题，应提交到下一个PDCA循环中去解决。所以PDCA环可以用于整体项目的管理，并且根据不同的阶段设置不同的PDCA环，以不断跟进项目中存在的问题，帮助项目及时发现和解决问题。

鱼骨图

鱼骨图是由日本质量管理大师石川馨（Ishikawa Kaoru）所发明，故又名石川图，又由于鱼骨图是一种发现问题根本原因的分析方法，故又名因果图。鱼骨图的特点是简捷实用，同时也比较直观（如图 6-7）。由于鱼骨图主要用于因果分析，没有量化的指标和可计算的公式，因此鱼骨图属于一种定性的分析方法，即主要用于根据某一个现象或者某一个目标来寻找并分析其内在原因与解决方案。

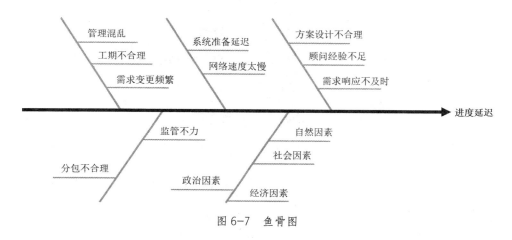

图 6-7　鱼骨图

以图 6-7 为例，当项目出现进度延迟时，我们可以通过绘制鱼骨图从各个不同的方面来分析导致项目进度延迟的各项原因，然后针对所有的原因进行分析，以找出最关键的原因，例如关键原因是"需求变更频繁"，那么就需要制定合理的策略或者流程来管理需求者的期望，并建立规范的变更与审核流程。

帕累托图

帕累托图是以意大利经济学家维弗雷多·帕累托(Vilfredo Pareto)的名字而命名，是指将出现的质量问题和质量改进措施按照重要程度依次排列而绘制出的一种排列式图表，因此帕累托图也叫排列图，或主次图。从概念上说，帕累托图与帕累托法则一脉相承，即认为相对数量较少的原因往往造成绝大多数的问题或缺陷。在实际项目管理中，帕累托图可以用来分析项目中某些重要内容的质量问题，以找出产生质量问题的主要因素，并按等级排序以制定出相应的纠正措施。例如可以用帕累托图来分析项目中产品存在质量问题的原因。

除了以上提到的 3 种质量管理工具外，实际上还有控制图、散点图、流程图、检查表等，不同的工具适应的质量管理场景会不一样，因此在实际项目管理中并不需要把以上每一个工具都用上，而是根据实际情况选择性地使用。

项目质量生命周期管理

项目质量生命周期管理（project quality life management，PQLM）是指从项目开始到项目结束整个过程中，各个阶段的质量管理。它可以将项目质量、可靠性和风险规划全面融入项目的整个生命周期的每一个阶段中，使涉及项目的每个成员、相关方都能清楚了解项目的质量状况。在实际项目管理中，可以从项目的提出、规划、执行到结尾的每个阶段都设定质量管理的目标，并且保持定期的跟进与更新。以 SAP ERP 项目为例（见表 6-4）。

表 6-4　SAP ERP 项目质量生命周期表（示例）

项目阶段	质量管理内容	质量管理目标
项目的立项与启动	·进行质量管理与规划 ·制定质量管理制度 ·设定质量标准	·完整的质量管理规划 ·符合 SMART 原则的质量标准
业务蓝图	·业务流程的合规 ·系统设计合规性 ·定义数据质量标准 ·定义开发质量标准 ·系统集成方案	·符合企业合规要求 ·符合行业合规要求 ·符合软件工程合规要求
系统实现	·功能设计的要求与标准 ·程序开发要求与标准 ·测试要求与标准 ·数据质量要求与标准 ·系统切换策略	·保障功能设计书和文档符合质量规范 ·保障程序的质量与性能 ·保障测试的质量 ·保障数据的质量与可靠性
系统切换	·正式系统准备和检查 ·上线点检表 ·模拟测试	·确保系统和硬件的稳定和安全 ·确保切换的各个事项准备就绪 ·确保正式系统的准备就绪
上线及支持	·系统上线的支持方案 ·月结支持计划 ·运维策略	·保障上线后系统的平稳运行 ·保障系统第一个月的月结 ·提供可靠的运维支持体系

续表

项目阶段	质量管理内容	质量管理目标
系统运维	·运维支持平台的搭建 ·运维体系的完善	·保障系统的平稳运行 ·持续进行系统的优化升级
观测项目	·问题管理和解决方案	·及时发现及时解决过程中的问题，保障项目的顺利进行和平稳着陆
贯彻项目	·风险管理及应对对策	·及时识别风险并制定应对对策，将项目的风险降到最低

质量成本管理

质量成本（cost of poor quality，COPQ），又称质量费用。质量成本的概念由美国质量专家阿曼德·费根堡姆在 20 世纪 50 年代提出。其定义是为了确保产品（或服务）满足规定要求的费用以及没有满足规定要求引起的损失，是企业生产总成本的一个组成部分。他将企业中质量预防和鉴定成本费用与产品质量不符合企业自身和顾客要求所造成的损失一并考虑，形成质量成本报告，为企业高层管理者了解质量问题对企业经济效益的影响，进行质量管理决策提供重要依据。此后人们充分认识了降低质量成本对提高企业经济效益的巨大潜力，从而进一步提高了质量成本管理在企业经营战略中的重要性。其中预防成本和鉴定成本属于一致成本，而内部损失成本和外部损失成本，又统称为故障成本，属于不一致成本。

我们常说的质量成本由预防成本、鉴定成本、内部损失成本和外部损失成本四部分构成，每一部分包含的内容如下：

预防成本

预防成本是指为了防止不合格产品、过程或者服务而开展活动的所有有关成本，例如：质量策划、培训、新产品评审、供方调查、质量改进会议、加工能力评估、质量人员工资和费用等。

鉴定成本

鉴定成本是指为确保产品、过程和服务符合要求而开展的测量、评估及与之相关的成本，例如：检验成本、检验设备、检验员工工资、审核费、认证成本、检查监督成本等。

内部损失成本

内部损失成本是指向顾客交付产品或者服务前所发生的成本，例如：废品、不合格品的评审、返工返修、重新检验、降级和效率低等。

外部损失成本

外部损失成本是指向顾客交付产品或服务期间和之后所引发的成本，例如：顾客索赔、顾客投诉处理、保修、顾客退货、产品召回和政府处罚等。

项目质量成本

对于项目而言，虽然交付的往往不一定是一个成熟的产品，但是仍然会有质量成本的发生。基于阿曼德·费根堡姆对质量成本的定义，可以理解项目质量成本是为了确保项目满足规定要求的费用以及因没有满足规定要求导致的损失，是项目总成本的一个组成部分。项目中质量管理成本的可塑性较大，如果过度关注质量，则会影响项目的进度，且导致成本上升；如果没有质量管理，又会使后续的返工和运维成本过高，因此项目中的质量管理需根据实际情况采取适当的方式进行。

在对项目质量成本进行评估时，我们可以将项目质量成本构成分为预防成本、鉴定成本、内部损失成本和外部损失成本四部进行分类与评估（见表6-5）。在四类成本构成的基础上，将每一类分解为更细的成本细项，每一个细项赋予一定的权重比例便于对项目进行同步的质量考评，并为项目管理层提供质量对项目的影响的决策依据。同时也可以通过此表定期对项目质量成本进行分析以了解项目成本发生情况，以有效降低项目成本，提高项目效益。下面以SAP ERP项目为例，我们可以参考表6-5进行项目的质量成本评估。

表6-5 项目质量成本评估表（示例）

质量成本构成	成本细项	权重	估算金额（元）
预防成本	质量培训费	10.10%	50,000.00
	质量活动	4.04%	20,000.00
	质量改进措施	14.14%	70,000.00
	工资及福利基金	32.33%	160,000.00
	小计	60.61%	300,000.00
鉴定成本	软件功能测试费	4.04%	20,000.00
	质量人员成本	6.06%	30,000.00
	设备投入与维修费	10.10%	50,000.00
	小计	20.20%	100,000.00

质量成本构成	成本细项	权重	估算金额（元）
内部损失成本	沟通成本	2.02%	10,000.00
	返工费	6.06%	30,000.00
	系统故障处理费	4.04%	20,000.00
	小计	12.12%	60,000.00
外部损失成本	索赔费	3.03%	15,000.00
	折价费	2.42%	12,000.00
	维修保障费	1.62%	8,000.00
	小计	7.07%	35,000.00

在完成表 6-5 的项目质量成本评估表后，在后续的项目质量成本管理中就可以针对项目的质量成本进行定期分析，并找出偏差，采取措施。如果需要更直观地反映项目质量成本的构成情况，可以将表 6-5 制成饼图，如图 6-8 所示。

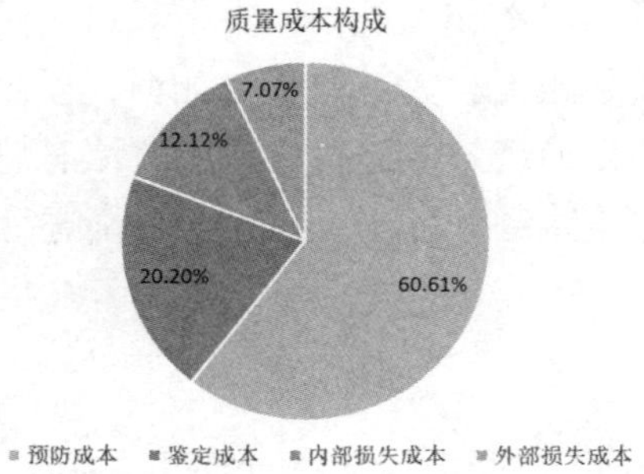

质量成本构成

质量成本构成	估算金额（元）	权重
预防成本	300,000.00	60.61%
鉴定成本	100,000.00	20.20%
内部损失成本	60,000.00	12.12%
外部损失成本	35,000.00	7.07%
总计	495,000.00	100%

■ 预防成本　■ 鉴定成本　■ 内部损失成本　■ 外部损失成本

图 6-8　项目质量成本结构分析饼图

项目经济效益评估

信息化建设项目经历了从起步到发展的阶段。随着信息化项目越来越多，在项目建立与实施过程中，有成功也有失败。在信息化建设相对成熟的今天，很多企业都对自身即将建立或已经建立的信息化项目进行合理经济效益评估的需求。科学的项目经济效益评估，既可以帮助企业了解项目所预计产生的价值，以作为企业投资项目的决策依据，也可以帮助企业验证已完成项目所产生的真实价值，并进一步评价项目建设的必要性，为企业在后续进一步投资提供真实的参考依据。

从企业经营角度看，企业的任何投资行为都需要考虑其经济效益或社会效益，信息化建设项目尽管成了企业必不可少的项目，但对一个企业来说也是一笔较大投入，所以也需要考虑其经济效益。但是现在存在的一个普遍难题是，信息化建设项目不同于产品，能够核算成本和收益，从而知道其经济效益。理论上看，项目也可以提前核算其成本和收益，但由于项目在进行过程中的变化情况比较多，很多时候与实际相差较大。但不论如何，项目仍然有必要进行其经济效益评估，目前对项目经济效益进行评估的方法有总体拥有成本（TCO）、经济增加值（EVA）、总体经济影响（TEI）、平衡记分卡（BSC）、投资回报率（ROI）等。

总体拥有成本（TCO）

总体拥有成本（total cost of ownership，TCO），是用来评估一个产品或系统从购置到使用的整个生命周期中所发生成本之和，TCO是一种分析模型（如图6-9所示）。它可以帮助组织来考核、管理和削减在一定时间范围内获得某项资产的所有成本，它可以协助企业专注现有的问题，合理解释必须更换的原因，并且持续提供成本管理与分析。是一种企业经常采用的技术评价标准，TCO在实际应用中有如下优点和缺点：

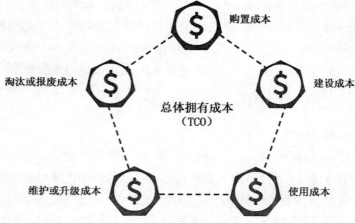

图 6-9　总体拥有成本的关键组成部分

优点

TCO 的突出优点是在某个产品或服务购进的初期人们对其将来可能要投入的成本尚未清楚的时候，提供了一种强有力的成本估算方法。

缺点

总体拥有成本的不足之处在于它通常被孤立使用，所提供的仅仅是一种关于产品或服务非常狭窄的成本评估方法。TCO 完全地不考虑利润，但企业关心的往往不只是选择最便宜的产品或服务，还需要考虑选择最能给企业带来最优投资回报的产品或服务。

从 TCO 的优缺点分析可以看出，对项目而言，采用 TCO 进行经济效益评估的话，TCO 能告诉企业如何采购价格最低的项目，但不能帮助企业选择投资回报率最优的项目。

经济增加值（EVA）

经济增加值（economic value added，EVA），即指税后净营运利润减去投入资本的机会成本后的所得。经济增加值使管理者不得不权衡所获取的利润与所投入的资本二者之间的关系，从而更全面地理解企业的经营。经济增加值的特征是注重资本费用，即管理人员在运用资本时，必须为资本付费。

平衡记分卡（BSC）

平衡计分卡（balanced score card，BSC），源自哈佛大学教授罗伯特·卡普兰（Robert S. Kaplan）与诺朗顿研究院（Nolan Norton Institute）的执行长

大卫·诺顿（David P. Norton）于1990年所从事的《未来组织绩效衡量方法》一种绩效评价体系，其目的在于找出超越传统以财务量度为主的绩效评价模式，以使组织的策略能够转变为行动。经过将近30年的发展，平衡计分卡已经发展为集团战略管理的工具，它能在集团层战略规划与执行管理方面发挥非常重要的作用。

投资回报率（ROI）

投资回报率（return on investment，ROI），是指企业从一项投资性商业活动中可获得的经济回报，是衡量一个企业盈利状况所使用的比率，也是衡量一个企业经营效果和效率的一项综合性的指标。投资回报率的计算公式为：投资回报率（ROI）=（税前年利润÷投资总额）×100%。同理，企业在信息化项目中的投资回报率就是指企业从投资到信息化项目中可获得的经济回报。根据ROI的公式，得出项目的投资回报率 =（项目税前年利润 ÷ 项目投资总额）×100%。

定性评估

项目中的定性评估是指通过一些定性的指标对项目的好坏做一些评估，例如用户的满意度、项目过程的体验感、项目交付系统的操作便利性等。在做定性评估时，可以根据定性评估的目标设定一些调查问卷，如对用户满意度的评估，就可以通过设定满意度调查表来完成。

信息类项目经济效益评估方式存在的不足

如前文介绍，尽管目前已有一些相对成熟的评估方法可借鉴并应用于信息类项目的经济效益评估，但在实际信息化类项目中的应用效果并不好，且没有得到广泛的应用，笔者通过考察以及对相关资料分析与对比，总结出如下原因：

一是现有的经济效益评估方法针对性不强。前文介绍到的几种经济效益评估方法，由于它们的知识体系的积累并不是源自项目管理，而是来自产品的生产管理，因此当它们应用于信息化类项目的经济效益评估时，就出现很多不足，得到的数据也缺乏说服力。

二是现有的经济效益评估方法缺乏有效的参考数据与标准。前文提到的几种经济效益评估方法中使用的数据、指标、模型和判别标准不能直接拿来应用在信息类的项目评估上，也没有一些行业或者标准数据作为参考，以衡量计算的指标是否具有实际指导意义，例如投资回报率（ROI），信息类项目的投资回报率应该处于什么样的标准算是合理。

三是现有的经济效益评估方法缺乏可操作性。信息类的项目周期不固定，有的长、有的短，因此通过现有的一些经济效益评估方法对项目进行评估缺乏可操作性。如经济增加值（EVA），实际上很多信息类项目的建设初期通常没有利润，甚至交付一段时间后还很难看出明显的经济效益。

总体来说，对信息类项目进行经济效益的评估还处在初步发展阶段，必然会存在一些不足，但是我们仍然可以将前文介绍的一些经济效益评估方法应用到实际项目管理中，并在应用的基础上进行总结与提高，以改进现有的经济效益评估方法，或者衍生出更适合信息类项目经济效益评估的方法。

【案例与评析】

案例一：ICI的财年报表

英国ICI表示由于一个失败的SAP供应链软件的实施，导致其两个财年总体亏损约在2300万英镑。根据ICI的发言人表示，这2300万英镑的损失分别是项目应用后公司第一个财年亏损了1800万英镑，第二个财年将会损失500万英镑。ICI认为导致这种巨额亏损的直接原因是一个基于SAP供应链软件的项目，这个项目也叫Q-Star项目。ICI曾希望通过实施Q-Star项目，将实现在2004年节省2000万英镑的目标，但结果确让这一切都付之东流。

案例二：东阿"一把手"

地处偏僻落后地区的东阿，希望企业的发展尽量符合现代企业的要求，因此东阿决定上ERP实际上是出于企业进一步现代化发展的需求。面对激烈的市场竞争，东阿意识到没有一套先进的管理信息系统是不可能实现的。但是，企业需要什么不需要什么和企业的发展阶段有关，当企业发展尚未达到一定阶段的时候，无论怎么启发，要么听不懂，要么无能为力。东阿正是走到了必须要上ERP的节骨眼上，因此从来没有对自己的决定犹豫过。所以说，ERP能不能接受与企业发展阶段关系密切。东阿负责人认为，企业根本不规范，想改报表就改报表、想做假账就做假账是行不通的，上ERP，必须使企业内部有民主法制的思想以及开放的心态。

在实施ERP前，东阿有初步的计算机信息系统，但是各管理系统相对独立，开发环境和应用平台差异很大，信息代码没有统一的标准，应用水平也参差不齐，信息孤岛现象严重。一年多后，东阿ERP实施成果已经在财务、生产、库存以及销售、办公自动化等方面得到体现，对资金的需求计划纳入管理的高度，实现了对资金运用的有效监控，生产流程和生产过程也更规范，形成了对生产过程的严格控制和跟踪，对销售发货及业务流程得到了规范，库存管理也进行了整顿，并按照标准严格划分了货区、货位，并对库存物资进行了分类，做到了科学管理，对企业的组织机构进行重新规划，实现了组织机构扁平化，最终产生了明显的直接经济效益和间接经济效益。

评析

时至今日，当我们再次阅读以上两个案例时，不会感觉到它们都是发生在十几年前的故事，会感觉它们仿佛就发生在昨天，因为类似的故事如今仍在我们身边轮番上演。项目成败没有地区和国界之分，但有比例之分，先进地方的项目整体成功比例偏高，落后地方的项目整体成功比例偏低。

对企业来说，衡量项目成功与否的一个重要指标就是看项目是否给企业真正带来了直接或者间接的经济效益。既不是投资越大的项目就越成功，也不是引进最好的产品、组建最强的团队和采用最先进的技术就一定能成功。成功的关键在于企业有没有结合自身的战略规划和所处环境抓住恰当的时机、引进恰当的产品、组建恰当的团队和采用恰当的技术，在合理的投资回报范围内，循序渐进地推进企业项目的建设，并且在项目建设的过程中，除了要有明确的目标和行动计划，还需要做好成本和质量的全面管理。

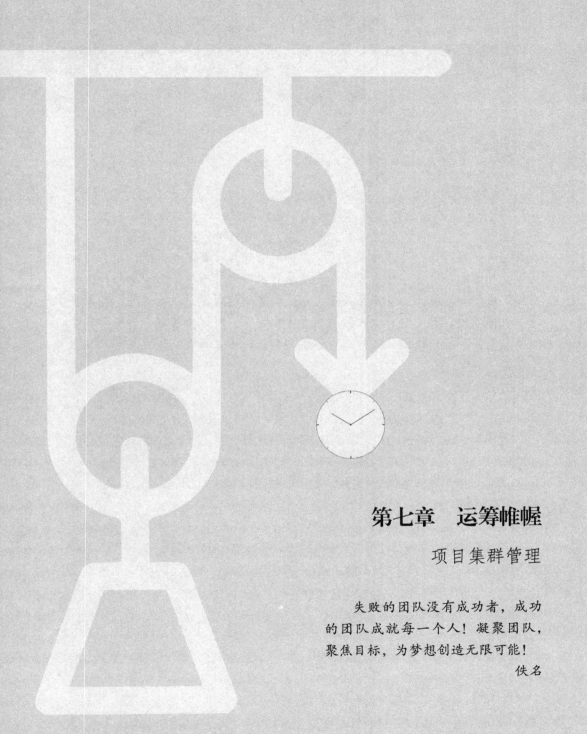

第七章　运筹帷幄

项目集群管理

> 失败的团队没有成功者，成功的团队成就每一个人！凝聚团队，聚焦目标，为梦想创造无限可能！
>
> 佚名

"一个团队打造整体性的方式决定了它的成功。你可能拥有世界级的闪耀明星个体选手，但如果他们不合作，俱乐部将一钱不值。"如果说单个项目的管理有挑战的话，那么对一个项目集群的管理那就更具有挑战，而且所被挑战的地方也不完全一样。因此在进行项目集群的管理中，所面临的挑战和需要解决的问题将更加复杂与多变。在这种多变的环境下进行管理，既考验一个人的能力，更考验一个人的意志力。作为项目集群的管理者，要具备在纷繁复杂的环境中理出关键的问题和解决办法，并带领整个项目往前发展的才能。

项目集群管理

项目集群管理（program management）是指为了实现组织的战略目标和利益，而对一组项目进行的统一协调与管理，所以项目集群管理有时也属于组织级别的项目管理。项目集群在组织所属多级项目中的定位如图 7-1 所示。

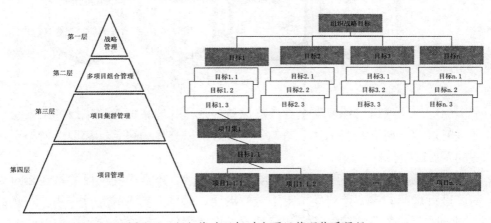

图 7-1　组织战略目标对应项目管理体系层级

在图 7-1 左边三角层中，我们可以看到项目集群管理处在第三层，在上层还有多项目组合管理和战略管理，在下层就是单一的项目管理。从图 7-1 的右边项目分解层级可以看到，企业将其组织战略目标分解为若干二级目标，二级目标中有一些是通过多项目组合来完成，在多项目组合下会有不同的项目集群，每一个项目集群下面管理多个独立项目。

经过多年的发展，项目集群管理也有比较成熟的管理原则和管理方法论，下面我们分别从项目集群的管理原则、沟通管理、范围与期望管理、计划与制度管理、成本与质量管理和收尾管理六个方面进行阐述。

项目集群的管理原则

项目集群通常会管理多个独立的项目，并且不同项目的目标、范围、周期和人员组成也不一样，所以在管理过程中面临涉及面广和团队成员较多的情况。这些错综复杂的人际关系、专业技术，如果再遇上其他例如外界干扰和频繁的人事变动等情况，将会使项目的管理变得更加复杂，因此在项目集群的管理中，要遵循如下八大原则，如图7-2。

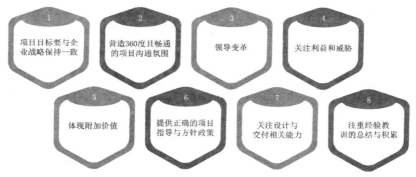

图 7-2 项目集群管理的八大原则

原则一，项目目标要与企业战略保持一致。一般集群类的项目都来自企业战略规划，属于企业总体战略的一部分。所以整体项目目标需要保持与企业的发展战略目标一致。

原则二，营造360度且畅通的项目沟通氛围。集群类的项目要站在相对高度进行沟通，需要始终保持上下游的沟通，起承上启下的关键作用。即从上到下需要把企业的战略目标和落地要求沟通到位，确保各分子项目能够清晰地认识到企业战略目标和对各项目的要求；从下到上需要了解项目的执行情况，并疏导从下到上的沟通渠道，确保项目的沟通畅通和协作通畅。

原则三，领导变革。对于项目集群的管理者，更多的不是在关注具体每个项目的进度，而是关注在项目的变革方面，并且能够引领各个子项目朝着企业战略变革的方向走。

原则四，关注利益和威胁。整体项目集群作为企业战略的一部分，承担着效益和利润考核的要求。因此作为项目集群的管理者需要关注整体项目的利益，以及项目中存在的威胁。

原则五，体现附加价值。

原则六，提供正确的项目指导与方针政策。

原则七，关注设计与交付相关能力。

原则八，注重经验教训的总结与积累。

项目集群的沟通管理

项目集群在沟通管理上更关注管理层的需求及满意度，在沟通的难度上也更高，每次沟通需要提前收集与整理的信息量也多。

项目集群的范围与期望管理

项目集群首先关心各子项目范围是否符合整体发展目标，并且符合企业战略发展的需要。

项目集群的计划与制度管理

项目集群通常会有一个与企业战略层匹配的计划，这个计划会属于战略规划性质的项目主计划，此项目集群的主计划会下发到各个子项目，由子项目经理依据主项目集群计划编制各自子项目的主计划。

项目集群的成本与质量管理

项目集群首先进行总体经济效益评估，并制定出总体的总成本和质量管理要求，然后再细分到各个子项目，由子项目做进一步的分解。

项目集群的收尾管理

项目集群收尾周期比较长，收尾的要求也比较高。在最终项目收尾时应该是联合收尾，即只有完成了各个子项目的收尾工作，那么这个项目才算是真正的完成。

项目管理与项目集群管理

在广义项目管理中，除了单个项目管理，还有多个项目管理、项目集群管理、项目组合等管理模式，他们之间的关系如图 7-3 所示。从图中可以看出随着管理的项目越多越复杂，项目所覆盖的范围，跨越的程度也不一样。因此不同的项目管理模式下，管理者所应该关注的侧重点也会不一样。

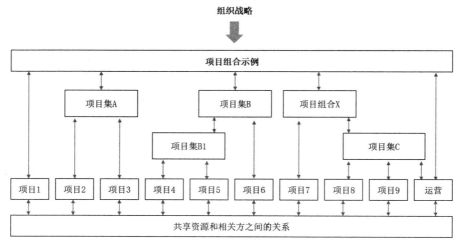

图 7-3　项目管理模式及结构

　　项目管理在前文已有了很详细的介绍，项目是项目集群中的一个子项目，目标、项目成员组织和范围相较单一，整个管理仅关注单个项目发展进度，而项目集群的管理更多关注协调的管理，其不论在团队组织架构、岗位设置，还是在沟通方式、计划模式以及成本控制方面都有区别。在实际项目管理中，有部分人误认为小项目就是项目管理，人多事多的大项目就是项目集群管理，实际上集群项目应该是由许多具有独立目标和独立团队的子项目组合而成。项目和项目集群管理可以从如下几个方面来了解他们的不同，见表 7-1。

表 7-1　项目与项目集群管理的对比

对比项	项目管理	项目集群管理
组织架构	单一组织结构，更多关注项目内成员职责与分工	复合组织结构，更多关注跨项目成员结构、资源的优化配置、统筹协调
沟通管理	纵向沟通，更关注项目内沟通，方案沟通和进度沟通	横向沟通。更多关注项目间沟通、集成业务以及集成方案的沟通。
计划管理	单体项目进度	总体项目的协调
成本管理	单个项目单体成本	协同项目综合成本
质量管理	单个项目质量	整体项目交付质量
收尾管理	单一项目独立收尾	联合收尾

从表 7-1 可以看出，同项目管理相比，项目集群管理以项目间集合管理为核心，是为了实现企业级战略目标与利益，而对一组项目进行的统一协调管理；项目集群管理更贴近战略方面的管理，而且与企业的战略黏合度更高；项目集群管理需要管理相互依赖的各个项目间的进度协同、总体成本和质量目标。项目集群管理在沟通机制方面更强调在总体目标下的项目间沟通与协作，如图 7-4 所示。

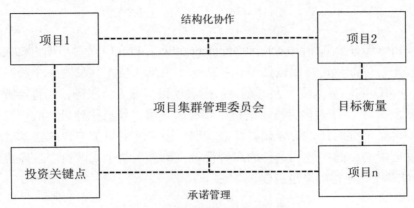

图 7-4　项目集群的管理与沟通机制图

项目集群管理不直接参与对每个项目的日常管理，所做的工作侧重在整体上进行规划、控制和协调，指导各个项目的具体管理工作。

项目管理办公室

项目管理办公室（project management office，PMO）是对与项目相关的治理过程进行标准化，并促进资源、方法论、工具和技术共享的一个项目管理组织。PMO 的职责范围可大可小，从提供项目管理支持服务，到直接管理一个或多个项目。随着信息技术的进一步深入发展，信息化建设类的项目管理已经不再是单纯的技术管理或者计划管理，而是需要更加综合的技术管理团队和管理能力，而要做到这样的综合管理，单靠一两个人没有办法完成，因此PMO管理就显得越来越重要。

项目管理办公室分类

我们常说的PMO 一般分为如下三种不同类型，它们对项目的控制和影响程度各不相同，例如：

支持型。支持型 PMO 在项目中担当顾问的角色，向项目提供模板、最佳实践、培训，以及来自其他项目的信息和经验教训。这种类型的 PMO 其实就是一个项目资源库，对项目的控制程度很低。

控制型。控制型 PMO 不仅给项目提供支持，而且通过各种手段要求项目服从PMO制定的各项制度及目标要求，这种类型的 PMO 对项目的控制程度属于中等，要求项目服从的内容可能包括：

· 采用一致的项目管理框架或方法论。

· 使用PMO制定的模板、格式和工具。

· 服从PMO治理要求。

指令型。指令型 PMO 直接管理和控制项目。项目经理由 PMO 指定并向其报告。这种类型的 PMO 对项目的控制程度很高。项目管理办公室可能会承担整个项目组织范围的职责，在支持战略调整和创造组织价值方面发挥重要的作用。PMO 从组织战略项目中获取数据和信息，进行综合分析，评估如何实现更高级别的战略目标的。PMO 在组织的项目组合、项目集、项目与组织考评体系(如平衡计分卡)之间建立联系。除了被集中管理以外，PMO 所支持和管理的项目不一定彼此关联。PMO 的具体形式、职能和结构取决于所在组织的需要。

综合上述对三种PMO类型的描述，为了便于读者理解，笔者将PMO的三种类型列出见表 7-2。

表 7-2　三种类型PMO对比表

PMO 类型	管控力度	管理范围
支持型	低	这种类型的 PMO 其实就是一个项目资源库，对项目的控制程度很低。他们向项目提供模板、最佳实践、培训，以及共享来自其他项目的信息和经验教训。
控制型	中	对项目进行适度管控。包括选拔与考核项目及项目经理和核心成员，参与商业谈判，拟定或审核项目主计划，监督项目进度、抽样项目质量、组织项目收尾及验收。
指令型	高	直接领导项目，PMO 成员会直接参与到企业战略规划中，并能够依据企业战略选型项目，以保障战略的落地。对项目的直接管理包括选拔与考核项目及项目经理和核心成员，参与商业谈判，拟定项目主计划，监督项目进度、保障项目质量、组织项目收尾及验收。

项目管理办公室价值评价

优秀PMO不仅是组织级项目管理体系建设的执行者，还是组织级改革的推动者和企业战略决策的传达者与支持者，且需要为组织的运营发展、统一协作创造更多的效益和价值。在对PMO的价值进行评价时，我们可以考虑从直接和间接两个方面进行评价。

（1）直接价值

直接价值就是指PMO在实际管理中可以量化的价值。从项目指标上评价有成本降低程度、工时使用程度、返工率、质量达成率；从业务指标上有业务效率提升对比、数据处理效率对比、项目投资回报率达成情况和企业业绩指标变化情况等。

（2）间接价值

间接价值就是指在项目实施过程中不能量化的内容，包括用户满意度、团队成长情况，这些何以通过调查问卷的形式进行评价。

管理者知识体系建立与积累

项目集群管理者在构建自己知识体系过程中，需要从如下几个方面入手：

· 基础知识。作为项目集群管理者，除了需要具备项目经理拥有的基本能力外，在沟通能力、综合知识和综合管理能力方面也需要有更突出的表现。

· 专业技能。掌握集成项目管理的专业知识，能熟练使用合适的集成项目管理与分析工具。

· 高阶管理技能。相比项目经理，集成项目管理经理不仅需要有团队管理能力，还需要有企业管理基本知识与技能。要能够对行业或者企业的发展战略有一定的认识，并能够准确地传达到各个项目组。

【案例与评析】

案例一：N克的"超级明星系统"

20世纪末至21世纪初，作为一家世界级知名时尚装备供应企业，为了加强其分散的信息系统与集中管理流程的友好配合，N克需要对其分散的信息系统进行集成。因此N克做了一次大胆的尝试，计划将ERP、供应链规划和CRM系统集成到一个平台，升级为"超级明星系统"。但在其部署供应链规划系统与ERP集成时出现了问题，最明显的问题是新系统的规划程序使用不同的业务规则并用不同的格式保存数据，使得集成变得非常困难，并且需要做大量的定制化工作才能使其与N克的老系统一起使用。对业务和企业的影响也表现在：（1）几千万个产品号使用时带来的压力让该新系统经常崩溃；（2）该系统会出现忽略一些订单、重复另一些订单的情况，更要命的是该系统在订单数据输入6到8周后会自动删除它们，最终导致有的产品生产出的数量比实际需求多上万件，而另外一个品种生产的又比需求的少几千件；（3）N克公司在系统上线的第二年第三季度销售额减少近1亿美元，股价也下跌了20%左右。

案例二：白药新"秘方"

白药集团从20世纪80年代中期开始，运用计算机技术在局部范围内辅助企业进行管理。1995年开始进行企业网络管理信息系统的开发，到ERP系统实施前，已基本实现了财务管理、设备管理、质量管理、人事管理、销售管理和仓储管理的计算机化管理，并建立了集团的Web网站。但这些系统由于一些设计或开发上的问题，使得集团缺乏全局总体规划与设计，信息集成度不高，各个子模块集成度也不高，业务系统与财务系统分离，不能适应现代审计和财务管理的要求；另外一方面也存在软件重组性差，不能适应企业流程重组的需要，导致授权与控制机制不完善，职能不明确。再加上随着集团业务的发展，原来使用的管理信息系统技术需要升级换代，引进先进的企业资源计划管理系统（ERP），以适应企业发展的需要很有必要。于是通过多方调研及认真评估，于1999年11月，白药集团启动实施"营销网络化管理系统"ERP系统。从1999年12月方案正式"敲定"到2000年3月系统正式运行，白药负责人先后在公司下了三个"红头文件"推广ERP系统的实施，有点儿出乎意料的是，电子商务公司的项目进展颇为顺利。2000年4月，白药集团又启动了"企业经营综合管理系统"，在此动员大会上，负责人感慨"现在不是做不做的问题，而是你适不适应这个系统并随着企业的发展而发展的问题！"从2000年4月到2001年上线运行，这一年多的时间，是白药信息系统实施的过程，也是白药发生翻天覆地变化的日子！而且这一段时间最大的变化，莫过于员工观念的改变，随着ERP成功实施，ERP系统已经在白药深入人心。谈起公司的信息化建设，白药人颇为自豪。但白药人清醒地认识到，ERP系统仅仅搭建了白药腾飞的基础，信息系统在白药战略部署中起重要作用，并且信息化的脚步也不会"停止"。

评析

ERP被公认为是企业信息化建设的难点。之所以难，不仅指企业在实施ERP时要经历一个痛苦的过程，其面临的各方面挑战也很多，且失败的风险也很大。导致项目失败的原因有很多，管理者的类型也会导致项目失败。有几种比较普遍的容易引起项目失败的管理者类型：第一类是理想主义者，即管理者过高估计了自身能力，过低估计了产品和技术的应用难度；第二类是技术主义者，即管理者认为ERP只是一个技术性质的项目，由企业信息技术人员搞定就可以；第三类是理论主义者，即管理者虽然认识到了ERP不仅是技术性质的项目，也是管理与流程的变革，但在实际实施中，管理层参与和执行却仍不到位。

白药实施ERP的成功，显然得益于从信息化建设一开始，白药的领导层就在思想上统一到了"管理的变革"这个企业战略层面上，由于实施的到位，白药的ERP系统在某种程度上确实带来了企业经营模式的变化，"解放"了管理人员，使他们能够腾出精力、分析市场、做出决策，企业由过去的"人治"逐步走向了"法治"。

新冠疫情进一步加剧了企业外环境的改变，信息技术更是得到了前所未有的重视，不论是实施ERP还是建立数字化企业，变革是必然，只有拥抱变化并将变革"落到实处"企业才能插上信息化的翅膀，展翅高飞。

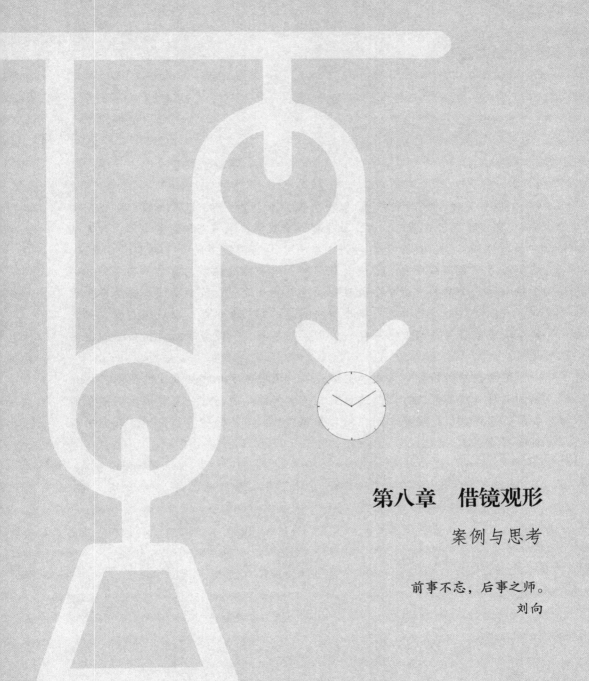

第八章　借镜观形

案例与思考

前事不忘，后事之师。
　　　　　　　　刘向

"以铜为镜，可以正衣冠；以史为镜，可以知兴替；以人为镜，可以明得失。"在实际项目管理工作中，如果能够有机会接触很多同行业案例，就能从中吸取经验教训，以至于在实践中能有效地规避很多风险、少走很多弯路，案例是人们在实践中发生的带有普遍性、代表性的典型且富有重要意义的一个事件、一个事例或者一个故事的发生与发展演变过程。案例来自生产生活中，人们通过对它的分析并提出解决问题的办法与思路，以获得启发，并能提炼事务的普遍性与发展规律，为后续的学习、研究与生活提供重要的借鉴作用。

　　信息技术仍将如火如荼地向前发展，迈向数字化和智能化的我们仍然会碰到各种各样的困难，因此通过对相关案例的学习与分析，我们不仅能学到如何管理好项目，也能学到在项目管理中如何与不同的人打交道，以确保项目的圆满完成。

案例分析法

案例分析法（case analysis method），又称个案研究法，是由哈佛大学于19世纪80年代开发完成，后被哈佛商学院用于培养高级经理和管理精英的教育实践。案例分析法是对具有代表性的事物或现象进行深入而周密的研究，从而获得总体认识的一种科学分析法。

常用的案例分析法有对比分析法、外部因素评价模型、内部因素评价模型、SWOT分析法、三种力分析法和五力分析法。案例分析法其具体分析步骤为：①依据分析目的，选择有代表性的事件作为分析研究对象；②全面收集有关被选对象的资料，包括直接资料和间接资料；③系统地整理收集到的资料，依据分析研究的项目和内容进行分类；④对所要求分析的内容进行逐项分析研究；⑤对各项分析结果进行综合分析，探求反映总体的规律性认识。

本章是从过往的项目中，按照管理类、技术类和其他类三部分，摘录部分具有代表性的案例进行描述，用以点带面的形式阐述部分行业中存在的普遍性问题，以供读者借鉴，并启发思考。

管理类案例

在企业信息化建设过程中，尤其是复杂信息系统的建设，管理及管理层对项目成败起决定性作用，但遗憾的是出问题最多也都在管理上面，而非技术本身。一个项目的管理涉及很多方面和很多关键角色，例如甲乙双方一把手的重视程度、高层管理的重视程度、发起人和核心团队的重视程度。了解和分析实践案例，有利于通过借鉴过去的信息化建设中存在的问题，进行分析与思考，以提高实际项目的管理关注度和能力。德鲁克说过管理学就是实践经验学，管理来自实践也应用于实践。

我是老板我任性

在笔者经历过的项目中，其中有两个项目的老板是属于神秘型的老板，之所以用神秘来比喻，是相对项目而言，以及他们对项目的关注度来衡量。这两个项目，其中一个项目，是从项目开始直到项目结束，从未见到老板在项目中出现过，也没见其参与任何一个项目的活动；另一个项目，是能见到老板但是程序比较复杂，要提前一段时间预约，或者一周或者几周，并且事无大小，每次预约还需要劳师动众地准备汇报材料，在准备材料的过程中还需要揣摩老板的想法、需求和会不会发飙。第二位是给笔者印象最深刻的一位老板，明明他的办公室是玻璃墙、且门口大开着，但是从上到下不管企业高层、中层还是普通职员，见他的都需要提前预约，少则一天多则一周。这也是笔者经历过的众多企业的最特别的一种情况。本以为这样做是老板的管理艺术所致，以有利于老板有序安排各项工作也能督促上下级科学、谨慎行事。通过一段时间的观察和与企业不同同事沟通下来，发现所有的企业员工包括管理层都并不这么认为。大家都尽量想方设法避免去找老板沟通事情，如果实在是避不开要与领导汇报，例如经营汇报、述职或某一个被老板点名需要汇报的议题等，都需要提前很长时间开始准备材料。琢磨很多事情，例如到底要不要讲、怎么去讲，小到担心用字是否引发领导发怒和PPT的格式是否美观，总之一直处于非常紧张的状态，以至于有一部分人会因此而影响正常的工作与生活节奏。笔者看了一下他们的材料，实际上他们尽管很努力但是其实还不太适合编制材料与做报告，毕竟很多人的专长不在此，而是把他的本职工作做好，要他们写PPT材料和做汇报，就有点像让马能飞一样。

之所以将此案例进行收纳与阐述，并不是想表达做项目就一定要见老板。主要为了说明一个现象，那就是企业信息化中老板的重视和参与程度对项目的影响。在笔者所经历过的信息化项目中，遇到过形形色色的老板，不同的老板对项目的态度都不一样，对项目的质量和结果影响也就不一样。但有一个比较普遍的现象就是老板对项目的关注度越高，项目的达成率就越高，否则就越低。这一个现象在美国PMI 2018年的《职业脉搏调查》报告也有表明，报告中的数据显示发起人支持不足是项目失败的主要原因，其中有41%的绩差组织称发起人支持不足是项目失败的主要原因，17%的冠军组织称发起人支持不足是项目失败的主要原因。很多项目的发起人往往是老板或者老板指定的高层，因此发起人对项目的影响起决定性作用，而老板是甩手掌柜的项目通常从进度、质量和目标达成上不是太好，甚至有时会导致失败。这里所谓的关注不是限于参加合同签署仪式、参加启动会发个言、听几场重要的汇报就算是关注度高，而是从企业战略上和实际推动力上给予重视和支持。否则，任性的老板总是需要花更多的钱和时间去为自己的任性买单。

思考：企业的信息化、数字化的受益者是谁？谁最终会为失败的项目付出代价？

赵会计不快记

在ERP项目中，都会提到业财一体化，业财一体化的重头戏体现在财务端，因此必然需要与财务打交道。在一个项目中非常特别，因为这个项目有一个赵会计，每次说到要去找赵会计谈项目上事情的时候，大家心里都发怵，因为都觉得与她沟通起来实在是有些艰难。每次去找她要么是她很忙不搭理你；要么就是提出各种各样的不切实际的需求搪塞你；要么前脚刚沟通完，后脚就电话打到公司负责人那里进行投诉。所以如果没有特别的事情且逼不得已，大家都不愿意去找她。

通过这些年的项目观察发现每个会计同仁们忙是普遍现象，几乎没有哪个公司的会计不忙，尤其到了每个月月底，由于要出各种数据和报表，因此财务部门都会忙得热火朝天。因此令信息化建设团队最为重视的不是张会计、李会计，就是王会计、赵会计等等。每个企业的财务对项目的影响力度仅次于老板。但他们对规则的坚持、固执和守旧又一点也不亚于搞信息技术的同仁，因此这样两种个性鲜明的人共事，往往容易产生矛盾与争执。但是对于一个业财一体化建设的项目，财务是整个项目的关键，如果财务没有能够从公司战略、财务管控、业务运营和实际财务操作这几个方面进行思考与推进项目的话，那么其后续的影响会比较大。但如果过分强调财务重要性而忽略业务规律时，对企业带来的影响也比较大，其制定的很多规则就如枷锁似的将企业捆得死死的，以至于会制约企业的发展，使企业缓慢不前。

很多企业尽管意识到了财务在信息化建设项目中的重要性，但是仍然没有理解其重要性的本质，因此在实际操作过账中仍然显得欠规划、欠考虑和执行粗暴。而且在实际中"赶鸭子上线"的现象比较普遍。最终的结果就是项目中合作不快，项目上线后企业使用不顺利，甚至会制约企业的发展。

在整个企业信息化的发展历史中，虽然财务走在了前面，信息化也始终与财务有着千丝万缕的联系，但是财务在信息化建设中作用仍然并不乐观，陈旧的知识、固执的想法、谨小慎微与高姿态矛盾的想法、对自身企业业务的低认知程度和对信息化的理解严重不足都会对企业信息化的建设带来很大的影响，轻则导致信息系统没有发挥出应有的价值，重则导致信息化变成禁锢企业的紧箍咒，而且这种失败的信息系统对一个企业的影响少则几年，多则十几年，甚至几十年。

思考：在企业信息化建设过程中，财务应该扮演什么样的角色？财务的价值体现在哪里？

像小蜜蜂一样的项目经理

项目经理通常是项目中最忙的那一位。当你走进某一个项目时，要找项目经理，你找那个最忙的一般错不了。曾经的一个项目，当时合作双方都是国际化大公司，乙方项目经理总是很忙碌，这是笔者见过的最忙碌的项目经理，事无巨细一概包揽，尽管有时很疲惫，但是还能看出他强打精神要去处理好每一件事情。有时看到他忙碌的状态，笔者都不忍心再去找他商议项目上的事情，因为项目经理出身的笔者有一种莫名地心心相惜的感情。尽管这位项目经理每天像小蜜蜂一样忙碌，大会小会、从上到下的沟通，但总是错漏百出，很多事情都是沾沾手就放下，半吊子的事情特别多，对外没有与客户建立良好的关系，对内没有建立良好的管理制度。很多时候笔者不能理解的是，作为国际大公司，手下那么多精兵强将，但还是很忙就不太合适。作为乙方的项目经理，所需要面对的客户方管理团队通常不止一个人，尽管项目大小不同，人员数量不一样，但都不会少于三个人（项目经理、总监和业务负责人），并且他们的需求通常综合且多样化，因此与他们打交道就已经不是一件小事，如果项目上所有的事情都亲力亲为，事无巨细，那一定会比蜜蜂还忙。

为什么忙碌的总是乙方项目经理？因为乙方项目经理通常都需要处理三个方面的事情：客户的管理需求、项目的进度管理、公司的管理需求。客户关系需要协调，以便与客户建立良好的客户关系，保障项目的满意度；项目的进度需要管理，因为项目按小组分组，各小组只能管理各小组的事情与进度，在总体推进上仍需要有人来做；公司需要对项目进行管理，也有很多的制度、进度、资源等事情需要遵循与协调。如果项目经理没有经验，或者不能有效处理这三方面的事情，就会忙得不可开交。

还有一种现象是，在实际项目管理中，很多项目经理承担的是项目经理角色，但是做的却不是项目经理的工作，常见的现象有：项目经理把自己当技术顾问用，将大部分精力投入到技术的研究和攻关中；项目经理把自己当保姆用，事无巨细，所有的事情一概包揽，有一种虱子多了不怕咬的慷慨气概；项目经理把自己当高层领导，整天热衷于谈规划、谈理想和搞派系斗争。

思考：项目经理的核心价值是什么？项目经理应该如何创造更大的价值？

别人家的顾问

在谈及自己孩子时，很多父母总是羡慕别人家的孩子，总觉得别人家的孩子要么乖巧聪明，要么勇敢有才华。可这种别人家孩子的情况，在信息化项目合作中也有，只不过是"别人家的顾问"。

曾经的一个项目，在两家公司的项目合作中，出现了一个专门针对项目顾问资源进行来回拉锯的情况，项目从合同签署后一直处在面试顾问、更换顾问、再面试顾问、再更换顾问的过程中，业主方总是不满意到达现场的顾问，不是这里不行，就是那里不行，总觉得还有好的顾问在"别人家"，结果导致顾问换了一茬又一茬，最后项目经理也换了好几任还是没把项目按时交付好，直到一年多后才完成上线，其中的双方损失可想而知。

尽管这种大规模来回更换顾问资源的情况并不多，但是经常要求更换顾问的情况却并不少见。一种场景是业主方总觉得现场的顾问不好，需要更换更好的顾问，结果换来换去越来越不合适，但白白耽误了项目的进度，得不偿失；另外一种场景是项目经理总觉得自己团队的某项顾问不合适，今天要换这个，明天要换那个，总觉得好的顾问怎么都在人家项目上，这也导致最终项目不如意，而且整体交付质量也不高。

出现这样的现象，一是市场的成熟度还不够，从公司到从业人员鱼龙混杂，一些不按商业规则和职业操守做事的人使得大家不得不小心；二是从客观的角度来看，通常很难要求一个团队中的每一位成员都非常优秀。在现实中，这比中到一等奖的彩票还要难。但从业主企业角度看，花了巨额的钱当然希望请到最优秀的团队为自己服务，这个可以理解。但项目中不是一定要每一个团队成员都很优秀才能把项目做好，而是需要通过合理的人员配置和良好的管理方式来成功交付，即通过完善的机制、合理的制度和优秀管理能力来把人用好、把事情做好。

别人家的顾问就像别人家的孩子一样，可遇而不可强求，但作为一个项目，不要太过于强调个人能力，而是需要着重考虑如何通过有效的管理和合理的资源配置来充分发挥团队的效率，兵熊熊一个，将熊熊一窝。

思考：什么样的顾问算是好顾问？顾问的关键价值应该体现在什么方面？

无钟全会

会议是每一个项目必不可少的沟通方式，但会议的关键在于在既定的时间内将既定的内容沟通完成，一个好的会议需要有明确的主题和明确的时间要求。在曾经的一个项目上，每次开会笔者都会下意识地带上水杯，因为很多时候笔者都不太确定要参加的这个会议开多久、什么时候结束。有一次是项目蓝图接近尾声的一个阶段性高层沟通会，原本此会议是计划两个小时结束，但结果从下午 5 点一直开到晚上 12 点才结束，当大家都从会议室走出来时，已经是昏昏沉沉的了。但笔者回顾了下此会议，发现并没有解决实际的问题，整个会议严重偏离了会议的目标，类似这种情况在此项目比较常见，只要一开会，其会议时间就不会低于 1 个小时，有时要 8~9 个小时，甚至傍晚开到凌晨几点。会议太多太长的情况在另外一个项目也出现过，曾经很多次有此项目同事或者用户找笔者探讨这个事情，有一点大家能达成共识的是都觉得会议开的时间太长实际效果并不好，容易分散注意力的同时也耽误大家时间。但是当笔者问他们，你们有什么更好的建议或者办法时，除了说要提前准备、控制话题、分会议讨论、加强主持外，也都表示没有更好的办法，为了进一步寻找可参考的建议，笔者常常拿项目中一些会议的实例与他们分析，也表示没有更好的办法。针对这样的现象笔者尝试过很多办法，例如提前做好充分的准备与沟通、减少会议的次数和非关键人员、针对会议主题进行一些引导和提前沟通、加强会议的强势干预等，在某些地方和某些场合会有作用，但是换一个时间和场合又不会有太多作用。通过这些年的观察和总结来看，会议的多和长主要有如下几种因素会影响。

（1）准备不足。这里的准备不足包括会议主持者和参会人员双方都准备不足，而导致准备不足的进一步的原因有大多数是手头上工作比较忙，快节奏的工作使得大家都没有时间去考虑太多，准备太充分，因此都是匆匆赶场，大家都现场发挥。

（2）对象不明。有很多会议参会对象不明确，很多时候是参会的人与会议主题和内容不匹配。这里一方面是会议通知没写清楚，另一方面原因是人手不够派代理参加会议的现象。笔者看过很多会议通知，最简短的是就一个标题，标题还有点看不懂，其他的时间、地址、议程和要求参会人员一概没有。另外一个原因是，很多被邀请的与会人员，实际上他非常清楚会议的内容和主题，但是由于各种原因不能亲自参加，因此就请部门其他同事代为参加或者安排下属参加。

（3）沟通不畅。很多会议的与会者，有两部分比较明显的人，一部分人是会议从头到尾不发一言，不论会议上谈论的内容是否与自己相关；另一部分人表现欲很强的人，他们大部分不顾会议主题、不顾别人的时间也不顾内容的相关性，急切地希望将自己的理解与想法灌输到每个人的脑海中。

（4）强势干预。这种现象主要出现在高层管理者身上。一些高层在参加会议中会不顾会议主题而按照他的想法和意愿强行主导会议的进度和发展方向。出现这种现象，要么是会议准备不充分；要么是会议传达者没有将会议主题及高层参加的要求传达到位；要么是会议的专业性偏强，有一些高层管理者理解不了，但又不愿受制于会议；要么是出于某一些因素的考虑，高层管理者希望借此会议做一些工作。

从笔者个人的经历和总结来看，通常一个最有效的会议应该是在40~45分钟之间，相当于一节课的时间。有研究表明，幼儿的注意力在十几秒之内，青少年儿童的注意力十几分钟，成年人的注意力也不会超过1个小时。笔者也做过很多观察与尝试，实际也发现沟通效果最好的时间都在前面的40分钟左右，超过这个时间就会有人开始看手机、接紧急电话，然后开始开小会，如果会议一旦没有控制好后续的时间基本不会有太实质性的进展。

思考：会议的本质是什么？如何发挥会议的作用？

技术类案例

如果说管理对一个项目成败起决定作用的话，那么在信息化项目中，信息技术在项目成败中起着举足轻重的作用，因此也有很多技术对项目组产生了不同程度的影响。这些影响中大部分是正面和积极的影响，但是也有一些消极的影响，不同的影响会使得项目最终达成的效果迥然不同。

最贵的棉签

一个棉签的成本达 5 亿多人民币，这应该是世界上最贵的棉签了，这样一个棉签的成本相当于一架波音 737 飞机或五辆和谐号高铁的价格。相信在项目中遇见这种现象的人是极少数，笔者也不例外。当笔者第一次听用户反馈说 ERP 系统出现这样的情况时，曾一度怀疑是不是他们看错了，确定了之后，笔者也十分纳闷，因为这在笔者的过往经验中几乎没有遇到过。由于 ERP 系统和业务单据过于复杂，遗憾的是直到本书完稿，我们也没有查询出有完整依据的原因。初步评估出现问题的主要诱因是，一方面过于复杂的业务与自动化设计，加上前期的考虑不周全和测试不充分，使得问题没有在测试阶段被发现；另一方面是没有遵循系统设定规则而导致。

这个案例反映在企业信息化中常见的两个比较普遍性的问题。一是过高估计了信息系统的能力。一部分企业由于原有信息化建设过于贫乏和信息管理角色的长期缺位，导致企业中信息技术对业务的支持长期得不到满足和对信息技术认识的不足，因此当引进了一个知名软件时，企业自上至下都认为它能"包治百病"，上至行业分析，下至每一个订单操作，都恨不得点一个按钮就直接完成所有业务操作，有点久旱逢甘露的味道。但事实是，现实中并没有这种"包治百病"的系统，因为它违背了当前企业发展和信息技术发展的基本规律；二是高估了自己的能力。在一些项目中，一部分高层管理者和用户总是会凭理想状态去估计企业或者自己的能力，尤其是对信息技术一知半解和曾经有过部分经验的人总是会错误地高估自己的能力，还有一种就是技术人员会过高估计自己的技术能力而忽略了业务发展的客观规律。

勇气和经验固然重要，但在信息技术的应用过程中，不可忽略企业发展和信息技术发展的一些基本规律，更不可靠盲目自大和靠经验主义来进行信息化建设。

思考：在企业信息化建设中，我们应该如何有效地将技术和业务结合起来？

改不完的银企接口

曾经有一段时间笔者最害怕接到来自客户公司银企接口负责人（尤其是他们的项目经理）、客户领导、公司顾问、公司销售和公司领导的电话，因为笔者知道他们找笔者不会说别的事情，就是说关于银企直连的接口完成情况，这个事情来来回回沟通了好多次，但是仍然没有探讨出一个满意的结论。之所以害怕接电话，因为在当时情景之下实在是没有更好的办法，会议开过无数次、文档写过无数次、对接测过无数次，该说的，该做的都做过了，但是这个银企直连接口的进度却遥遥无期。每一次找用户沟通需求和进度的时候，总是说这个有问题、那个又不通；找顾问聊又说用户需求多、老是变更，想参考合同，又没有明确的约束内容；找专家支持人家也是丈二和尚摸不着头脑；如果重新梳理需求，全部重新做一遍，时间和成本都不允许，很多方法都尝试过了，还是没有太多的进展，几乎已经陷入项目黑洞。大家心里都有埋怨，但是也都没有更好的解决办法。

这个案例反映出三方面的问题，一是在前期合同洽谈中，双方均没有界定清楚关键技术和关键约束条件，使得后续项目在执行过程中双方都没有参考的依据，这样很难与双方领导层和负责人交代，最终只能以大家都觉得满意的结果为标准，因此项目无法对成本、范围和时间进行有效的控制，并耗费双方大量的资源；二是暴露出实施方案管理和实施经验的不足，即没有有效地引导和管理客户的期望，致使项目失去了控制；三是用户需求不明确，既没有提供有前瞻性的基于业务规划的需求。最终就是一种双输的结果。以上三方面问题在国内项目上比较常见，实际上这是一种市场不成熟的表现，导致此类结果，甲乙双方都有不可推卸的责任，双方出现超预期的损失。从另外一个方面也显露出当前市场大环境中还存在行业缺乏规则、管理不成熟和技术弱势的问题。

思考：在项目中如何有效降低信息技术的风险？

生产排程 2.0

2014 年我们在实施一个电子制造企业的 ERP 项目时，我们需要做一个生产排程的自开发程序，这个程序主要用来完成根据客户订单进行工厂生产排程，以确保按时交付产品。当我们将生产排程功能做到 2.0 版的时候，所有的参与顾问和用户几乎处于快要崩溃的边缘。所幸的是所有的同事们还是坚持到了 2.0 版本的上线。从最初的蓝图设计、到初步的开发再到 1.0 版本、最后修改到 2.0 版本，是一个极其艰辛的过程，方案讨论到凌晨、顾问和用户每天忙碌到深夜，这其中请教过专业人士和行业专家，方案也不断地被质疑、被否定和推倒重来，再加上环境的问题，所经历的艰辛是笔者至此遇到过的最艰辛的事情，可能也超过绝大部分业内人士的想象，如果回过头来再去做一遍的话，笔者相信当事人都没有人会再有这个勇气去做了。

这个案例主要反映出的一个最典型的问题是信息技术与业务需求存在的潜在矛盾。从整体大环境来看，除了信息技术创新型企业，在绝大部分行业中，信息技术的发展永远落后于业务的发展。因此当我们试图通过信息技术自动化来满足一系列灵活多变与错综复杂的需求时，总会显得无能为力，最终劳民伤财。生产排程 2.0 的这种案例并不是个案。这种情况的出现一般会有如下几种可能，一是系统底层技术架构导致；二是业务规则的多样化与不确定性导致；三是关键设计人员与关键技术人员对业务了解和技术难度的评估不充分，脱离了实践，太理想化；四是关键业务人员对自有核心业务的了解与认识不足，过于理想化；五是沟通不够或者沟通对象不准确，致使在形成底层架构、底层逻辑及系统流程时，没有得到充分的讨论和客观的评估，太片面。

思考：在信息系统的建设过程中，我们应如何在不违背信息技术发展规律的前提下，为组织谋求更大的经济效益或社会效益？

其他类案例

由于组成一个项目的变量很多，所以几乎每一个项目都不同，这样的不同也给项目管理和实施带来了很多困难与挑战，但也正因为每一个项目都不一样，也使得我们不同的人在不同的项目中有着不同的经历，这些不同也成了每一个企业或者每一个人具有意义的经历。

写不完，理还乱的管理制度

在信息系统的建设过程中，同时将配套制度落地是一种比较理想的企业信息化建设方法，实际上这样做的企业也不多。其原因，一方面对企业现在信息系统和管理制度冲击较大，在人力资源和企业管理成熟度上要求较高；另一方面在资金和时间投入也较大。关键信息系统的建设本来就是一个破旧立新的过程，企业在建设或升级关键信息系统时，必然会带来业务流程或管理制度的调整与变革；而配套管理制度重新梳理与落地，必然会导致一些岗位或业务部门的工作流发生变化，并会对新建信息系统提出更高的要求。如果这两件事在同一时间去做，往往会因为缺乏标准而导致混乱。其表现为大家在建设新系统时，由于没有固化的流程和制度做依据而变得失去方向；在编制配套制度时，又由于新的信息系统尚未完成而无法明确岗位和获取新制度的技术支撑，而无法落地。

思考：配套管理制度的关键价值应体现在哪些方面？如何借助配套管理制度保障信息系统的落地？

吃泡面的老板也是个优秀顾问

做了多年的项目，也接触过很多的老板，几乎每一个项目公司的老板，对项目的态度都不一样。而且不同的态度对项目的影响也不一样。但有一点可以肯定的是，老板的参与度和关注度对项目目标的达成起正向影响作用。在笔者经历过的项目中，有的老板属于幕后型，即从项目一开始到项目结束，从来没见过老板；有参会喊口号型，即除了启动会见过他一次外就再也没见其在项目组出现过；有的只参加关键汇报会议，即启动会和阶段汇报会会参加，而且有的领导参加的发言稿还是项目经理或者项目同事写的；以上这些领导对项目产生的都是间接影响，且项目最终的效果通常都不太好。影响最好的是参与度很高的领导，包括项目中涉及的流程讨论和关键方案讨论，他们都会参加，这种高参与度给项目带来的效果最好。

在过去的项目经历中，有两位老板给笔者的印象最深，他们对项目的关注和热情感染着每一位项目成员：一位老板是一下飞机就直接赶到会议室与我们讨论流程，没有半点不悦，反而带着一丝丝歉意，而且一讨论就是三天，没吃饭泡碗泡面就对付了。另一位老板就是与我们认认真真讨论和分析每一个关键问题，并提供业务的真实场景和实践经验帮助演练、理解和设计方案，还不时给出高质量的合理化建议。

对比其他所经历的项目，这两个项目的最终效果最好，这种效果不仅在项目执行过程中有良好的影响，在项目的后期阶段也有着积极的影响，包括后续系统的稳定性和人员的稳定性都非常好。

思考：一把手工程到底是一个怎样的工程？

20200120 的蓝图

这是一个项目的蓝图汇报日期，现在回过头来看就更加具有特殊意义了，因为就在三天后，武汉因为新型冠状病毒暴发而封城。至本书完稿，世界各地仍处在新型冠状病毒的阴影笼罩中。对于我们的这个项目来说，蓝图汇报就意味着我们两个多月的蓝图工作就要画一个句号，并且大家还期盼着回家过年，过完年后就进入项目的下一个阶段。

本次蓝图汇报原本针对的重点汇报对象是老板及公司的高层，但会议开始时，应到的高层只有一半人参加，应到的中层还不到一半人参加，但关键用户和顾问基本到场。整个汇报过程中老板和几位参会的高层都听得比较认真，而且在尽很大的努力去理解稍显晦涩的技术内容，并且还在记录着笔记，时而提出自己的疑问，可是每次都没有得到全面和详尽的回答。这算是一个相对和谐的蓝图汇报，整体过程进行也比较平稳。

实际在信息化项目中，蓝图汇报比较难做，因为不同的汇报对象的诉求和偏好不一样，但是有几点共同的东西还是需要值得注意：

（1）汇报对象的关注点是什么，项目的价值是什么，这两者能够结合；

（2）汇报不要过于技术化，要基于业务场景形成一个个逻辑链；

（3）加强会前的沟通，包括会议主题及内容的传达到位，组织高效的会议。

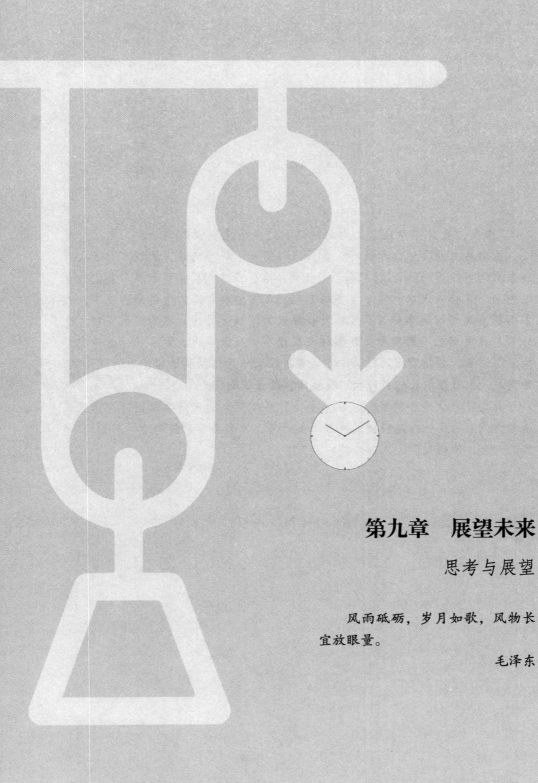

第九章　展望未来

思考与展望

风雨砥砺，岁月如歌，风物长宜放眼量。

毛泽东

"未来，就是你站在茫茫大海的这一边，遥望着海的那一边，充满好奇心，憧憬着对海那边的向往，正是对未知的不了解与向往，所以才有了去追逐未来的勇气。"当今，信息科技已无处不在，未来仍将持续改善着我们的生活水平、工作方式以及感知世界的方式。在这浩瀚如海的信息海洋之中，我们都能真真切切地享受信息技术发展带来的便利与舒适。然而这还不够，全球信息技术仍在不断发展，新型技术层出不穷，数字化、网络化、智能化更加纵深发展，并持续推动社会进步、促进国家治理体系和治理能力的现代化，为满足人们日益增长的美好生活需要发挥着重要的作用。

　　身处信息大潮中的我们，在享受信息科技带来的美好生活同时，仍应该继续为推动和提升信息科技的发展奉献力量，努力做信息浪潮的弄潮儿，"美好的未来，值得我们为之奋斗。"

信息技术发展与展望

传统信息技术不断被重构，新技术不断被接纳与广泛应用，每一种技术都会有一个这样的过程，只是信息技术的更替更快一些。现代信息技术的发展还不到 70 年，互联网发展也不过短短数十年，相比人类历史的长河，这短暂的信息技术发展历程却给人类生产与生活带来了翻天覆地的变化。

作为信息化从业人士，我们更能感受到信息技术的风云变化，而这些变化实际是通过不同方面的变化汇集而成，它们包括计算机硬件、软件、网络、信息安全与相关服务等，尤其是如下重点介绍的计算机硬件、软件和网络的发展与应用，以及备受关注的信息安全。

计算机硬件的发展与应用

计算机硬件是指计算机系统中由电子、机械和光电元件等组成的各种物理装置的总称，例如通常我们说的电脑主机、显示器、鼠标、键盘和其他输入输出设备等，再往细里分还包括主板、CPU、内存、磁盘、各种扩展卡、连接线和电源。计算机硬件的主要功能是处理运算和储存资料。现代计算机的发展经历了机械式计算机、机电式计算机、电子计算机、模拟计算机和数字计算机阶段。未来的计算机技术将进一步向超小型、超高速、平行处理和智能化的方向发展。

计算机软件的发展与应用

从发展经历看，最早的计算机软件仅仅是计算机硬件的附属部分，具有的是附加价值，与硬件捆绑销售，最早脱离硬件单独销售软件的是甲骨文。甲骨文的创始人拉里·埃里森（Larry Ellison），是第一个将数据库软件独立出来进行销售的人，后来就有微软、SAP 等都以销售软件为主，并成为国际大企业。

从技术架构来看，最早期的软件并没有成熟的架构平台，随着软件的逐渐发展和市场的需求增加，软件企业开始重视软件的架构，由于硬件性能、成本和网络发展等约束因素，最早期的信息系统软件都基于C/S（Client/Server）结构而设计出来，即基于客户端/服务器结构，这样只需要将系统安装在一台服务器上，其他的电脑只是作为终端通过局域网进行对服务器的访问即可。后续随着硬件和网络的快速发展，出现了B/S(Browser/Server)技术结构的软件产品，即浏览器/服务器这种结构使得访问者不再局限在局域网内，用户通过互联网也能进行系统的访问。C/S结构与B/S结构的对比如图9-1。

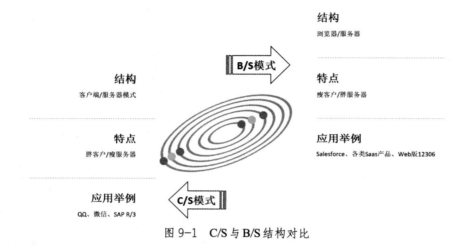

图 9-1　C/S 与 B/S 结构对比

从图9-1可以看出，C/S结构的特点是胖客户、瘦服务器，即在使用过程中都需要安装客户端，用户通过客户端进行数据访问与交互，例如QQ、微信和SAP R/3等；而B/S结构的特点则是瘦客户、胖服务器，即用户不需要安装客户端，所有的访问都通过互联网进行，数据都存储在网络服务器端，例如Salesforce，各类Saas产品等。

计算机网络的发展与应用

随着计算机技术和通信技术的进一步结合，计算机网络技术也得到不断地发展。1969年11月，在美国国防部高级研究计划局（DARPA，ARPAnet的前身）的资助下，世界上第一个远程连接四台计算机的网络在美国诞生，这标志着现代互联网诞生。随后ARPAnet不断发展，逐步形成了以TCP/IP协议为核心的互联网体系结构，此后计算机网络研究和开发工作百花齐放，世界各国在计算机网络的发展和应用上都取得了很大的突破。中国于1994年第一次接入国际互联网，至现在（2019 年）已有 25 年。早期的应用也是以局域网为主，如果需要接入互联网，则需要通过拨号的方式联网。尽管中国 1994 年就接入了互联网，但是网络真正得到广泛应用与普及也是在 2000 年后。甚至在 2000 年初上网都还很不便利。2000 年笔者刚上大学的时候，学校网络均是以局域网为主，没接入网络，如果需要上网也是需要拨号上网，而且费用比较高，当时上网的主要目的是查询资料，2004 年参加工作后互联网的应用也不算太便利和普及。因此中国互联网起步时期大约在 1999 年至 2008 年间，2008 年后中国互联网得到了飞速的发展，延续至今中国的互联网取得了惊人的发展和成就。

信息安全

随着信息技术的发展与普及，信息安全事故也不断增多。信息安全需求几乎随信息技术同时产生，但是两者发展的速度却不一样。在计算机快速发展的大环境中，使用和安全两个中要先选一个时，事实证明人们往往会先选择使用，然后再考虑安全，但这样造成了很多的生命和财产的损失。

信息安全的发展经历了通信保密阶段、计算机安全阶段和信息安全三个阶段，不同阶段关注的侧重点和信息安全技术也不一样，但信息安全问题仍然存在，黑客攻击、网络病毒和蠕虫及垃圾信息仍然时刻威胁着人们的生命与财产安全。

信息技术展望

未来一定会来，但人们很难准确预测未来会是怎样，人们能做的只是一种推理和评估，信息技术发展亦是如此。自 2001 年以来，美国《麻省理工科技评论》（MIT Technology Review）每年都会评选出当年的全球十大突破性技术（10 Breakthrough Technologies）评论，这份评论在全球科技领域有着举足轻重的影响。《麻省理工科技评论》可以说是站在全球科技最前沿，目睹了全球科技创新的百年变迁后的一种沉淀，它即是对科研迈向产业的可行性分析，也是对技术商业化及影响力的研判。笔者整理了《麻省理工科技评论》近五年（2015−2019 年）预测排名前十的突破性技术，见表 9-1。

表 9-1　麻省理工科技评论 2015—2019 年全球十大突破性技术

序号	2015 年	2016 年	2017 年	2018 年	2019 年
1	Magic Leap 虚拟现实	Immune Engineering 免疫工程	Reversing Paralysis 治愈瘫痪	3D Metal Printing 3D 金属打印机	Robot dexterity 灵巧机器人
2	Nano-Architecture 纳米结构	Precise Gene Editing in Plants 精确编辑植物基因	Self-Driving Trucks 自动驾驶货车	Artificial Embryos 人造胚胎	New-wave nuclear power 核能新浪潮
3	Car-to-Car Communication 车对车通信	Conversational Interfaces 语音接口	Paying with Your Face 刷脸支付	Sensing City 传感城市	Predicting preemies 早产预测
4	Project Loon 气球网络	Reusable Rockets 可回收火箭	Practical Quantum Computers 实用型量子计算机	AI for Everybody 给所有人的人工智能	Gut probe in a pill 肠道显微胶囊
5	Liquid Biopsy 液体活检	Robots That Teach Each Other 知识分享型机器人	The 360-Degree Selfie 360 度自拍	Duelling Neural Networks 对抗性神经网络	Custom cancer vaccines 定制癌症疫苗
6	Megascale Desalination 超大规模海水淡化	DNA App Store DNA 应用商店	Hot Solar Cells 太阳能光伏电池	Babel Fish earbuds 巴别鱼耳塞	The cow-free burger 人造肉汉堡
7	Apple Pay 移动支付	SolarCity's Gigafactory SolarCity 的超级工厂	Gene Therapy 2.0 基因疗法 2.0	Zero-carbon Natural Gas 零碳排放天然气	Carbon dioxide catcher 捕获二氧化碳
8	Brain Organoids 大脑类器官	Slack Slack 即时通信软件	The Cell Atlas 细胞图谱	Perfecting Online Privacy 完美网络隐私	An ECG on your wrist 可穿戴心电仪

续表

序号	2015 年	2016 年	2017 年	2018 年	2019 年
9	Supercharged Photosynthesis 超强光合作用	Tesla Autopilot 特斯拉自动驾驶仪	Botnets of Things 僵尸物联网	Genetic Fortune Telling 基因占卜	Sanitation without sewers 无下水道卫生间
10	Internet of DNA DNA 互联网	Power from the Air 空中取电	Reinforcement Learning 强化学习	Materials' Quantum Leap 材料的量子飞跃	Smooth-talking AI assistants 流利对话的 AI 助手

在表 9-1 中的虚拟现实、移动支付、即时通信、刷脸支付、人工智能、机器人等技术已经走进了我们的生活，有的甚至成了人们生活中不可或缺的部分，未来仍会有更多的科学技术走进并改变着我们的生活。

科学技术的发展也必将带动信息技术的发展，信息技术也成了当今世界发展的大趋势。信息技术的发展将进一步使得国与国、人与人之间的交流更加紧密、公平与可靠，信息技术也是进一步推动社会经济变革的重要力量。在未来，我们也希望信息技术在如下领域取得进一步的发展，包括：

（1）信息通信基础设施得到进一步的发展与完善。未来能将信息通信基础设施进一步延伸到欠发达地区，帮助他们尽快接入互联网，享受网络带来的便利。5G 技术得到进一步的发展与推广，确保在用户接入互联网时，还能享受速度和智能化带来的便利。

（2）国际公共机构和地方政府智能化服务得到进一步的发展，国际间的信息技术壁垒进一步被打破。在未来，国际公共机构和政府需进一步加快信息共享、和加强数据透明度，并提高事务处理效率，包括公共安全、食品药品安全、教育和医疗等，进一步打通地区屏障等。就像 2019 年年底，至 2020 年全球爆发的新型冠状病毒（COVID-19）后，全球应对一样，不论是世界卫生组织（World Health Organization，WHO），还是各国及地方政府，都在努力借助信息技术确保新型冠状病毒统计数据公开透明，以确保民众能及时获取准确的信息，并采取有效的防护措施。

（3）企业数字化程度进一步提高，制造到智造的发展进一步加快。进一步深化数字和人工智能技术在企业的应用，以降低企业的运营成本和提高企业的执行效率。加快人工智能核心技术的研制与开发，加速人工智能技术在生产制造业的应用，帮助传统制造业改造升级，使它们从传统的制造企业升级到智能制造企业。

（4）信息技术使得人们生活更加便利，民生服务得到进一步的提升。各级企业事业单位能够借助信息技术进一步完善民生服务，协助解决与老百姓切身利益相关的医疗、社保、就业、住房、教育、出行、食品安全等民生问题，在增加生活便利性的同时，进一步提升民生服务水平。

（5）信息安全和信息合规得到进一步的保障。信息安全和信息化合规要求得到进一步的重视，加强对网络病毒、蠕虫和网络犯罪的监管，保障人民生命和财产的安全。

除了以上提到的，也希望信息技术在更广泛的领域得到发展与提升。我们也坚信中国也必将紧跟全球信息技术发展步伐，并在未来的信息技术领域将取得进一步的发展。

ERP的发展与展望

从20世纪90年代ERP概念被提出，至现在已有30年左右时间。从早期以满足企业基本需求为主的C/S系统，到基于互联网的B/S系统，再到现在的云系统，ERP得到了广泛的认可和普遍的发展，未来ERP仍将持续向前发展。全球权威IT咨询机构Forrester对全球ERP软件从2018−2025年市场规模的预测，如图9−2。

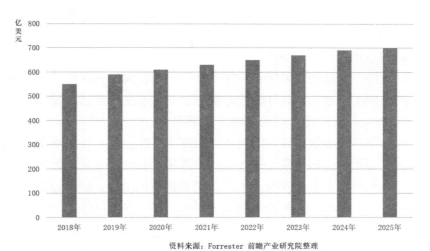

资料来源：Forrester 前瞻产业研究院整理

图9−2 2018—2025年全球ERP软件市场规模预测

从图9−2可以看出，全球ERP规模仍然会呈增长模式地发展，到2025年，市场规模将达到约700亿美元。

ERP的发展见证着不同时代企业的发展，在ERP的发展过程中各界优秀的人员都为其付出不同程度的努力和心血，因此也积累了很多的经验，沉淀了很多技术，并且这些经验和技术也助力各行各业的企业，不论在企业内部数字化管理，还是在外部信息协同等方面都得到良好的发展，使得企业在激烈的竞争中能赢得时间与市场竞争优势，从而稳健发展，蓬勃向上。

ERP发展中存在的问题

随着社会成熟度越来越高，细分行业做大做强，再加上互联网的快速发展和新技术的更新迭代，使得传统的ERP不论在兼容性、集成性、行业解决方案和互联网化方面都存在一定的局限性，这些局限性使得企业在信息化建设过程中存在一定的选择和应用上的困难。包括企业进行信息化建设时，总是会面临着很多系统的评估与选择，在选择过程中不仅需要考虑系统性能、价格和业务适应性，还需要考虑各个系统间的技术集成、数据集成，以及业务集成，这些眼花缭乱的系统和错综复杂的技术对企业无疑是一种挑战。

ERP发展展望

作为企业的核心信息系统，ERP在企业的发展中仍需承担更多的职责，并进一步起到简化企业信息化建设的作用，因此对未来ERP在如下几个方面将有更多的发展空间：

一是ERP将更加柔性化。传统的ERP都比较封闭，而且满足业务的范围相对比较小。当前比较具有代表性的产品有两类，其中一类ERP产品只是重点关注财务核算；另一类ERP产品重点关注业务财务一体化，但他们仍然有一定的局限性。未来的ERP应该更加柔性化，即在满足财务核算和业务财务一体化的基础上，进一步延伸解决方案至企业上下游产业协同领域，并且能融合互联网、云计算、移动应用和人工智能等。

二是ERP将更加数字化。随着互联网技术在企业和政府应用中得到进一步的发展，现代化的ERP应该进一步从流程化、表单化发展到数字化，随着云技术、大数据技术和互联网技术在ERP系统中的融合，ERP的数字化将从内部管理进一步覆盖企业整个价值链，并加深行业化分析与应用。

三是ERP将更加智能化。随着5G、大数据和人工智能技术的越来越成熟，未来的ERP将不仅仅专注在解决企业内部资源和数据整合问题，还会进一步向智能化方向发展，即ERP系统能进行自我学习，通过学习进一步提高其在企业的适应能力，并为企业创造可持续的价值。

除了上面提到的三点外，ERP还有更多的发展与提升空间，包括系统的兼容性和可扩展性等。随着物联网、互联网、云技术和新的信息技术不断发明与应用，未来的ERP将不再局限在企业内部，而是进一步走出企业，融入企业信息技术生态圈中，甚至能在一个广义的平台上，每个企业都可以定制适合企业自身发展的ERP管理平台，此平台作为整个系统生态链中的一部分，能够不断进行更新与优化，以满足企业发展的要求。

项目管理发展与展望

21 世纪初，汤姆·彼得斯(Tom Peters)预言道"项目管理将站在 21 世纪管理舞台的中央，21 世纪将进入项目管理时期！"如今，21 世纪已经过去了 20 年，项目管理已经得到了更加广泛和深入的发展，人们对项目管理已经不再陌生。以 PMP 在中国的发展为例，2000 年 PMP 在中国第一次考试时，当时的报考人数只有 316 人，通过 106 人，而截至 2019 年 9 月，中国累计 PMP 报考人数近 60 万，通过 PMP 认证人数约 42 万，有效持证人数约 30 万，占全球 PMP 持证总量的 1/3。现代项目发展的这短短数十年中，不同领域具有不同的项目，项目呈现各式各样的形态。项目的发展也使得项目管理得到了进一步的发展与重视。表现在，一方面，目前越来越多的领域和企业在实行项目，有项目就需要有对应的项目管理，这就带动了项目管理的快速发展；另一方面，全球各种项目管理机构（如 PMI、IMPA）也在持续推进项目管理，再加上大学、院校、研究人员和从业者的总结与积累，使得项目管理也得到进一步的发展。

项目管理中存在的问题

美国 PMI 在 2020 年发布的《职业脉搏调查》报告数据显示，在过去一年里，全球近 11.4% 的组织项目投资因绩效不佳被浪费，这个数字在 2019 年的《职业脉搏调查》报告中是 12%，而且这个数字在过去的 6 年中基本没有太大变化。在 2019 年《职业脉搏调查》报告中，进一步阐释导致项目绩效差的主要原因有多种，包括组织未能将战略设计落地、高管未能意识到战略需要通过项目来执行、项目作为组织战略驱动因素的重要性未能被充分意识到。这些来自战略层的影响因素，会在项目执行过程中被显露出来，并会以不同问题的形式在项目中体现出来，包括关键人员参与度低、项目延期、交付质量差和使用者满意度低等。

为了更便于说明项目中的问题，笔者分别从优质项目和劣质项目两个方面，按项目的目标、计划、沟通、气氛和满意度五个维度进行对比分析，见

实战现代项目管理

表 9-2。

表 9-2 优劣项目的对比表

关键点	优质项目	劣质项目
目标	·总体目标清晰、明确、坚定。从上到下所有人员对目标理解一致。 ·有明确的考核制度。	·目标模糊不清或目标众多或者根本就没有目标。 ·每一个人对目标的理解都不一致，尤其是项目关键人员主观意识强烈。 ·无明确的考核制度。
计划	·计划明确且合理，计划的制定有基于目标进行合理的 WBS 分解结构，且计划的完成可测量。 ·每一个里程碑目标明确，并且按时或超期完成。 ·项目内外步调一致，项目团队及成员间工作节奏协调一致。 ·项目节奏感强，有张有弛。	·计划不明确，计划总是变化、朝令夕改或者根本没有计划。 ·计划与实际工作的执行两张皮，应该按计划完成的没完成，不在计划的提前完成，总存在超期、延期和未完成事项。 ·项目内外步调不一致，项目团队及成员的工作有快有慢，有闲有忙。 ·项目整体工作毫无节奏可言，加班为常态化。
沟通	·上下沟通制度明确，沟通机制完善。 ·相互信任、畅所欲言。 ·团队之间协作默契、相互信任帮扶、气氛融洽。	·上下沟通制度不明确，项目管理者众多，"太上皇、皇上、皇子、嬷嬷"都能够对项目的大到方向、小到方案指手画脚。 ·沟通机制不完善，越级指挥和越级汇报是常态，各种类型工作报告及汇报要求层出不穷。 ·相互不信任，甚至相互猜疑，看似鼓励畅所欲言，实际仍是一人说了算。 ·团队内外部政治气氛浓烈，内耗明显。
气氛	·整体项目团队纪律严明，士气高昂且平稳，表现在工作努力但表情轻松，没有怨言和彼此抱怨。 ·团队成员工作积极主动，勇于承担责任，成员之间能够互帮互助。	·团队纪律松散、士气低迷，团队中存在各种抱怨，遇到问题互不让步、争执不断，整体气氛紧张压抑。 ·项目组内各团队各自为政、缺乏有效交流，遇事容易推诿拖拉。
满意度	·项目各项工作都能按计划或超预期完成，各项工作有序开展。 ·相关文档、材料交付标准清晰，交付质量整体偏高。 ·项目各相关方满意度高，说到项目大家都有一种荣誉感。	·项目总是存在不同程度延期，或者被迫降低标准完成。 ·无相关文档与材料交付标准，各种形式的模板、材料满天飞。 ·项目各相关方满意度低，且羞于多言项目相关事情。

从表 9-2 可以看出，相比优质项目，劣质项目在五个方面都有显著的不同。所以在检视一个项目好坏时，并不一定要等到结果才能判断，其实在项目的各个阶段都会有显著的差异。这些优劣质项目存在的差异并非一开始就存在，而是在项目发展过程中逐渐形成。甚至，初期导致项目越来越差的起因很简单，如果一开始引起足够的重视，结果会使得项目朝良性方向发展，否则就会变得越来越糟糕。

项目管理实践中的一些问题思考

2019 年中国项目管理大会的邀请函中这样写道："科技的进步开启了人们对未来的无限遐想，造就了诸多的伟大成就。这一切是无数的项目、项目集、项目组合经理们创造的奇迹。他们掌握专业知识和技能、有能力驱动变革、保持开放性思维、懂战略，识敏捷，是他们让科技之光熠熠生辉！"的确，要成功地交付一个项目，其实是一件非常不容易的事情，因为每一个项目成败都会被很多因素所左右，以至于相同的结果也会出现不同的人满意度不一样。项目的管理归根结底是规则的优化与重构，最终是人的管理。

过去的项目管理，在无数前辈们的努力与付出中，得到了进一步的发展，取得了瞩目的成绩，也给我们的生产生活带来了巨大的价值。但是在实际进行中也遇到了很多困难和阻力，犯了很多的错误和走了很多的弯路。笔者在这里就实际管理中的经验做一些总结如下。

不是只要想做就能把项目管理做好

想做好与能做好不是一回事。能立项的项目，不论从哪个方面来看，应该都是想做好，但是实际上能不能做好取决于诸多因素。尤其重要的是项目关键人员的委派，而项目关键人员中最关键的又是项目经理。在笔者经历过的好几个项目中，企业领导在委派项目经理的时候，由于人员紧缺往往随意性比较大，基本采用就近或就亲的原则，而没有过多地去考虑，作为一个影响企业未来若干年发展的信息化项目的负责人所应该具备的专业技术能力、管理能力和主动意愿性等。这样做的后果就是当项目进行到一段时间才发现关键岗位不适合时已经来不及了，最终只有死马当作活马医，一些木已成舟的事情成了真正阻碍项目顺利完成的根本因素，甚至有的项目经理就成了整个项目的最大瓶颈。

除了上面提到的项目经理外，影响项目成功的因素还有管理层的重视与参与度、资源支持度和关键人员的参与度等。

不要盲目引进高大上的概念，敏捷项目管理也不一定是灵丹妙药

任何高大上的方法论或者理念，不一定都是灵丹妙药。作为管理者需要尊重事务的客观发展规律，要因地制宜，灵活运用，不可以生搬硬套。笔者曾经在一个项目中，新来了一个项目经理，刚一进入项目，听说这个项目工期紧，人员多，要求快速交付。马上就整了一套敏捷项目管理制度出来，看起来很高大上，原有的项目管理者都表示默认，结果不到一个月，笔者发现已经看不到敏捷的样子了，最终的项目管理还是回到传统的管理模式。

实践经验和证书哪个更重要

既有证书又有同行业相应的丰富实践经验的人员自然最好，但实际情况在适当的时间点正好匹配到这样人才的情况并不多见。在进行项目投标时，关于项目经理的委派，笔者听得最多的是要求项目经理是有PMP证书和若干年管理经验的人，这无可厚非。但对于信息类项目，要在正好的企业和正好时间点，找到既有证书又有行业经验的人并不容易，如果一定要做一个选择的话，还是优先考虑有相应行业经验的人员参与到项目中。

项目的失败绝对不是某一方的责任

俗话说："一个巴掌拍不响"，项目的失败绝对不会是单一方面的问题，而应该是合作双方都有不可推卸的责任。笔者亲身经历过一个中途换供应商的项目，在进此项目之前就听闻此项目异常难做，而且前面供应商已经离场，碰巧笔者正好有幸能进入这么一个项目，原本以为是此项目所在的行业太特殊，导致一般人做不了。在项目中亲自体验了一段时间后有所感触，并且发现对导致项目中途停滞不前的原因众说纷纭。为了能够相对客观地进行说明，笔者就当时的了解情况作出如下梳理，见表9-3。

表9-3 原因分析表（示例）

表达方	显性原因	隐性原因
甲方	·服务供应商资质不足以完成此项目。 ·顾问不合格，换了好几轮。 ·项目经理也换了好几轮。	·企业需求不明确，希望一口吃成大胖子。 ·经验或者一些其他原因，使得内部管理存在一定的问题。 ·完美主义思想严重。 ·一些部门的抵触情绪较大，整体配合度也不高。
乙方	·客户需求太多，后续收尾风险大。 ·客户本身业务复杂、积累问题较多。	·不能有效引导用户需求。 ·目标不明确、缺乏很好的项目管控。

从表9-3中可以看到，对项目出现如此大的事故，甲乙双方是公说公有理，婆说婆有理，各执一词，但实际上在笔者看来，双方都有非常明显的问题。

成功的项目都一样，但不成功的项目各有各的说法。如果要去深究一个项目为什么不成功，可能永远有说不完的原因、理不清的责任和讲不完的内幕。但归根结底，项目的失败绝对不是单方面的原因能够导致，而双方或者在合作上面，或者在利益上面，或者在沟通上面出了问题才会导致项目最终失败。

中国项目管理发展趋势

从前面第二章的项目发展和现状分析也可看出，中国现代项目管理实践经验积累还比较少，并且主流的项目管理理论知识和技术水平仍以引进国外理论和借鉴国外实践经验为主。虽然说从20世纪60年代以来，我们做了很多努力，使得本土化管理实践探索初见成效，但是其实还远不够成熟与完善。我们仍然应当逐渐建设与完善适合中国国情的项目管理体系，培养更多本土及能走向国际化的项目管理专业人才，以提高项目管理科学化和现代化水平。从当前现状和综合总体发展趋势来看，中国的项目管理发展将呈现如下几种趋势：

项目管理本身的发展趋势

项目发展至今，中国的项目管理理论体系和实践应用已从工程建筑业走出，并渗透到其他各个行业，其中应用比较广泛的是在信息技术、金融服务、医疗卫生、调查研究、专业服务等行业，这些行业都已成为项目管理的发展主要领域，并且服务业将是项目管理发展的新领域。从过往的项目管理发展历史看，项目管理带来的效率与效果基本得到了中国相关企业和个人认可。

未来的项目管理发展将更加注重实用性，注重全面化的项目管理解决方案和注重对各行各业的价值增值服务。

企业管理中的项目化发展趋势

企业采用专业化的项目管理在新产品研发、技术创新、产品产业化升级、新产品线更新和市场营销等方面的卓越表现超越了对项目进行管理的本身，已经升级为一种企业管理思想和操作化模式，这种企业管理思维模式在实际工作中被我们称作企业项目管理（EPM）化发展。企业可以通过项目管理的模式将企业中一次性、具有明确目标、预算和进度要求、多任务的企业活动作为一个项目，按项目的专业化技术和方法进行管理，从而比常规方法更好、更快地实现目标是企业项目化得以发展的根本基础。

按照项目的复杂程度和管理规范可将企业项目分为三个级别，分别是企业级、部门级和小组级。按照项目的性质和创新程度又可以分为保持、改善和创新三类，从而形成了各种类型的企业项目。项目化管理的特点是突破原有职能业务型组织形式，以创新为导向，强调什么可以改变，而不是约束导向强调不能改变什么，从而培养企业的创新型文化。

项目管理成熟度组织发展趋势

企业在进行项目管理战略规划时总希望能够制定一个完美的计划。可是，如果要完全实施项目管理战略规划就需要以试验为基础。为了配合项目管理战略规划的实施，著名的项目管理大师哈罗德·科兹纳（Harold Kerzner）博士专门研究出了项目管理成熟度模型（PMMM）。PMMM可以帮助企业评判自己项目管理的现状，它包含5个层次，通用术语、通用过程、单一方法、基准比较及持续改进，每一层次标志着不同的项目管理成熟度。虽然该模型把项目管理成熟度分成了五个层次，实际上某些层次也会发生重叠，但每个阶段被完成的顺序是不能改变的。PMMM在未来企业化项目管理的发展中将会起到关键作用。

企业项目管理体系建设的发展趋势

项目管理是一项技术性非常强的工作，要符合社会化大生产的需要，项目管理必须标准化、规范化。没有哪一套项目管理体系可以适合所有的企业，企业项目管理的发展要求企业必须建立符合自身特点的项目管理体系。未来项目管理的应用发展中，企业项目管理体系的建立将是企业项目管理工作者和项目管理研究者共同探讨的主题。我们应在全面总结、吸收国外，诸如朗讯、西门子、IBM、波音、ABB等著名企业项目管理体系的建设框架，建立符合中国企业特色的项目管理体系。

项目管理向职业化发展趋势

项目管理职业化，是指项目管理将成为一种标准化、规范化和制度化的职业，并且这种职业需要遵循一定的行为规范和具备一定的职业素养。项目管理职业化发展使得人们在组织中的职业发展上有了更多的选择余地和发展空间，组织成员可以从负责一个小小的项目开始，慢慢成长为负责一个中等规模，甚至影响企业未来发展的大项目。在这样的情况下，更多组织成员追求的不再是数量有限的部门主管或部门经理的职位，还可以追求有广阔发展前景和成长空间的大大小小项目的管理职位。

项目管理工具的发展趋势

工具是工作时所用的器具或设备，是用以达到目的所使用的事务或手段。在实际生产中，有效地使用工具能提高生产力。毛泽东曾经说过"生产力有两项，一项是人，一项是工具。"因此要提高项目管理水平，我们也需要借助有效的项目管理工具。新经济时代的重要特征便是软件工程和网络化的发展，计算机技术可以将庞大的项目管理系统工程量化和规模化，项目管理软件（Project Management System，PMS）开发将成为项目管理发展中的下一个热点。项目的大型化、复杂化和动态化，以及企业化项目管理的发展使得PMS的功能要求更加系统和全面，单一功能和方法的PMS适应面将更加减少。行业项目管理的应用也将促进行业PMS的涌现，PMS的多元化发展也将成为必然。

项目管理发展期望

除了以上阐述的关于信息技术、ERP和项目管理的发展趋势与展望外，笔者对如下几个方面也充满着期望：

更完善的项目理论体系

实际上几大项目管理知识体系的成熟发展，使得全球项目管理进入理论沉淀与理论实践相结合的发展阶段。然而毕竟其还没有形成学科而被普遍应用，而且也存在不同的理论体系，这些理论体系之间缺乏兼容性，因此笔者更希望有更完善的理论体系被建立。包括中国，也更需要有能够适应中国国情的项目管理体系供大家参考与借鉴。

更专业的项目管理类学术著作

从整个项目管理领域来看，已经有很多先辈呕心沥血地写下来很多优秀著作。但是由于各行各业发展迅速，项目管理的发展也日新月异。因此需要不断地有前沿的优秀著作出来才能满足市场的需求，并能够及时为当前项目管理发展与提升提供更为可靠的实践借鉴和理论依据。

更健全的项目管理人才培养机制

信息技术的加速发展，带动各类项目与日俱增，同时也伴随着问题层出不穷，人才缺乏也提醒了企业、服务提供企业更加重视项目管理人才的培养，并且在培养的速度上要求更快。尽管我们有一些院校开辟了项目管理相关课程，社会上也有一些培训机构，但是这些仍然不够，我们仍需要有更健全、更专业和更完善的项目管理人才培养通道和培养机制。

知易行难

很多事情要说清楚或认知它比较容易，但是真正要执行起来就并不容易，信息技术的发展更加如此。从单机时代，到互联网时代，再到如今的云计算和人工智能时代，每一次信息技术的升级都会带来企业的变革，而变革就意味着改变。管理学家彼得·德鲁克（Peter Drucker）说道："任何组织的人都会执着于一些过时的事物，执着于它们本应该但没有发挥的作用，执着于它们曾经有过但不再存在的价值。"信息化建设也一样，当信息技术驱动的变革来临时，尽管很多人能够理解，也有所期盼。但真正执行起来，很多人会产生抵触的情绪，且执着于过去的经验与习惯。数十年的信息化建设使得各行各业和不同个体都从中受益，信息化建设与信息项目的管理还需要不断地总结与提升，时代的齿轮永远不会停止向前发展。尽管在信息化建设过程中我们在获得成功的时候，也会面临很多的困难和挑战，这些挑战不仅是来自管理和技术方面的内容，还包括对现状认识、认知和意识形态接受程度。因此，我们需要更多地去主动拥抱变化，投入到信息建设的浪潮中，以进一步发挥信息技术的价值。

甲方乙方

沃尔特·司各特(Walter Scott)说过："多数人的失败，都始于怀疑他们自己在想做的事情上的能力。"对个人是如此，合作亦是如此。在双方合作上面，如果一开始就将对方放入对立面，那么这种合作的失败就已经开始了。在信息化项目建设中，绝大部分都是企业与技术服务商合作的项目，因此在合作过程中至少有甲方和乙方，虽然合同约定的是甲方和乙方，但甲方和乙方不是相互对立的两方，而是同舟共济的合伙人，因为大家只有一个共同的目标，那就是把信息化项目建设成功。

职业、专业、责任与荣誉

职业可以为我们谋得收入和提供接入社会平台的入口。随着职业生涯的不断历练和经验的积累，我们逐渐变得专业，因为专业所以才少走很多弯路，同时也增加了对未来预估的能力。然而作为从业者，作为项目经理或者管理者，还需要有责任感和荣誉感，在追求生活安定、家庭幸福的同时，我们也需要去承担与传播社会责任感和荣誉感，传播正能量，并始终为之奋斗。

引入、引导、引领

在信息咨询行业打拼着，由于接触面多且广，也成就了我们始终是哪一波走在很多行业前列的人群，我们见多识广，我们能够最快地领悟到未来信息技术发展的动向，也能够很快地将其转成我们的收益或者收获。但是同时我们也需要起到好的引入、引导和引领作用，而不是仅仅安于做革命的搬砖工。

多一份严谨，少一份狂躁

相比传统学科，信息技术、项目管理乃至于整个信息产业都还比较新，正处在百花齐放和深化完善的快速发展时代，在缺乏完善理论体系的指导下，各种理论五花八门，从而缺乏主流的声音和规范的标准，这对于从业者来说容易迷失方向。尤其是一些企业和少部分从业者，总喜欢挖空心思整一些晦涩难懂的新词、新概念、新简写，弄得大家眼花缭乱。行业的发展不应该是追求混淆视听，互相吹嘘，甚至是欺骗，而是循序渐进一步一个脚印，否则最终结果还是会影响到自我本身。信息技术的发展与应用应该是一种严谨的行为，如果一直浮在面上，小到对个人整个职业生涯有影响，大到对企业、行业乃至于社会都有影响。

因此作为信息行业从业者，或作为项目管理者，或作为新进行业人士，尽量选择好方向，一旦选择了，就静下心来好好发展，三十六行，行行出状元，在任何一个细分行业你都能成为佼佼者。

创新不是建空中楼阁

创新不是搭建空中楼阁，也不是构想未来美好理想蓝图。不接地气的创新其实是无效的创新，尤其是在信息发展领域，设想容易，但是落地却需要脚踏实地。信息领域的创新不是卖几台服务器、搞一个云、卖几套软件、雇几个业内人士就能把信息化搞得风生水起。信息化的建设需要接地气，需要能够为企业带来实际价值的产品或技术。但创新和有价值的技术，并不是人家都搞互联网+，那我搞一个互联网++就行了，这不科学。

千里之行，始于足下

2018 年下半年的某一天，当一位企业高层管与笔者说项目管理其实很简单，按 PMP 的要求做就可以了时，笔者愈发感到焦虑。因此也更坚定了笔者把这本书写下去的想法。也许，从纯商业的角度来看，一个企业最重要的可能不是项目管理，而是商业的发展和盈利的模式。但是从行业的发展角度来看，项目管理的重要性也需要有更多的发展与创新；尤其是对于每一个客户来说，每一个项目对他们来说都至关重要，尤其是核心的信息化建设项目。对很多企业来说，能有机会做一次大型的信息化建设的时候并不多，在笔者的很多实际项目中，很多企业从成立到当前都没有进行过什么较大信息化的建设，当时项目就是他们唯一的最大信息化建设项目，因此项目建设的好坏对企业未来数十年的发展都有影响，如果建设得不好，企业后续数十年的发展就犹如紧箍咒一直限制着企业的发展。因此作为信息化建设从业者或者信息项目的参与者，实际上我们责任重大，我们都更应该全力以赴，为每一个客户、为企业尽最大可能地将项目建设好并使其能创造价值。

信息化建设本身就或多或少伴随着变革，既然要变革就要发生改变，就会触及现有结构体系下部分人员的既得利益。这样就注定项目不是一帆风顺，因此在整个信息化建设的推进过程中需要魄力也需要韧劲，毕竟需要改变思路、改变流程，也需要变革管理，从而打通阻断和隔膜。对于身处信息技术发展浪潮中的我们，应该都能感受到其有价值的方面，然而要真正发挥出更大的价值却任重道远，我们要始终怀着敬畏之心去认认真真、一步一个脚印地把每一个项目都做好。

知易行难，千里之行，始于足下！

后　记

　　此书中很多场景与故事均改编自我自己现实的经验或者来自资料的收集整理，希望能借此书分享给大家，以便有所启发与借鉴。同时，我也期盼着更多读者能够与我分享更多的经验、认识与见解，以便我能够更好、更客观、更科学地认识整个信息技术与项目管理过程的发展，并能够进一步纠正与分享，以便能够给从事信息化建设和项目管理的实际工作者、兴趣者、研究人员提供更加有价值的信息。

　　人类在发展，世界格局每天都在变化，全球信息技术的发展瞬息万变，信息技术仍将是人类社会和国家发展的不可或缺的技术。我们作为信息化建设的行业从业者或参与者，我们应为信息化建设贡献我们的力量。

　　最后，在本书写作过程中，除了本人亲自参与各类项目材料整理外，还大量参阅了其他书籍、论文、报纸、杂志和网上各类电子资料，在此，对这些作者们也致以深深的敬意。

　　至此，再一次感谢您的阅读！

樊小雷

2020 年 2 月 22 日

附录A 术语用语检索表

字母	简称	英文全称	中文全称
A	AC	Actual Cost	实际成本
	ACWP	Actual Cost for Work Performed	已完工作实际费用
	ADM	Arrow Diagramming Method	箭线图法
	AIM	Applications Implementation Methodology	应用系统实施方法论
B	BAC	Budget Cost at Completion	完工预算
	BCWP	Budgeted Cost for Work Performed	已完工作预算费用
	BCWS	Budgeted Cost for Work Scheduled	计划工作预算费用
	BI	Business Intelligence	商务智能
	BO	Business Objects	业务对象
	BOM	Bill of Material	物料清单
	B/S	Browser/Server	浏览器 / 服务器
	BW	Business Warehouse	业务信息仓库
C	CAD	Computer Aided Design	计算机辅助设计
	CO	Controlling	成本控制
	CoGQ	Cost of Good Quality	好质量成本
	CoPQ	Cost of Poor Quality	不良质量成本
	CPI	Cost Performance Index	成本绩效指标
	CPM	Critical Path Method	关键路径法
	CPU	Central Processing Unit	中央处理器
	CRM	Customer Relationship Management	客户关系管理
	C/S	Client/Server	客户端 / 服务器
	CV	Cost Valiance	成本偏差
	CWBS	Contract Work Breakdown Structure	合同工作分解结构

字母	简称	英文全称	中文全称
D	DARPA	Defense Advanced Research Projects Agency	美国国防高级研究计划局
	DIN	Deutsches Institut für Normung e.V.	德国工业标准
	DT	Data Technology	数据处理技术
	DTL	Diode Transistor Logic	二极管晶体逻辑
E	EAC	Estimate At Completion	完工估算
	EPM	Enterprise Project Management	企业项目管理
	ERP	Enterprise Resourcing Planning	企业资源计划
	ESB	Enterprise Service Bus	企业服务总线
	ETC	Estimate To Complete	完成尚需估算
	EV	Earned Value	挣值
	EWM	Extended Warehouse Management	扩展仓库管理
F	FI	Finance	财务会计
G	GDP	Gross Domestic Product	国内生产总值
H	HP	Hewlett-Packard	美国惠普公司
	HTML	Hyper Text Markup Language	超文本标记语言
I	IBM	International Business Machines Corporation	国际商业机器公司
	IPO	Initial Public Offering	首次公开募股
	ISO	International Organization for Standardization	国际标准化组织
	ISP	Internet Server Provider	互联网服务供应商
	IT	Information Technology	信息技术
L	LIMS	Laboratory Information Management System	实验室信息管理系统

字母	简称	英文全称	中文全称
M	MDM	Master Data Management	主数据管理
	MES	Manufacturing Execution System	制造执行系统
	MIS	Management Information System	管理信息系统
	MIT	Massachusetts Institute of Technology	麻省理工学院
	MM	Material Management	物料管理
	MRP	Material Requirement Planning	物料需求计划
	MSN	Microsoft Service Network Messenger	微软即时通讯软件
N	NASA	National Aeronautics and Space Administration	美国国家航空航天局
	NCFC	The National Computing and networking Facility of China	中关村地区教育与科研计算机示范网络
O	OA	Office Automation	办公自动化
	OBS	Organization Breakdown Structure	组织分解结构
	OEM	Original Equipment Manufacturer	原始设备制造商
	OMS	Order Management System	订单管理系统
P	PBS	Project Breakdown Structure	项目分解结构
	PC	Personal Computer	个人计算机
	PCR	Project Change Request	项目变更申请
	PDM	Product Data Management	产品数据管理
	PDM	Precedence Diagramming Meffiad	前导图法
	PERT	Program Evaluation and Review Technique	计划评审技术
	PJM	Project Management Methodology	项目管理方法论
	PLM	Product Lifecycle Management	产品生命周期管理
	PMBOK	Project Management Body Of Knowledge	项目管理知识体系

字母	简称	英文全称	中文全称
P	PMI	Project Management Institute	项目管理协会
	PMMM	Project Management Maturity Model	项目管理成熟度模型
	PMO	Project Management Office	项目管理办公室
	PMRC	Project Management Research Committee	中国项目管理研究委员会
	POS	Point of Sale	销售终端
	PP	Production Planning	生产计划
	PV	Planned Value	计划价值
R	RBS	Resourcing Breakdown Structure	资源分解结构
S	SaaS	Software as a Service	软件即服务
	SCM	Supply Chain Management	供应链管理
	SD	Sales and Distribution	销售与分销
	SOW	Statement of Work	工作说明书
	SPI	Schedule Performance Index	进度绩效指数
	SRM	Supplier Relationship Management	供应商管理管理
	SV	Schedule Variance	进度偏差
T	TCPI	To Complete Performance Index	完工尚需绩效指数
	TTL	Transistor−Transistor Logic	逻辑门电路
V	VAC	Variance At Completion	完工偏差
W	WMS	Warehouse Management Systems	仓库管理系统
	WWW	World Wide Web	万维网

附录B 图片表格检索表

附录 C 实际项目语录

- 信息化是我们公司三大核心战略之一，要求公司上下一致重视！
- 信息化建设的船已经开起来了，愿意上船的就跟我一起上船，不愿意上船的就请自行选择。
- 你们把另外一家同行公司做的内容给我们用就好了，大不了不合适的地方到时我们自己再改。
- 这个项目要是没搞好，我就得直接走人！
- 这个项目花了我 200 多万，我什么都没看到，但我的那台车 200 多万却每天都在用！
- 你给我讲讲什么是 ERP，我们老板为什么要上这个？
- 你给我讲讲 SAP 与 ERP 有什么区别。
- 上 ERP 除了花钱，到底有什么其他好处？
- 外国人用的这个 ERP 软件，我们到底能不能用好。
- 上 ERP 是一把手的工程，老板说怎么做，我们就怎么做好了。
- 我们是同一条船上的人。
- 你们的项目经理不合适，我们要求换项目经理。
- 领导，我的项目还缺少两个财务顾问，客户已经投诉好多次了。
- 我不想再与你沟通了，找你们的负责人来沟通此事。
- 财务顾问都换了好几轮，我们的问题一直没有得到解决。
- 这个顾问到项目没几天就吵着要走了。
- 我们的人手很紧张，关键用户只能兼职。
- 我们干了很多活，大家也都很辛苦，但是客户还是以为我们没有尽力，做的东西都不满意。
- 你们项目组的天天都坐在办公室，不知道在干什么。
- 已经给他培训了两遍，还是一点都不知道。
- 这个已经写在合同里面了，你必须实现。
- 如果这个功能不实现，那么我们上这个系统就没有什么意义了。
- 我们是按照 SOW 来完成项目交付的。
- 你们的需求已经超出了本次项目的范围。
- 你说的这个我们实现不了。

- 客户的需求很多，而且都比想象中的复杂。
- 我们的项目必须要在 1 月 1 日上线，你们当时投标的时候是承诺过可以在 1 月 1 日上线的，而且我们的业务部门都已经下发了合同要从 1 月 1 日生效。
- 我们这个项目半年内必须上马。
- 这个项目我们可以 4+1 做完。
- 你们的项目怎么又延期了。
- 计划做不做都一样，做出来也老变。
- 项目没法做主计划，主计划要等到蓝图结束后才能出来。
- 我们提供全项目的质量生命周期管理。
- 我只是一个顾问，项目成本的情况与我无关。
- 先把项目搞上线吧，文档后续再补。
- 大家每天都加班到很晚，但是工作仍然一头雾水。

附录 D 项目管理认证机构及认证

全球能够提供项目管理认证的机构分别有 PMI、IPMA、PRINCE2 等。PMI 和 IPMA 都属于非政府组织的非营利机构。这些提供项目管理认证的机构分别有着不同的项目管理方法论，且认证的关注点和认证方式也不一样。在此笔者做了一个整理与归纳，给有需要的读者做一个参考。

PMI

美国项目管理协会（Project Management Institute，PMI），PMI 成立于 1969 年，总部设立在美国费城，是由项目管理研究人员、学者、顾问和经理组成的全球性的专业组织机构，也是全球领先的项目管理行业的倡导者。PMI 创造性地提出全球首个项目管理知识体系，目前提供全球项目管理认证（如下表 d-1），其推行的 PMP(Project Management Professional) 认证具有广泛的国际认可度和专业权威性。截至 2020 年 1 月，PMI 在全球 185 个国家拥有超过 100 万会员和证书持有人。

表 d-1 PMI 提供的认证清单

认证名称	中文
PMP	项目管理专业人士
CAPM	助理项目管理专业人士
PgMP	项目集群管理专业人士
PMI-RMP	PMI 风险管理专业人士
PMI-SP	PMI 进度管理专业人士
PMI-ACP	PMI 敏捷管理专业人士
PfMP	项目组合管理专业人士
PMI-PBA	PMI 商业分析专业人士

PMI 组织编写的《项目管理知识体系指南》(《PMBOK 指南》)已经成为项目管理领域的权威教科书，截至 2018 年，PMBOK 已经发行到第 6 版，见表 d-2。

表 d-2　PMBOK 指南版本及变化统计表

版本	出版年月	主要知识领域
第一版	1996 年 12 月	5 大过程组
第二版	2000 年 8 月	5 大过程 37 个子过程
第三版	2004 年 5 月	5 大知识领域 44 个过程
第四版	2008 年 4 月	9 大知识领域 42 个过程
第五版	2012 年 12 月	10 大知识领域 47 个过程
第六版	2017 年 3 月	10 大知识领域 49 个过程

从 PMBOK 各版本的变化可以看出，PMI 基本上每 4 年更新一次 PMBOK，而且每次更新都会组织来自全球项目管理领域专家、学者和具有丰富实践经验的人员参与到编写和校订中，并结合近几年的项目管理发展及考虑未来几年的项目管理发展，调整新版的知识领域结构和侧重点，以确保书中的内容更接地气，并且能够实实在在地指导项目管理行业的发展。在第六版 PMBOK 指南中定义的 10 大知识领域是项目整体管理、项目范围管理、项目时间管理、项目成本管理、项目质量管理、项目资源管理、项目沟通管理、项目风险管理、项目采购管理和项目相关方管理。

IPMA

国际项目管理协会（International Project Management Association，IPMA）成立于 1965 年，总部设在瑞士洛桑。IPMA 以促进国际项目管理的专业化发展为目的，其成员主要是各个国家的项目管理协会，共有超过 70 个成员组织。IPMA 提供全球项目管理认证，提供的认证主要有 IPMP 等（如下表 d-3）。IPMA 推行的国际项目经理资质认证（International Project Manager

Professional，IPMP）具有广泛的国际认可度和专业权威性，同样代表了当今项目管理资格认证的最高国际水平。

表 d-3　IPMA 提供的认证清单

认证名称	中文名称
IPMP-A	认证的高级项目经理
IPMA-B	认证的项目经理
IPMA-C	认证的项目管理专家
IPMA-D	认证的项目管理专业人员

　　IPMA 的核心知识管理体系包含 8 大领域，5 个过程的管理，每一个领域都与对应的过程相关。

参考文献

[1] 辞海缩印本 [M].6 版. 上海：上海辞书出版社，2010.

[2] 肖南峰. 企业信息化 [M]. 北京：清华大学出版社，2011.

[3] Project Management Institute. 项目管理知识体系指南（PMBOK 指南）[M]. 王勇，张斌，译. 4 版. 北京：电子工业出版社，2009.

[4] Tom DeMarco，等. 项目百态：软件项目管理面面观（修订版）[M]. 余晟，金明，译. 北京：人民邮电出版社，2015.

[5] 刘羚，孙晓玫，缪燕，等. 知易行难：58 个 IT 项目管理案例解析 [M]. 北京：机械工业出版社，2015.

[6] 程爱学. 项目总监实战操典 [M]. 北京：北京大学出版社，2013.

[7] 蒋国瑞. IT 项目管理 [M]. 2 版. 北京：电子工业出版社，2011.

[8] 马旭晨. 项目管理成功案例精选 [M]. 北京：机械工业出版社，2010.

[9] Project Management Institute. 项目管理知识体系指南（PMBOK 指南）[M]. 5 版. 北京：电子工业出版社，2013.

[10] Project Management Institute. 项目管理知识体系指南（PMBOK 指南）[M]. 6 版. 北京：电子工业出版社，2018.

[11] 中国（双法）项目管理研究委员会. 中国项目管理知识体系（C-PMBOK2006）（修订版）[M]. 北京：电子工业出版社，2008.

[12] 黄东兵. IT 项目经济评价与投资决策 [M]. 北京：科学出版社，2011.

[13] 李晓明. IT 项目不确定性研究 [M]. 北京：经济管理出版社，2011.

[14] 徐莉. 新编项目管理 [M]. 武汉：武汉大学出版社，2009.

[15]（美）詹姆斯·格雷克. 信息简史 [M]. 高博，译. 北京：人民邮电出版社，2013.

[16]（美）凯文·凯利. 必然 [M]. 周峰，董理，金阳，译. 北京：电子工业

出版社，2016.

[17]（美）凯文·凯利. 失控[M]. 张行舟，译. 北京：电子工业出版社，2016.

[18] 麻省理工科技评论. 科技之巅[M]. 北京：人民邮电出版社，2016.

[19] 麻省理工科技评论. 科技之巅2[M]. 北京：人民邮电出版社，2017.

[20] 吴军. 浪潮之巅上册[M]. 北京：人民邮电出版社，2016.

[21] 吴军. 浪潮之巅下册[M]. 北京：人民邮电出版社，2016.

[22]（美）施瓦尔贝. IT项目管理[M]. 杨坤，王玉，译. 6版. 北京：机械工业出版社，2011.

[23] 毛泽东. 毛主席的五篇哲学著作[M]. 北京：中国人民解放军战士出版社出版，1970.

[24]（日）稻盛和夫. 活法[M]. 曹岫云，译. 北京：东方出版社，2012.

[25] 周宏仁. 中国信息化进程上册[M]. 北京：人民出版社，2009.

[26] 周宏仁. 中国信息化进程下册[M]. 北京：人民出版社，2009.

[27] 凌志军. 中国的新革命，1980—2006年从中关村到中国社会[M]. 北京：新华出版社，2007.

[28] 国家发展改革委建设部. 建设项目经济评价方法与参数[M]. 3版. 北京：中国计划出版社，2006.

[29] 王喜文. 工业4.0与中国制造2025[EB/OL]. https://wenku.baidu.com/view/bfc5f1a55acfa1c7ab00cc63.html，2016-3-16/2018-1-6.

致敬中国改革开放四十周年

　　时势造英雄，英雄时势造。战争年代有战争年代的英雄，和平年代也有和平年代的英雄。每一代的英雄都为人类做出过伟大的贡献。相比上一代人，我们这一代就显得更幸运了，毕竟从一出生就赶上了改革开放的大好时期，人们纷纷从温饱边缘脱离逐渐能够吃饱穿暖，到成年能够基本衣食无忧，对老百姓来说这就是实实在在的好处。懂事的时候也经常听大人提起他们小时候社会的动乱带来的生活艰辛以及无可奈何。我这一代基本没有经历过朝不保夕与饥寒交迫的生活，但也亲身经历过物资匮乏的时代，能真切感受到人们生活的艰辛。对比改革开放后给我们生活带来的便利，还是会有深深的感触，也会怀着真诚的感恩之心和敬畏之心去对待创造这一个时代的英雄们。是他们的真知灼见与高瞻远瞩，使得全国人民能够从吃不饱、穿不暖的日子，发展到如今衣食无忧，对老百姓来说这就是富足。

　　改革开放四十多年来，中国经济迅速腾飞，取得了举世瞩目的成绩。对于现时代的我们自己，我想不论你是处在国家危难和社会动乱的时代，还是处在国家稳定和社会经济向好发展的浪潮之中，我们都应该挺身而出，自觉地肩负起时代的使命，为你所处的时代贡献力量。对于我个人亦是如此。当身处于信息技术积极发展的时代，往事历历在目，每时每刻都能清晰地记得第一次到机房上课、第一次看到小企鹅图标一闪一闪、第一次购买属于个人的电脑、第一次使用"猫"拨号上网、第一次写出属于自己的小程序、第一次找到工作、第一次给用户培训的复杂与激动的心情，这个时代信息技术的发展都在我身上烙下了深深的印记，这些变化不仅改变了我的生活，也改变了很多跟我有着相似背景和经历人的生活。国之兴旺，百姓之福。

　　工作的特殊性，使得在这十几年的职业生涯中，我能有幸接触不同层级、不同阅历、不同学识和不同专业背景的人，这其中不乏我的良师益友，从他们身上我获益匪浅。在他们中最让我感动与敬佩的就是一些私有企业的老板们，他们的坚定、卓见、坚韧和真诚深深地感染着我，他们直面挑战，抓住了大环境的发展机遇，在混沌的环节中、在制度的禁锢里、在物资缺乏的时代、在自身条件处于劣势情况下，仍坚忍不拔地努力与奋斗着，从而创造了很多的奇迹。这些奇迹给我们的社会和老百姓的生活带来了无数的好处。我们在享受前辈们创造的成果时，我们应该也需要去贡献，以造福下一代，以推动社会和人类的发展。

感谢开启改革开放的先驱们，感谢继往开来的贡献者。

致敬国家领导人的高瞻远瞩，得之我幸！

致敬改革开放的先行者、探索者和践行者！

2020 年 2 月于 杭州

感谢名单

本书得以出版，需要感谢以下人员的支持、帮助与鼓励（按姓名拼音排序）：

陈 昶	陈少杰	代智君	樊后礼	樊亮水	樊木花	樊喜群	樊小勇
樊勇辉	樊治安	冯冰冰	顾 萍	官凤美	管朝阳	郭妙蓉	贺海龙
胡才六	胡郁律	花胜杰	华晓亮	卢富平	聂训桥	钱 勇	潜 然
任振清	孙其友	孙婷婷	唐 静	田亚新	王立祥	王周全	温 鹏
吴小兰	武 烨	肖雪梅	许 滨	杨 红	杨 莉	杨 雄	张 立
朱如军	……						